Ernst Obermaier

Der „kriminelle“ Freizeitplaner rund um den Bodensee

Wer mordet schon in Überlingen

11 Krimis • 125 Freizeittipps vom Bodensee, Hegau und Linzgau

Verlag Michael Greuter, Hilzingen

2. Auflage

Umschlag: Mundmaler Lars Höllerer, Überlingen
Mit freundlicher Genehmigung
Vereinigung der mund- und fußmalenden
Künstler aus aller Welt e. V.

Druck und Bindung: CPI – Ebner & Spiegel, Ulm

Verlag Michael Greuter
Margeritenweg 10, 78247 Hilzingen
www.verlag-michaelgreuter.de
mg@verlag-michaelgreuter.de

ISBN 978-3-938566-16-9

Tatorte und Freizeittipps

Mord im Hochhaus - Seite 7 - Konstanz - Überlingen - Oberschwäbische Barockstraße - St. Gallen - Arbon - Rorschach - Altenrhein - Bregenz - Lindau - Hegau Vulkan-Wanderung.

Närrischer Alefanz - Seite 33 - Überlingen - Überlinger See mit Marienschlucht, Bodman-Ludwigshafen und Sipplingen - Insel Mainau.

Tod durch Ertrinken -Seite 46 - Haldenhof - Freizeitpark Allensbach - Schlosssee Salem - Haustierhof Reutemühle - Affenberg Salem - Pfahlbauten und Reptilienhaus Unteruhldingen - Lochmühle Eigeltingen - Owingen/Hohenbodman/Seefelder Aach - Meersburg - Hagnau - Haltnau - Ravensburger Spieleland und Mini Mundus in Meckenbeuren - Conny-Land - Immenstaad.

Mord im Senioren-Knast in Singen - Seite 56 - Wallfahrtskirche Birnau - KZ- Friedhof Birnau - Fürstenhäusle Meersburg.

Tod eines Schülers - Seite 71 - Spetzgarter Tobel - Zeppelin-Flug - Dornier-Museum Friedrichshafen - Langenargen - Kressbronn - Nonnenhorn - Wasserburg - Bad Schachen - Romanshorn - Friedrichshafen - Ravensburg - Archäologisches Landesmuseum Konstanz - Schaufelraddampfer »Hohentwiel« - Schaffhausen - Ermatingen - Inline-Skate-Route um den Untersee - Steckborn - Solarfähren - Gaienhofen - Radolfzell.

Mord im Arbeitsamt - Seite 90 - Bodensee-Radwanderweg - Kletterwerk Radolfzell - Stein am Rhein - Mannenbach - Schloss Arenenberg - Gottlieben - Sea Life Center Konstanz - Kreuzlingen - Fußach - Cineplex-Kino Friedrichshafen - Segelscheine.

Mord auf der Insel Reichenau - Seite 108 - Insel Reichenau mit den Ortsteilen Oberzell, Mittelzell und Niederzell - Halbinsel Mettnau.

Kampf auf dem Friedhof in Radolfzell - Seite 127 - Kleinkunstbühnen - Mindelsee - Kloster Hegne.

Mord am Untersee - Seite 141 - Halbinsel Höri - Insel Werd - Diessenhofen - Gailingen - Bodensee-Kanu-Tour - Singen am Hohentwiel - Markdorf/Bermatingen.

Wildwest am Bodensee - Seite 167 - Skatepark Überlingen - Verkehrsübungsplatz Oberuhldingen - Schloss Salem - Frickingen - Seepark Linzgau Pfullendorf - Heiligenberg - Illmensee - Schwäbisch-alemannischer Mundartweg - Berggasthof Höchsten.

Mord nach dem Tod - Seite 178 - Schloss Langenstein - Freibad Hörnle in Konstanz - Spielcasinos - Stockach - Eriskirch - 3-Pässe-Fahrt - Golfpätze - Engen.

Alle Handlungen und Personen sind frei erfunden.

Da Freizeiteinrichtungen einem ständigen Wandel unterliegen und Irrtümer vorbehalten sind, besteht keine Gewähr für die Richtigkeit der Angaben.

Aufgrund der zahlreichen Möglichkeiten am Bodensee kann die Aufzählung der Freizeittipps nicht vollständig sein.

Ernst Obermaier, 1939 in Ebersberg bei München geboren, kam kurz nach seiner Heirat 1962 aus beruflichen Gründen nach Konstanz an den Bodensee. Bereits im ersten Winter erlebte er mit der Seegfrörne, dem zugefrorenen Bodensee, ein einmaliges Naturschauspiel. 1965 zog es ihn und seine Familie über den See nach Stetten bei Meersburg. 1967 verließ er den See in Richtung Garmisch-Partenkirchen, ohne zu ahnen, dass er bereits vom Bodensee-Virus infiziert war. Seine Sehnsucht nach dem See wurde immer größer und so wechselte er nochmals seinen Beruf, inzwischen als Leiter des Kultur- und Verkehrsamtes der Stadt St. Georgen im Schwarzwald, um nach Überlingen zu siedeln. Immer wenn es seine Freizeit als Werbeleiter der Sparkasse und später als Marketingleiter der Volksbank erlaubte, wanderte er mit seiner Frau Stück für Stück um den Bodensee. Ausflüge in den Hegau und Linzgau, nach Vorarlberg und in die Schweiz bereicherten zusätzlich die Freizeitgestaltung. In seinem inzwischen erreichten »Unruhestand« kam plötzlich die Idee auf, die umfangreichen Kenntnisse über diese zauberhaften Landschaften mit seiner »kriminellen Ader« zu kombinieren.

Wer mordet schon in Überlingen?

Zugegeben, mit Mordfällen kann Überlingen weder mit Chicago, New York, Rio oder einer deutschen Großstadt konkurrieren. Hier ist zumindest kriminologisch die Welt noch einigermaßen in Ordnung. Zwar gibt es ein Polizeirevier, doch bei größeren Fällen kommt die Kriminalpolizei von außerhalb. Das ehemalige Gefängnis in der Gartenstraße ist voll belegt, doch ohne Justizvollzugsbeamte, denn die Bewohner sind Käufer von Eigentumswohnungen und, soweit bekannt, keine Ganoven. Eigens für die folgenden Mordfälle habe ich eine Kriminalpolizeistelle in Überlingen mit Kriminal-Hauptkommissar Karle Eisele und seinem Assistenten Inspektor Dirk Hodapp eingerichtet, die meine fiktiven Fälle aufklären sollen.

Denn nun soll es mit dem Morden in Überlingen anders werden. Ich habe mich entschlossen, als Serienmörder aufzutreten. In jedem von uns steckt ein potentieller Mörder. Gottlob leben nicht alle dieses Innenleben aus. Insgeheim haben Sie doch auch schon gemordet? Auch ich zähle nur zu den Schreibtischtätern, kann ich doch nicht einmal eine Spinne oder Fliege, die in meiner Wohnung Hausfriedensbruch begehen, töten. Dennoch spüre ich bei einigen meiner papierenen Mordopfern eine »Mordslust«.

Der Sinn dieser Mordgeschichten ist Unterhaltung in Verbindung mit vielen Freizeittipps rund um den Bodensee, den ich im Lauf der drei Jahrzehnte, die ich am See lebe, lieben lernte. Meine Begeisterung für den See und besonders für die mediterran anmutende Stadt Überlingen möchte ich Ihnen mit diesem Buch vermitteln. Lernen Sie dadurch Überlingen und den Bodensee besser kennen und verlieben Sie sich in diese zauberhafte Landschaft, ohne dass Sie einen realen Mord planen, geschweige denn ausführen.

Es ist mir unmöglich, bei der Fülle der Kultur-, Sport- und Freizeitmöglichkeiten alle aufzuzählen. Erkunden Sie diese und weitere Sehenswürdigkeiten und Einrichtungen in dieser unvergleichlichen Region mitten im Herzen von Europa. Spüren Sie den Zauber des Bodensees, ob als Gast oder Anwohner.

Vorsicht! Bodenseevirus = Suchtgefahr!

Ich wünsche Ihnen viel Freude und erlebnisreiche Tage am Bodensee.

Ernst Obermaier

Mord im Hochhaus

Pünktlich um 13.54 Uhr fuhr der Interregio aus Zürich im Bahnhof von Konstanz ein. »Konstanz – Konstanz am Bodensee«, schnarrte es aus dem Bahnhofslautsprecher. Evelyn Meister stieg aus und verließ sichtlich vergnügt den Bahnsteig. Es ist Mittwoch, der 13. Oktober. Endlich ist es soweit, um 18 Uhr ist der Notartermin in Überlingen. Die Vier-Zimmer-Eigentumswohnung von ihren Eltern am Burgberg in Überlingen wird verkauft, was heißt, es gibt Geld, viel Geld. Ihr Vater, ein pensionierter Finanzbeamter, starb vor sechs Monaten und Mutter, ein erwachsenes Kind, kam ohne ihren Mann mit dem Leben nicht mehr zurecht und beging vor zwei Monaten Selbstmord. Sicher hätte man sie retten können, denn Mutter rief nachts um 1 Uhr bei ihr in Bern an, stockbetrunken, offensichtlich mit einer Überdosis Schlaftabletten im Bauch und verabschiedete sich von ihr. Unwillkürlich wollte sie damals die Notrufzentrale 112 in Überlingen oder die ihr bekannten Nachbarn anrufen, doch dann überlegte sie es sich anders. Mutter will das so, und das ersparte Geld der Eltern, sowie der Erlös aus der Wohnung kamen ihr gerade recht, um ihre ständig wachsenden Schulden zu begleichen. Nein, schuldig am Tod ihrer Mutter fühlte sie sich nicht, denn jeder kann tun und lassen was er will, auch wenn sie als ausgebildete Psychologin mit einer eigenen, allerdings schlecht frequentierten Praxis manche seelische Hilfestellung hätte geben können. Ursprünglich wollte sie die direkte Zugverbindung über Basel und Schaffhausen nach Überlingen nehmen, doch da sie schon lange nicht mehr in ihrem geliebten Konstanz war, entschloss sie sich für diesen Umweg.

Sie stellte ihre Reisetasche für die Dauer des Stadtbummels ins Schließfach am Konstanzer Bahnhof ein, denn sie wollte in den nächsten Stunden die Atmosphäre dieser schönen Stadt genießen. Eigentlich hatte sie sich in ihrer Geburtsstadt Konstanz immer wohl gefühlt, doch vor vier Jahren lernte sie einen Mann kennen, einen Ostdeutschen, Manfred Kahle, aus Mecklenburg-Vorpommern. Der fand dank seiner Erfahrungen aus einer früheren Tätigkeit eine lukrative Anstellung beim schweizerischen Anti-Terrorkommando. So musste sie und vor allem wollte sie nach Bern umziehen. Nein, verheiratet waren sie nicht, aber verliebt wie am ersten Tag und das in ihrem Alter von 33 Jahren, auch wenn er, der um fünf Jahre ältere, ihre Verschwendungssucht verurteilte. Seine krankhafte Eifersucht allerdings gipfelte oft in unschönen Szenen, und sie traute sich schon fast nicht mehr, irgend einem Mann zuzulächeln. Es waren immerhin noch etwa vier Stunden bis zum Notartermin, der extra eingeschoben wurde, weil es ihr sehr eilig war. In Erwartung des neuen Geldsegens wollte sie ihrem Tick Schuhe kaufen nachgeben, den sie wohl mit vielen Frauen teilt. Sie, nicht gerade mit den Attributen ausladender Weiblichkeit ausgestattet, bildete sich ein, für ihr Outfit einfach etwas mehr tun zu müssen. In der engen Jeans kam ihre schlanke Figur so richtig zur Geltung, und der pinkfarbene Pulli mit dem darüber gezogenen kurzen schwarzen Lederjäckchen taten ein Übriges, um sexy zu wirken. Das leicht gebräunte schmale Gesicht mit den grau schimmernden Augen, sowie das kurz geschnittene braune Haar mit den durchzogenen lachsfarbenen Streifen, unterstrichen die positive Erscheinung der jungen Frau. Dass sich die Konturen ihres knapp geschnittenen Slips unter der weißen Jeans abzeichneten war ihr bewusst, um nicht zu sagen gewollt. Seit sie mit ihrem Freund zusammen ist, steht sie, im Gegensatz zu der Zeit vor der Bekanntschaft, zu ihrer Sexualität. Heute genoss sie die Blicke der Männerwelt, die ihre Erscheinung unverhohlen mit gierigen Augen abtasteten.

Doch bevor sie sich dem Kaufrausch hingab, nahm sie sich die Zeit für einen kurzen Rundgang durch die Altstadt von Konstanz, um ihre Jugenderinnerungen aufzufrischen. So lenkte sie ihre Schritte vom Bahnhof aus durch die Unterführung in Richtung Hafen[1], dem Ausgangspunkt der Weißen Flotte und der Katamarane mit ihrer stündlichen Schnellverbindung nach Friedrichshafen. Endlich wieder einmal Seeluft schnuppern. Das Zeppelindenkmal und die mächtige, sich drehende Statue der Imperia[2] würdigte sie nur für einen kurzen Augenblick. Am See entlang, der in der warmen Herbstsonne glitzerte, unter den immer noch grünen Platanen, steuerte sie als erstes Ziel die Voliere im Stadtgarten an, die vom Verein für Kanarienzucht und Vogelfreunde Konstanz seit Jahrzehnten die Heimstatt von zahlreichen Sittichen und Kanarienvögeln ist. Schon als Kind stand sie oft lange vor dem Käfig, denn Mutter wollte ihr den Wunsch eines eigenen Wellensittichs nicht erfüllen. Angeblich wegen einer Vogelallergie des Vaters. Auch heute amüsierte sie sich köstlich über diese putzigen Vögel, besonders über einen Beo. Dieser indische Singvogel mit dem schwarzen Gefieder und dem leuchtend gelben Halsschmuck flog sofort auf die Stange hinter dem Gitter und absolvierte sein Repertoire. Er imitierte Entengeschnatter in verschiedenen Tonlagen, lachte wie ein Mensch und miaute wie eine Katze, was bei Evelyn einen

Lachkrampf verursachte. Weiter ging sie in Richtung Rheinbrücke, querte beim Inselhotel[3] die stark frequentierte Straße und bog in die Inselgasse am Stadttheater vorbei ein. Das Gebäude erweckte Erinnerungen in ihr an amüsante und bewegende Vorstellungen, die sie vor Jahren mit ihren Eltern erlebte. Nun stand das mächtige Münster[4] vor ihr. Die ursprünglich im 8. Jahrhundert erbaute und später eingestürzte Kirche wurde im 14. und 15. Jahrhundert gotisch umgestaltet und erweitert und 1680 mit barocken Elementen eingewölbt. Von 1846–1860 kam der Turmaufsatz hinzu. Das Münster gilt heute noch als die wichtigste Sehenswürdigkeit der Bodenseestadt. Nach einem kurzen stillen Gebet für ihre verstorbenen Eltern warf sie kurz einen Blick durch die kleine Glaspyramide hinunter zum freigelegten Grundriss eines Kastells, das etwa 300 Jahre nach Christus als Stützpunkt für das römische Militär diente. Anschließend informierte sie sich im gegenüber liegenden Wessenberghaus[5], welche Ausstellung gerade auf dem Programm stand. Wenige Schritte weiter, ab der St. Stephanskirche, galt ihre Aufmerksamkeit den zahlreichen Geschäften und Kaufhäusern in der ausgedehnten Fußgängerzone. Nach einigen für sie erfolgreichen Einkäufen besichtigte sie den sehenswerten Innenhof des Rathauses[6] in der Kanzleistraße, bevor sie sich in einem Straßencafé auf der Marktstätte mit Blick auf den Kaiserbrunnen[7] einen großen Eisbecher mit Früchten und viel Sahne genehmigte.

Zur gleichen Zeit saßen die beiden Kriminalbeamten Karle Eisele und Dirk Hodapp in ihrem Büro in der Überlinger Innenstadt. Kriminal-Hauptkommissar Karle Eisele, 52 Jahre, war und ist mit Leib und Seele Polizist.

Es störte ihn kaum, wenn ihn seine Bekannten Bulle nannten. Eigentlich lautete der Vorname von Eisele Karl, doch seit er sich in seiner Heimatstadt Überlingen am Bodensee der Karle-Vereinigung angeschlossen hatte, die sich für die Erhaltung der alemannischen Mundart einsetzt, nennt er sich »Karle«. Die einzige Voraussetzung zum Beitritt dieser Vereinigung war, ein Vorname lautet Karl. Von kleiner Statur, mit leichtem Bauchansatz und hoher Denkerstirn, schauten aus dem rundlichen Gesicht zwei wache Augen hinter der randlosen Brille hervor. Das energisch vorspringende Kinn deutete auf einen hohen Durchsetzungswillen hin. Nach seiner erfolgreichen Tätigkeit als Polizist im Bodenseekreis ging er zur Kriminalpolizei Friedrichshafen. Inzwischen ist er wieder in Überlingen als Außenstelle der Kripo. Das heißt nicht, er wäre nur für Mordfälle zuständig. Dafür ereignen sich in dieser Gegend gottlob nicht genügend Morde. Aber wenn ein Mord passiert, ist er der erste Ansprechpartner.

Sein hoch gewachsener, eher magerer, 25 Jahre junger Assistent Dirk Hodapp, ist ein richtiges »Bodensee-Früchtle«, was ein Rheinländer in etwa mit »Kölsche Jung« übersetzen würde. Seine moderne Kurzhaarfrisur ist in der Mitte des Kopfes nach oben gekämmt und das dunkelblonde Haar künstlich mit blonden Spitzen aufgehellt. Manchmal hatte er die Haarpracht mit einer Baseballmütze verdeckt, unter der dann ein blasses, sommersprossiges Gesicht mit wasserblauen Augen, langer Nase und dünnen Lippen hervorschaute. Hodapp war meist schlecht gekleidet und nicht gerade der Typ, den sich gut situierte Damen als Schwiegersohn vorstellen. Vielleicht auch ein Grund, warum er, obwohl er gerne heiraten würde, noch ledig war. In seinem Beruf als Kriminalbeamter galt er als sehr tüchtig, was sein Chef Eisele zu schätzen wusste, auch wenn er ihn wegen seiner mageren Figur oft neckte und meinte, Hodapp würde höchstens zwei Krankheiten bekommen, entweder Hautjucken oder Knochenfraß.

»So ruhig war es schon lange nicht mehr. Zur Zeit gibt es kaum Straftaten zu bearbeiten. Und das ist gut so. Endlich können wir uns in das neue Fahndungsprogramm am Computer einarbeiten. Ich bin mir sicher«, so Eisele zu Hodapp, »dass dies nur die Ruhe vor dem Sturm ist. Sicher gibt es genügend Straftaten, von denen wir beide keine Ahnung haben.«

Evelyn Meister löffelte mit Genuss die letzten Tropfen des Himbeersirups aus dem Eisbecher, bezahlte und machte sich auf den Weg, die im Bahnhofsschließfach eingestellte Reisetasche zu holen. Gleich um die Ecke holte sie am Bahnhof ihre Tasche ab, fuhr mit dem Stadtbus nach Wallhausen und bestieg das Schiff[8], das sie zum gegenüber liegenden Städtchen Überlingen mit seinen etwa 22.000 Einwohnern brachte. Am Landungsplatz angekommen, fuhr sie mit dem Taxi zum Notar, wo die Käufer, ein Ukrainer mit seiner deutschstämmigen Frau, bereits warteten. Diese alten Hochhauswohnungen lassen sich nur noch an Ausländer oder Russlanddeutsche verkaufen, mit diesen Worten hatte sie der Immobilienmakler vor sechs Wochen empfangen, der den Verkaufsauftrag entgegen nahm. Ihr war es egal, und sie freute sich über den schnellen Verkaufstermin, der nur möglich war, weil die Wohnung relativ preiswert angeboten wurde. Auch der Notar verstand sein Geschäft gut und wickelte den Kaufvertrag zügig ab. Das gerufene Taxi brachte sie anschließend rasch zum Hochhaus auf dem Burgberg von Überlingen.

Otto Kerschbaumer konnte mit seinem jetzigen Leben mehr als zufrieden sein. Er war seit drei Jahren Verwalter des Hochhauses in Überlingen. Immerhin 80 Wohneinheiten, von denen es sich gut leben ließ. Nicht mitgerechnet die Schmiergelder für Sanierungen und sonstige Aufträge, die er von den Handwerkern bekam. Bekannt als »Mister Fünfprozent« war ihm alles recht, was Geld einbrachte. Dabei sah es erst gar nicht so gut für ihn aus. In seiner Heimat, nahe München, musste er sich nach einer abgebrochenen Banklehre als Versicherungsagent, Pharmareferent und als Boss einer Drückerkolonne durchs Leben schlagen. Nach weiteren Tätigkeiten arbeitete er als verdeckter Werber für eine Sekte, hielt Vorträge und Seminare für die »Suchenden«, bis er in Überlingen eine der bekannten Heilfastenkuren[9] aufsuchte. Bei einem Spaziergang im nahe gelegenen Stadtgarten[10] lernte er eine vermögende Dame aus dem Bodenseegebiet kennen. Sie schlenderten entlang der Stadtgräben[11] und nahmen Platz in einer der lauschigen Lauben am Goldfischteich. Durch anregende Gespräche kamen sie sich immer näher. Sie lud ihn am nächsten Tag zu einer etwas außergewöhnlichen Pferde-Kutschfahrt[12] ein. Von da ab sahen sie sich täglich. Bereits nach einem halben Jahr kam es dann zur Hochzeit, denn die lebenslustige Susanne Gottwald war von seiner Person und seinen Umgangsformen gegenüber Damen sehr angetan. Er, mit rotblondem gekräuselten Haar, Oberlippenbart, brauner Haut, dunkle Augen, hatte für sein Alter von 40 Jahren zwar ein leichtes Übergewicht, doch tat dies seiner dynamischen etwa 1,70 m großen Erscheinung keinen Abbruch. Die niedrige, breite Stirn und seine leicht wulstigen Lippen gaben ihm ein etwas animalisches Aussehen, doch gerade das zog viele Frauen an. Schon vor der Heirat wohnte er bei Susanne Gottwald in der Überlinger Hochhauswohnung. Das Leben am Bodensee gefiel ihm ausnehmend gut. Seine Geliebte und spätere Ehefrau zeigte ihm ständig eine neue Sehenswürdigkeit in diesem so abwechslungsreichen Dreiländereck. Besonders war sie kulturell interessiert, und so besuchte sie mit ihm Kirchen wie die größte Barockbasilika in Weingarten sowie viele Stationen der Oberschwäbischen Barockstraße[13] in der Bodenseeregion, die auch das schweizerische St. Gallen[14] einschließt. Besonders angetan hatte es hier Kerschbaumer die sehenswerte Stiftsbibliothek in St. Gallen mit den Wiegen- und Frühdrucken und den alten Handschriften sowie der kostbare Klosterschatz. Oft fuhren sie mit dem Auto um den See mit wechselnden Besichtigungen. Mal war es ein Spaziergang im mediterran anmutenden Städtchen Arbon[15] oder die Fahrt mit der Zahnradbahn von Rorschach[16] nach Heiden, die Besichtigung der Markthalle[17] in Staad, die noch nach dem Konzept von Friedensreich Hundertwasser erbaut wurde. Gerne fuhr er mit seiner Frau auch in Bregenz[18] mit der Seilbahn auf den Pfänder mit dem herrlichen Blick auf den Bodensee und die Alpen. Der Alpenwildpark sowie die Greifvogel-Flugschau mit Adler, Milane, Uhus, Geier und Falken bedeuteten für Kerschbaumer immer wieder ein Erlebnis. Zurück ging es dann am deutschen Ufer entlang, wobei sie meist noch in der Maximilianstraße von Lindau[19], dem Zentrum der Inselstadt, einkehrten.

Wöchentlich einmal ging er in die Sauna, abwechselnd in die Thermen[20] von Überlingen, Meersburg oder Konstanz. Nach Konstanz fuhr er mit der Autofähre von Meersburg nach Konstanz–Staad oder während der Sommersaison mit dem Schiff. Auf dem Sonnendeck der Schiffe oder im Passagierbereich der Fähren sprach er immer gezielt allein reisende Damen an, erklärte ihnen bei klarer Sicht die einzelnen Berggipfel wie Säntis, Altmann, Churfirsten, Glarner Alpen und brillierte mit seinem Wissen vom Bodensee. Derart beeindruckt sagten die Damen nicht nein, wenn er sie an Land zu einem Gläschen Bodensee-Weißherbst einlud. Oft ergab sich daraus ein intensiver Urlaubsflirt, der in den Hotelzimmern der Damen seinen Höhepunkt erreichte. Irgendwie kam ihm seine Frau auf die Schliche und enttäuscht von ihm, reichte sie bereits nach einem Jahr die Scheidung ein. Zum Glück für ihn hatten sie Gütergemeinschaft vereinbart. So bekam er sozusagen die in der neunten Etage gelegene Eigentumswohnung in Überlingen als Morgengabe, da seine Frau noch im Besitz von weiteren Immobilien war. Es störte ihn nicht, dass sich seine Frau aufgebracht beim Auszug aus der gemeinsamen Wohnung mit den Worten verabschiedete:
»Eines Tages lasse ich dich umbringen.«

Wie es der Zufall wollte, wählten die Wohnungsbesitzer in der nächsten Eigentümerversammlung die Verwaltung ab, ohne einen geeigneten Kandidaten vorweisen zu können. Da sprang er in die Bresche und bot sich als »Banker« an, die Geschäfte vorerst kommissarisch zu führen. Im Laufe der Zeit gewann er, nicht zuletzt durch diverse Kaffee- und Teestunden bei den älteren Bewohnern, das Vertrauen der Eigentümer und wurde bei der nächsten

Wahl zum Verwalter bestellt. Kleinere Bauchschmerzen verursachten ihm derzeit nur seine Sektenbrüder, denen er per E-Mail mitgeteilt hatte, er werde nicht mehr für sie arbeiten, und die »Baumafia«, die nicht bereit war, die anstehende Sanierung anstatt mit fünf nun mit zehn Prozent zu honorieren. Auch sein Hormonspiegel stieg in letzter Zeit in für ihn ungewohnte Höhen. Es boten sich momentan nicht die tollen Sex-Dates an, die er dank des Internets ohne große Mühen vereinbarte, da ihn die Vorbereitung der Sanierung viel Zeit kostete.

Im Stillen nannte er sein Hochhaus »Hohenblocksberg«. Dies auch als Erinnerung an die schönen gemeinsamen Wanderungen mit seiner Ex-Ehefrau auf die Hegau-Vulkane[21] Hohentwiel, Hohenkrähen, Hohenstoffeln und Hohenhewen in der Gegend von Singen und Engen. Im Gegensatz zu den erloschenen Hegau-Vulkanen brodelte es in seinem »Vulkan« recht kräftig. Da waren beispielsweise der alte, ständig betrunkene Rechtsanwalt in der zweiten Etage, der wohl bald seine Zulassung verliert, oder die junge Lebedame in der sechsten Etage, die ihre Einkünfte aus dem horizontalen Gewerbe erwirtschaftete. Ferner wohnten da noch der amerikanische »Historiker«, der vermutlich als Spion für sein Land tätig ist, und die zwei südländisch wirkenden Männer, von denen nicht einmal der Hausverwalter wusste, sind es Albaner oder Rumänen, geschweige denn, wie sie ihr Geld verdienten. Es ist bekannt, dass Agenten, Terroristen, Mafiosi und andere zwielichtige Gestalten gerne in der Anonymität eines Hochhauses untertauchen. Er könnte noch viele Individuen im Haus aufzählen, doch mitten in seinen Überlegungen schrillte die Haustürklingel, und über die Sprechanlage vergewisserte er sich, wer ihn jetzt am

Abend noch stören wollte. Er drückte auf den Türöffner, und kurz darauf summte der Lift bis hoch in die neunte Etage. Als die Tür aufging, stand Evelyn Meister vor ihm.

»Ich möchte noch kurz in die Wohnung meiner Eltern, um mich zu vergewissern, ob die Renovierung beendet ist und die Entrümpelungsfirma den Rest abgeholt hat. Hier ist noch die Einladung zur Eigentümerversammlung für übermorgen, Freitag, für die nun die neuen Besitzer zuständig sind.«
Eigentümerversammlungen finden meist in der ersten Jahreshälfte statt, doch hatte der Hausverwalter Kerschbaumer für den 15. Oktober eine außerordentliche einberufen, um die anstehende Fassaden- und Fenstersanierung genehmigen zu lassen. Evelyn Meister empfand diese Begegnung mit dem Hausverwalter als sehr unangenehm. Er hatte den bestimmten Geruch von Männern, den sie absolut nicht leiden konnte. Sie dachte, der stinkt! Außerdem kam er ihr beim Sprechen sehr nahe und hielt nicht die erforderliche Gesprächsdistanz ein, die, wie sie einmal gelesen hatte, gerade so weit entfernt sein sollte, dass man mit der Hand dem Gegenüber keine runterhauen kann.

Otto Kerschbaumer besaß noch den Wohnungsschlüssel vom Immobilienmakler für die Besichtigungen, die er gelegentlich übernahm und schloss damit die Wohnungstür auf. Gemeinsam mit Evelyn Meister betrat er die heute verkaufte Eigentumswohnung. Um diese Jahreszeit wird es am Abend schon früh dunkel und so reichte das Licht, das von den Straßenlaternen von außen herein drang, gerade noch aus, um zu erkennen: Die Wohnung war total leer geräumt. Nur in einer Ecke der Abstellkammer hatten die Packer eine Rolle braunes Klebeband und eine Schere vergessen. Der intensive Geruch von Farbe verstärkte die Vermutung, die Handwerker hatten die Renovierung erst vor wenigen Stunden beendet. Evelyn ließ im Geiste ihre Kindheit Revue passieren, die sie ausschließlich in dieser Wohnung verbracht hatte. Ihre Eltern, die sie als einziges Kind spät bekommen hatten, verwöhnten sie über alle Maßen und boten ihr eine glückliche Kindheit. Im Halbdunkel der leeren Wohnung stieg bei Kerschbaumer immer mehr die Erregung. Schnell schnitt er ein Stück und noch ein längeres Stück vom Klebeband ab, schlich sich von hinten an die Frau heran, legte die linke Hand um den Hals und klebte ihr mit der rechten Hand den Mund zu. Gleichzeitig nutzte er den Überraschungseffekt und band mit dem langen Klebestreifen beide Handgelenke der Frau zusammen. Alle Abwehrreaktionen erzielten keinerlei Wirkung. Wie ein Tier warf sich der Hausverwalter auf sie. Ihre Tritte beantwortete er mit Schlägen ins Gesicht. Langsam spürte sie, wie ihr Gesicht anschwoll, doch die Vergewaltigung schmerzte noch mehr als die Schwellungen im Gesicht. Endlich ließ er von ihr ab und verschwand.

Als sie einigermaßen wieder zu sich kam, lag sie auf dem Fußboden. Sie war nun allein in der Wohnung. Mit Mühe konnte sie mit den freien Fingerspitzen das Klebeband vom Mund lösen. Mit den Zähnen gelang es ihr, sich von der Fesselung an den Händen zu befreien. Sie fühlte sich schlecht und missbraucht. Da sie noch die Nummer der Taxizentrale eingespeichert hatte, rief sie übers Handy einen Wagen. Fluchtartig verließ sie das Hochhaus und fuhr mit dem Taxi ins bereits gebuchte Hotel. Im Hotelzimmer angelangt, riss sie sich die Kleider vom Leib und stellte sich eine Stunde unter die Dusche. Anschließend kühlte sie ihre Schwellungen mit Eiswürfeln aus der Hausbar. Überall entdeckte sie blaue Flecken an sich. Schmutzig fühlte sie sich und angeekelt. Noch immer hatte sie den unangenehmen Geruch des Mannes und von diesem stinkigen Klebeband in der Nase. Was tun? Viele Gedanken schossen ihr durch den Kopf. Zur Polizei gehen? Dann steht Aussage gegen Aussage. Zum Arzt? Dazu hatte sie jetzt in ihrem Zustand auch keine Lust. Morgen es ihrem eifersüchtigen Lebensgefährten erzählen? Stundenlang lag sie aufgewühlt im Bett und kam kurz vor dem Einschlafen zum Entschluss: Ja, sie wird es ihrem Geliebten sagen. Hoffentlich, dachte die Psychologin in ihr, löst dies keine Überreaktion in ihm aus.

Manfred Kahle, im Ostseebad Zingst geboren, war der Prototyp eines deutschen Mannes. Über 1,80 Meter groß, blondes welliges Haar, blaue Augen und einen braungebrannten muskulösen durchtrainierten Körper, ist äußerlich genau der Typ, auf den die Frauen fliegen. Sobald es für ihn möglich war, bewarb er sich bei der VoPo, der Volkspolizei der DDR. Von seiner Mentalität her war er aber eher ein Einzelgänger. Nicht oft, aber doch manchmal, prügelte er sich mit seinen Kameraden aus nichtigen Gründen und galt deshalb als jähzornig. Dennoch, aufgrund seiner überdurchschnittlichen dienstlichen Leistungen, bot man ihm eines Tages ganz diskret den Eintritt in den Staatssicherheitsdienst der Deutschen Demokratischen Republik an. Hier machte er schnell Karriere, doch nach der Wende stand er praktisch vor dem Nichts. Schon seit Jahren arbeitslos und durch eine

Indiskretion eines Exkollegen als »Stasi-Mann« gebrandmarkt, machte er sich auf den Weg in den Westen, wo er in Konstanz eine Hilfsarbeiterstelle in der dortigen Industrie auf Vermittlung des Arbeitsamtes annahm. Im Zug von Offenburg nach Konstanz lernte er Evelyn Meister kennen, die in Konstanz studierte. Sie saß ihm damals im Abteil am Fenster direkt gegenüber. Seine Begeisterung über die vielen Tunnels der Schwarzwaldbahn und den hohen Bergen zwischen Hornberg und St. Georgen amüsierte sie. Er kannte von seinen Urlaubsreisen her nur die ehemals sozialistischen Länder Ungarn und Bulgarien. Doch die Erhebungen dieser Länder, soweit vorhanden, konnten mit diesen schönen Schwarzwaldbergen nicht konkurrieren. Zufällig trafen sie sich Tage später beim Einkaufen in Konstanz wieder, was sich noch öfters wiederholen sollte. Schon nach kurzer Zeit fanden sie Gefallen aneinander. Als die Beziehung enger wurde, war er umso erstaunter, dass sie, obwohl sie bereits schon fast dreißig Jahre zählte, sich ihre Jungfräulichkeit bewahrt hatte. War er doch immer der Meinung gewesen, die Wessis trieben es schlimmer als die Ossis. Nachdem er bereits nach einem halben Jahr Aufenthalt in Konstanz den tollen Job von der Schweizer Regierung in Bern bekommen hatte und sie sofort einwilligte mitzugehen, konnte man von einer einmalig großen Liebe sprechen. Nun erbte sie durch den Tod ihrer Eltern ein kleines Vermögen, und eine rosige Zukunft würde vor ihnen liegen. Heute kam sie endlich aus Überlingen wieder zurück. Er hatte sich extra frei genommen und zum Empfang liebevoll den Tisch gedeckt. Eine Flasche Sekt lag im Kühlschank und ihre wertvollsten Sektgläser standen rechts und links neben einer roten Rose auf dem Tisch. Es war sonst nicht seine Art, irgendwelche Hausarbeiten

zu übernehmen, aber besondere Anlässe erfordern eben besondere Überraschungen. In freudiger Erwartung hörte er, wie sie die Tür aufschloss, doch als er sie in die Arme nehmen wollte, bemerkte er ihr geschwollenes, grün, gelb und blau verfärbtes Gesicht.
»Was ist denn mit Dir passiert?«
Schluchzend gestand sie ihm die Vergewaltigung und hoffte auf eine einigermaßen verständnisvolle Reaktion. Doch das Gegenteil passierte. Er raste durch die Wohnung, trat gegen einen Stuhl, der krachend umfiel, wischte mit einer Handbewegung die Sektgläser einschließlich der Vase mit der Rose vom Tisch. Gläser und Vase zersplittern in Kleinteile am Fliesenboden und er schrie:
»Diesen Kerl bringe ich um!«

»Dieser verdammte Dreckskerl, dieser elendige Nimmersatt«, fluchte Johann Schneider in seinem Büro. Der Fluch galt Otto Kerschbaumer, dem Hausverwalter in Überlingen. Schnell hob er die Hand vor den Mund. Hoffentlich hatte dies niemand im Haus gehört. Es war eigentlich nicht sein Büro, sondern das einer Interessengemeinschaft von Bauhandwerkern, die diese Ein-Zimmer-Erdgeschoß-Wohnung in einem Mehrfamilienhaus nahe Donaueschingen als »Schaltzentrale« umfunktioniert hatte. Ziel dieser anrüchigen Handwerkervereinigung war, möglichst viele und große Bauaufträge im Südwesten an Land zu ziehen. Zu seinen Aufgaben als Geschäftsführer zählten unter anderem: Absprachen bei Bauausschreibungen zu koordinieren, eventuelle Konkurrenten unter Druck zu setzen und sich an entsprechenden Stellen die richtigen Leute mit Geld oder anderen Zuwendungen gefügiger zu machen. Vor Jahren hatte ihm dieser Kerschbaumer schon die Hausverwaltung dieses Hochhauses in Überlingen weggeschnappt, was bei den 80 Wohneinheiten mit je 20 Euro Hausgeld einen monatlichen Einnahmeverlust von 1.600 Euro bedeutete. Nun will dieser für die Fassadensanierung und den Fensteraustausch zur Minimierung der Heizkosten auch noch 10 % anstatt der bisher üblichen 5 % kassieren, was bei einem Sanierungsvolumen von etwa einer Million Euro immerhin 100.000 Euro anstatt 50.000 Euro ergibt.

Bereits im letzten Jahr konnte Schneider aufgrund der allgemeinen Bauflaute weniger »Tantiemen« ausschütten, und wenn dies weiter so nach unten geht, ist sein Job mehr als gefährdet. Auf keinen Fall wollte er Kerschbaumer mehr Geld geben, doch der drohte jetzt sogar mit Enthüllungen. Personen, die in diesem Baukarussell aus der Reihe tanzen, bekommen es dann mit einem so genannten »Auftragsdienst« zu tun. Dafür hatte Schneider eine Topadresse in Stuttgart. Ein Söldner, der in Somalia und Afghanistan bereits für Geld kämpfte, übernimmt dann gegen ein gewisses Entgelt die »Einschüchterung« der renitenten Personen, die im Ernstfall auch Mord heißen kann. Viel wusste man über diesen Söldner nicht, nur dass er gerne Schokolade aß. Dafür war das Prozedere einfach. Schneider schickte ein Bild sowie alle Daten und Details über die Zielperson an ein Stuttgarter Postfach, legte je nach Schwere der Aufgabe zwischen 5.000 und 10.000 Euro bei, und meist schon nach wenigen Wochen kam die »Vollzugsmeldung«. Dann wurde die zweite Rate in gleicher Höhe fällig. Geschäftsführer Schneider tätigte derartige »Aufträge« ungern, doch beim Hausverwalter Kerschbaumer blieb ihm wohl keine andere Wahl, um diesen Menschen zur Vernunft zu bringen.

Hajo Braun freute sich über den neuen Auftrag, denn er war wie oft knapp bei Kasse. Diesen Auftrag von Schneider wollte er schnell erledigen, um seine Finanzen auszugleichen. Obwohl sein Leben erst 38 Jahre zählte, hatten sich in seinem dunkel gebräunten Gesicht tiefe Falten eingegraben. Kein Wunder. Seine Eltern kannte er nicht. Aufgewachsen war er in einem Kinderheim und im Gegensatz zu seinen vielen Pseudo-Geschwistern schaffte er den Sprung in die bürgerliche Gesellschaft nicht. Nach einigen abgebrochenen Lehrstellen und einer Desertion bei der Bundeswehr landete er als französischer Fremdenlegionär in Afrika. Auch hier verließ er unerlaubt die Truppe und heuerte in Somalia bei einem so genannten War-Lord an, für dessen Schutz er sorgte. Nach einigen Jahren trieb ihn seine Abenteuerlust nach Afghanistan, wo er sich als Söldner verdingte. Als die Amerikaner dieses Land »befreien« wollten, ging er zurück nach Deutschland und lebte nun in Stuttgart mehr oder weniger schlecht von der Sozialhilfe. So wie in diesem Fall erhielt er ab und zu diverse Aufträge für »Einschüchterungen«, die seinen meist finanziellen Engpass sprunghaft verbesserten. Er packte sein »Handwerkszeug« zusammen und fuhr mit dem Zug nach Überlingen. Wie gewohnt, saß er im Zugabteil alleine, denn sein glatt rasierter Kopf und sein finsterer Gesichtsausdruck schreckte viele Reisende ab, sich zu ihm ins Abteil zu setzen. Genüsslich aß er einen Schokoriegel und streckte seine Springerstiefel auf dem ihm gegenüber liegenden Sitz aus.

Zur selben Zeit tagten an einem geheimen Ort im Schwarzwald die Sektenführer einer Religionsgemeinschaft, der Kerschbaumer lange angehörte. Den angekündigten Ausstieg von Kerschbaumer konnte man keinesfalls akzeptieren, denn dafür wusste er zu viel. Wie immer äußerten die Sektenmitglieder sehr unterschiedliche Meinungen zu den möglichen Maßnahmen, mit denen das abtrünnige Mitglied zum Schweigen gebracht werden sollte. Nach längerer Beratung entschied sich das Gremium für eine Denkpause.

Für 17 Uhr war im Konferenzsaal des nahe gelegenen Hotels die außerordentliche Eigentümerversammlung anberaumt. Bereits eine Stunde vorher machte sich Hausverwalter Kerschbaumer auf den Weg, schloss seine Wohnung in der neunten Etage ab und holte den Lift. Kaum eingestiegen, öffnete sich die fast geschlossene Türe nochmals einen Spalt. Eine Hand drückte den Knopf für Keller und warf eine entsicherte Handgranate in die Liftkabine. Sofort verschwand die Hand wieder. Die Türe schloss sich nun ganz und der Lift bewegte sich nach unten. Nur wenige Sekunden später zerriss ein unbeschreiblicher Knall die Liftkabine und den darin befindlichen Hausverwalter. Die Wucht der Detonation sprengte ein Riesenloch in den Liftboden und die Leichen- und Kabinenteile stürzten im Liftschacht krachend nach unten. Viele Hausbewohner, die diesen Knall hörten und sich gerade für die Eigentümerversammlung herrichteten, stockte der Atem. Nach einer Schreckminute eilten sie ins Treppenhaus, wo auf den ersten Blick nichts erkennbar war. Erst nach einer Weile wurde ihnen bewusst: Hier war etwas Schreckliches passiert. Schnell verständigten sie die Polizei.

Während viele Arbeiter und Angestellte bereits am Freitagnachmittag ins Wochenende gehen, arbeiteten Eisele

und Hodapp noch in ihrem Büro in der Überlinger Innenstadt an Statistiken, Protokollen und Reiseabrechnungen. Obwohl die Politiker ständig von Entbürokratisierung sprechen, nahm die Büroarbeit von Jahr zu Jahr stetig zu. Eisele freute sich schon auf den Abend. Er würde, mit seiner Frau auf dem Sofa sitzend, den Freitagskrimi im Fernsehen ansehen. Als bekennender Rotweintrinker stünde eine Flasche Spätburgunder vor ihm, je nach Laune Überlinger Felsengarten, Birnauer Kirchhalde, Meersburger Sängerhalde, Bermatinger Leopoldsberg oder der süffige Hohentengener Ölberg aus dem südlichsten Weinbaugebiet Deutschlands, das noch zum Anbaugebiet des Bodensees zählt, obwohl es am Hochrhein liegt. Sein Weinvorrat im Keller war gut sortiert, getreu seinem Wahlspruch: »Wer 100 Jahre Wein trinkt, lebt lange«, den er immer wieder zum besten gab.
Die Tätigkeit der beiden Kriminalbeamten wurde gegen 16.30 Uhr durch ein Telefonat des Polizeipostens jäh unterbrochen. Mord oder Selbstmord in einem Hochhaus von Überlingen. Ein Polizeiaufgebot zur Sicherung des Tatortes sei bereits unterwegs. Eisele und Hodapp schwangen sich flugs in ihr Dienstauto und trafen aufgrund zeitweiligen Blaulichteinsatzes nach wenigen Minuten am Ort des Geschehens ein.

Bereits am nächsten Morgen berichtete die regionale Tageszeitung über das grauenhafte Ereignis:

Mord im Hochhaus

Zerfetzte Leiche aus dem Liftschacht geborgen

und nach den noch wenig bekannten Fakten folgte der Schlusssatz: »Die Polizei hat noch keine heiße Spur.«

Wieder saßen Eisele und Hodapp in ihrem Büro. Sie hatten die halbe Nacht gearbeitet und nur wenige Stunden geschlafen. Immer noch standen sie unter dem Eindruck dieses gespenstischen Anblickes, der sich ihnen bot, als sie gestern im Hochhaus ankamen. Im abgesperrten Treppenhaus holten Feuerwehrleute über eine Leiter aus dem geöffneten Liftschacht Kabinen- und Leichenteile heraus. Viel war vom toten Hausverwalter Kerschbaumer nicht mehr übrig. Eigentlich wollte Eisele am Wochenende mit seiner Frau wandern gehen, denn der Hegau, das Bodenseegebiet und die nahen Alpen bieten eine Fülle von abwechslungsreichen Wanderungen, die das Ehepaar Eisele nach Möglichkeit kräftig nutzte. Doch bei so einem kapitalen Verbrechen ging die Arbeit selbstverständlich vor.
»Lassen Sie uns einmal zusammenfassen, was wir bisher recherchiert haben«, so Eisele zu seinem Assistenten. Aufgrund des grausigen Vorfalles fragte der Hausmeister am gestrigen Abend nicht lange nach einem Durchsuchungsbefehl, sondern öffnete ihnen die Wohnung des Hausverwalters. Wie der allerdings zu einem Wohnungsschlüssel kam, war sein Geheimnis, was die Kriminalbeamten in diesem Moment nicht interessierte. In Ruhe konnten sie sich in der Wohnung umsehen. Da gab es einmal die E-Mail-Nachricht im Postfach des Computers, in der Kerschbaumer seinen Sektenbrüdern den Ausstieg aus der Sektenarbeit ankündigte. Offensichtlich arbeitete Kerschbaumer ohne Passwort, was die Durchsuchung des PCs erheblich erleichterte. Bei den Kontoauszügen des privaten Girokontos gab es immer wieder Eingänge von nicht unerheblichen Beträgen einer »Baufirma«, die, so ergaben die Nachforschungen, gar nicht existierte. Im Ordner »Diverse Unterlagen« befand sich

eine Aufstellung über die Trennung von Sach- und Vermögenswerten von seiner Exfrau, mit einer handschriftlichen Bemerkung: Dir werde ich dies noch heimzahlen. Obenauf lag die Kopie eines Schreibens mit neuerem Datum:

Hallo, Exfrau!
Dein ehemaliger Mieter, der in der Zwischenzeit bei uns im Block eine Wohnung gekauft hat und in den Beirat gewählt wurde, erzählte mir in der letzten Beiratssitzung, er sah Dich letzte Woche bei seinem Spaziergang von Minusio nach Locarno. Du kamst hochverliebt mit einem Mann aus einer direkt am Lago Maggiore gelegenen Wohnanlage. Den Tessiner Nachbarn, der im Garten stand, fragte er, ob denn hier Ferienwohnungen zu mieten wären. Dieser, mehrsprachig wie viele Schweizer, antwortete ihm in fließendem Hochdeutsch: Nein, das sind sehr teure Eigentumswohnungen und die Deutschen, die gerade gegangen sind, müssen ganz gut bei Kasse sein, vor allem sie. Erst neulich habe sich die deutsche Frau in der nahen Taverne nach ein paar Gläschen Wein ihm gegenüber gebrüstet, sie hätte diese Wohnung alleine gekauft und bar in Schweizer Franken bezahlt.

Offensichtlich hast Du mir in unserer kurzen Ehe Dein Schwarzgeldkonto in der Schweiz verschwiegen. Da mir aufgrund unseres Ehevertrages die Hälfte zusteht, erwarte ich von Dir innerhalb eines Monats die Überweisung von mindestens 50.000 Euro auf mein Konto. Ich sehe mich sonst gezwungen, Dich bei den deutschen Finanzbehörden zu melden.
Ciao, mein Goldschatz
Dein Otto

Viele Ordner beinhalteten reine Hausverwaltungsunterlagen. Bei der Korrespondenz von Hausbewohnern drohten oft Eigentümer dem Hausverwalter mit »gerichtlichen Schritten«, und unverhüllte Beleidigungen kamen nicht selten vor.

Die Befragung der Hausbewohner nach ungewöhnlichen Vorkommnissen ergab wenig Greifbares, mit Ausnahme der Aussage des Rentnerehepaares Hoger. Diese, im Parterre wohnend, und von einigen Bewohnern als »Hauspolizei« betitelt, haben von ihrer Wohnung aus einen ungehinderten Blick auf den Hauseingang und bemerken fast jede Personenbewegung. Sie behaupteten, vor zwei Tagen wäre eine weibliche Person gegen Abend völlig aufgelöst und fluchtartig aus dem Haus gestürmt und mit einem Taxi weggefahren. Frau Hoger war sich sicher, es handelte sich um Evelyn Meister, die viele Jahre mit ihren Eltern hier im Hochhaus gelebt hatte.
»Ich glaube«, so Frau Hoger, »sie wohnt jetzt in der Schweiz, denn von Zeit zu Zeit kam Evelyn ihre Eltern besuchen. Hierbei handelte es sich nach meiner Beobachtung immer um ein Auto mit Berner Kennzeichen, das ein besonders attraktiver Mann steuerte.«
Eine weitere Aussage erschien noch interessant: Die Lehrerin aus der vierten Etage wollte beim Einfahren in die Tiefgarage eine zwielichtige Person gesehen haben, die sich zwischen den geparkten Autos herumtrieb. Die Kollegen von der Polizei fanden nicht viel, außer in der Tiefgarage eine weggeworfene Verpackung eines Schokoriegels und im Treppenhaus einen Metallstift, in der Art, wie sie eventuell zum Abzug einer Handgranate verwendet werden. Der Laborbericht über diesen Metallsplint war nicht vor Montagmittag zu erwarten. Eine

Zeitmessung ergab, eine gut durchtrainierte Person könnte die Strecke übers Treppenhaus von der neunten Etage bis zum Hauseingang des Wohnblocks unter einer Minute schaffen.

Die Frage, ob ein Täter vom Haus oder von außerhalb infrage käme, war nicht zu beantworten. In einem Hochhaus ist es einfach, über die Tiefgarage ins Haus zu kommen und noch einfacher ist es tagsüber, denn freundliche Bewohner halten einem die Türe auf, da sie nicht alle der ständig wechselnden Hausbewohner der 80 Wohneinheiten kennen. Selbstmord ist aufgrund der ungewöhnlichen Todesart eher unwahrscheinlich.
Eisele: »Hodapp, finden Sie heraus, wo und wie jetzt Evelyn Meister lebt und warum sie am Mittwoch das Haus so panikartig verlassen hat und dann ab ins Wochenende. Ade bis Montag.«

Trotz der vielen Überstunden der beiden Kriminalbeamten am Freitag und Samstag kamen sie am Montag pünktlich zum Dienstbeginn.
Hodapp zu Eisele: »Es war ganz einfach zu recherchieren. Evelyn Meister lebt in Bern zusammen mit Manfred Kahle. Sie hat eine Praxis für Psychotherapie, und er ist ein ehemaliger Sprengstoffexperte aus der Ex-DDR, der jetzt für das schweizerische Anti-Terrorkommando arbeitet.«

Gegen Mittag traf der Laborbericht ein. Die Laboranten identifizierten eindeutig, da einer von ihnen aus Ostdeutschland stammte, den Metallstift als Handgranatensplint. Diesen Typ Handgranaten setzte das ostdeutsche Militär unter anderem bei ihren Geländeübungen ein. Für Kommissar Eisele war jetzt alles klar. Sofort informierte er seine Schweizer Kollegen in Bern, sie sollten doch Evelyn Meister und ihren Lebensgefährten Manfred Kahle vernehmen und ihre Alibis überprüfen.

Bereits am nächsten Tag kam ein Fax mit dem umfassenden Geständnis von Manfred Kahle. Bei der Vernehmung verwickelte er sich in Widersprüche und bei der kurzfristig angeordneten Hausdurchsuchung stellten die Fahnder eine »nostalgische Sammlung« sicher. Es war für Kahle beim Zusammenbruch der DDR ein Leichtes, sich Material aus seiner Tätigkeit als Sprengstoffexperte zu sichern, darunter auch eine Eierhandgranate, die er dann in den Westen brachte und später illegal über die Schweizer Grenze schmuggelte. Ja, gestand Kahle, er habe aus Eifersucht und Rache den Hausverwalter Otto Kerschbaumer ermordet, der seine über alles geliebte Evelyn vergewaltigte und seiner Meinung nach den Tod mehr als verdiente. Da er von der Eigentümerversammlung wusste, konnte er ihm auflauern und ihn töten. Unter dem Geständnis folgte ein »Herzliches Grüezi« der Schweizer Kollegen und die Aufforderung, einen Auslieferungsantrag zu stellen.

»Diese Art von Selbstjustiz muss zu Recht verurteilt werden und das Gericht wird den Mörder wegen vorsätzlichen Mordes für viele Jahre ins Gefängnis sperren«, sagte Kommissar Karle Eisele zu seinem Assistenten. »Doch ich weiß nicht, was passiert wäre, wenn der Kerl meine Frau vergewaltigt hätte. Gott sei Dank war dies für uns ein einfacher Fall. Lieferte uns doch der Mörder selbst den Beweis, indem er auf der Flucht durchs Treppenhaus den Splint von der Handgranate verlor. Komplizierter wäre ein Sektenmord gewesen oder ein Fall von Wirtschaftskriminalität der Baumafia oder ein Mordanschlag der echten Mafia.«

Was die beiden Kriminalbeamten nicht wissen konnten: Der Söldner, der den Auftragsmord durchführen sollte, wusste auch von der Eigentümerversammlung und wartete zur Tatzeit in der Tiefgarage auf den Hausverwalter. Wenn die Gelegenheit günstig gewesen wäre, hätte er ihn beim Einsteigen ins Auto von hinten erschossen. Einen Schalldämpfer hatte er bereits auf seine Pistole aufgeschraubt und diese in seiner weiten Jacke verborgen. Durch das Sirenengeheul des Polizei-Einsatzkommandos aufgeschreckt, verließ er fluchtartig die Tiefgarage und mischte sich unter die Schaulustigen. So erfuhr er von dem Mord und ärgerte sich, dass er nur um wenige Minuten zu spät gekommen war. Jetzt müsste er wohl von der »Anzahlung« nach Abzug seiner Spesen den größten Teil des Geldes wieder zurückgeben. Er aß seinen letzten Schokoriegel und fuhr zurück nach Stuttgart.

Zufrieden lehnte sich die Exehefrau von Kerschbaumer in ihrem Stuhl zurück. Sie, gerade von einem verlängerten Wochenende aus dem Tessin zurückgekommen, las die Zeitung vom Samstag nach und erfuhr so von dem grausigen Mord. Halblaut murmelte sie:
»Hat es dieses geldgierige Schwein endlich erwischt.«
Erst vorgestern übergab sie in Mailand auf Vermittlung eines Bekannten einem Kontaktmann die erste Rate für den italienischen Killer. Ob sie das Geld wohl je wieder sehen würde, war mehr als fraglich und ihr auch egal. Wichtig für sie war der Tod des Exmannes, der nun keine Forderungen an sie mehr stellen konnte. Was allerdings

die Sektenmitglieder planten, um den Ausstieg von Otto Kerschbaumer aus der Sekte zu verhindern, bleibt wohl für immer ein Geheimnis.

Närrischer Alefanz

»Da goht's nei!« Mit der ausgestreckten Hand deutete die städtische Angestellte auf die Tür des Rathaussaales[22]. Jupp Niedes öffnete erwartungsvoll die Eingangstür und schon nach dem ersten Schritt in diesen historischen Saal beeindruckte ihn die prächtige Ausgestaltung mit den kunstvoll geschnitzten Holzfiguren. Am Tisch saßen sechs Männer und einer davon, etwas beleibt und glatzköpfig, erhob sich sofort und steuerte auf ihn zu.
»Gestatten, Manfred Schroder, stellvertretender Aufsichtsratsvorsitzender der Elektrizitätswerke Überlingen. Die Oberbürgermeisterin als Vorsitzende ist heute wegen eines anderen dringenden Termins verhindert. Sie sind sicher Herr Niedes aus Köln. Entschuldigen Sie die Räumlichkeit, aber wegen eines Versehens der Stadtverwaltung wurde das vorgesehene Besprechungszimmer doppelt belegt, deshalb mussten wir auf den Rathaussaal ausweichen, aber wie Sie sehen, ist dies keine schlechte Wahl. Bitte setzen Sie sich zu uns.«
Niedes begrüßte alle sechs Herren mit Handschlag und dachte, alles Männer. Hier in Überlingen schien die Welt aus Männersicht noch in Ordnung zu sein. Vorab hatte er aus dem Geschäftsbericht ersehen, eine Frauenquote im Aufsichtsrat ist bis zur Großen Kreisstadt Überlingen noch nicht vorgedrungen. Aber wenigstens hat eine Frau den Vorsitz. Natürlich bemerkte er, wie der für ihn vorgesehene Stuhl etwas weiter weg vom Tisch stand. In einem Bewerbungsseminar hatte er gelernt, diesen Stuhl vor dem Hinsetzen in die Runde zu schieben, denn dies bedeutet Kommunikationsfähigkeit; beim Hinsitzen sollte man sich nicht auf die Kante zu

setzen, denn das deutet laut Psychologen auf eine Unsicherheit hin.
Schroder eröffnete das Bewerbungsgespräch.
»Wie Sie wissen, suchen wir einen agilen Leiter unserer Elektrizitätswerke. Wir stellen uns eine Persönlichkeit vor, die diesen bisher zwar wirtschaftlich erfolgreichen Betrieb mit cirka 50 Mitarbeitern in ein äußerst gewinnbringendes Unternehmen verwandelt. Damit wollen wir unsere Haushaltslöcher stopfen. Auch erwarten wir mehr Öffentlichkeitsarbeit als von den meist verwaltungstechnisch strukturierten Vorgängern. Nach unseren Recherchen kämen Sie unseren Visionen bisher am nächsten.«
Es folgten die üblichen Rituale wie: erzählen Sie Ihren Lebenslauf – um seine rhetorischen Fähigkeiten zu prüfen – oder welche Maßnahmen zur Optimierung des Betriebes sehen Sie vor und wie sind Ihre Gehaltsvorstellungen. Mit Bravour meisterte Niedes alle Aufgaben und hatte bei der herzlichen Verabschiedung ein gutes Gefühl, obwohl er hohe Gehaltsforderungen stellte. Schließlich müsste sich der Umzug vom Rheinland an den Bodensee für ihn auszahlen.

An der Promenade traf Niedes seine mitgereiste Frau Hannelore in einem Eiscafé.
»Na, wie war es?«, fragte sie.
»Ich bin sehr zuversichtlich, dass es klappt, auch wenn sich nach mir noch zwei weitere Bewerber vorstellen. Und was hast Du in der Zwischenzeit getrieben?«
»Also mir gefällt Überlingen bereits ausnehmend gut. Die eineinhalb Stunden, die Du weg warst, habe ich optimal genutzt. Zuerst zündete ich im Münster[23] als Unterstützung für Deinen Erfolg eine Kerze an. Dann ging

ich die malerische Luziengasse hoch zum städtischen Museum[24] und genoss vom Museumsgarten einen zauberhaften Blick über die Altstadt von Überlingen. Du, das Museum müssen wir unbedingt zusammen einmal besuchen. Besonders interessiert mich die Puppenstubensammlung. Dann schlenderte ich auf dieser wunderschönen und abwechslungsreichen Promenade[25] entlang. Dabei studierte ich die Schiffsfahrpläne. Von hier hat man unglaublich viele Möglichkeiten. Die Kursschiffe der Stadtwerke Konstanz legen hier an. Mehrere private Schifffahrtsunternehmen bieten Rundfahrten, sowie Fahrten zu interessanten Ausflugszielen am Obersee und Untersee an. Eine Linie befährt den Überlinger See und legt an der Marienschlucht[26], in Bodman[27], Ludwigshafen[28] und in Sipplingen[29] an. Mehrmals täglich gibt es Verbindungen zur Insel Mainau[30]. Von hier aus sieht man übrigens die Insel. Wenn wir uns beeilen, da vorne am Landungsplatz fährt in einer Viertelstunde ein Schiff ab. Die Blumeninsel ist doch einfach ein Muss für alle Bodenseetouristen.«

Für die Arbeitsweise einer Verwaltung kam die Zusage für die Anstellung als Direktor der Elektrizitätswerke bemerkenswert schnell. Bereits nach einem Monat hatte Niedes den Vertrag unterzeichnet in den Händen. Das Ehepaar feierte dieses Ereignis mit ihren Freunden aus dem Karnevalsclub und einigen Kollegen von Jupp Niedes aus dem Energiekonzern mit einer ausgiebigen und feuchtfröhlichen Sause.
»Freunde, Karnevalisten, Ihr werdet mir im Süden der Republik fehlen. Aber bei diesem Angebot, ich bekomme monatlich 10.000 Euro und dazu noch Bonus bei einer kräftigen Steigerung der Einnahmen, konnte ich einfach

nicht nein sagen. Und ich sage Euch, da sind locker nochmals 50 Mille pro Jahr drin.«

Bei den Freunden kam direkt etwas Neid auf. Seine Bedenken wegen des fehlenden Kölner Karnevals beruhigten sie mit dem Hinweis auf die bekannte alemannische Fastnacht. Und Überlingen, so wusste ein Freund aus dem Elferrat, ist als traditionsreiche Hochburg bekannt.

»Allerdings kannst Du dann nicht mehr zu Fuß nach Kölle jonn. Aber bei Deinem Alkoholgenuss ist es auch besser, Du fährst mit dem Zug.«

In fröhlicher Stimmung verabschiedete man sich erst spät in der Nacht mit der Hoffnung auf ein baldiges Wiedersehen.

Der Umzug nach Überlingen zum 1. Januar ging problemlos vonstatten. Als rheinische Frohnatur fanden Niedes und seine Frau bald Anschluss an die sonst gegenüber Neubürgern eher etwas abwartende Bevölkerung am Bodensee. Seine Stellung, eine der wichtigen Persönlichkeiten in der Stadt, tat sicher ein Übriges. Wie erwartet, erreichte er mit seinen Ideen und der Durchführung von außergewöhnlichen Events, verbunden mit einer umfangreichen Berichterstattung in der Lokalpresse, innerhalb kürzester Zeit einen hohen Bekanntheitsgrad. Die Steigerung der Gewinne innerhalb eines Jahres von über zweihundert Prozent löste beim zuständigen Gemeinderat geradezu eine Euphorie aus. Auch wenn das Ehepaar manchmal den rheinischen Karneval vermisste, so fanden sie doch immer mehr Gefallen an der alemannischen Fasnet. Bereits im zweiten Jahr trat Jupp Niedes in die weit über eintausend Hästrägern zählende Hänselezunft ein. Er kaufte sich ein gebrauchtes Hänsele-Kleid in seiner Größe, bestehend aus einer den ganzen Kopf verhüllenden schwarzen Kappe, an der ein Rotfuchsschwanz befestigt ist und vorne einen rüsselartigen Fortsatz hat. Der ganz bis zu den Schuhen in schwarz gehaltene Leinenanzug ist mit aufgenähten farbigen Filzblättchen verziert und ein weißes Schweißtuch sowie weiße Handschuhe geben zusätzliche helle Farbtupfer. Die an der Hose befestigten Glöckchen verbreiten ein angenehmes Klingeln. Für mehr Lärm sorgt die Karbatsche, eine lange, geflochtene Peitsche. Das Schnellen, wie der Umgang mit der Karbatsche heißt, musste Niedes erst lernen. Was ihn allerdings störte war, erst ab dem Hänselejuck[31] am Fastnachtsamstag durfte er das Häs (der alemannische Ausdruck für Bekleidung) tragen und dies nur im Bereich von Überlingen. Nur alle paar Jahre fuhren die Hästräger zu den Narrentreffen der anderen traditionsreichen Zünfte von Rottweil, Elzach und Oberndorf, die gemeinsam mit Überlingen den Viererbund bilden.

Da die Hänselezunft nur Männern vorbehalten ist, trat Hannelore Niedes dem weiblichen Pendant, der erst 1995 gegründeten Zunft Überlinger Löwe bei, die wiederum nur für Frauen offen ist. Der Überlinger Löwe, oder sollte man besser sagen die Überlinger Löwin, kleidet sich in ein in leuchtendem Rot gehaltenes Filz-Fransenhäs. Auf der Brust prangt das attraktive Löwen-Wappen der freien Reichsstadt Überlingen. Die Löwenmaske aus Silikon, darauf eine Messingkrone, umrahmt von hellen Flachshaaren sowie die an der Kleidung befestigten Goldkügelchen und die Messingschellen vervollständigen diese attraktive Fastnachtsfigur. In der Hand trägt die Löwin ein Schwert. Natürlich getrennt beteiligte sich das Ehepaar ausgiebig am Überlinger Fastnachtstreiben.

In ihren Herzen fehlte dem Ehepaar doch der andersartige Kölner Karneval. Getrieben von seiner Macherqualität gründete Jupp Niedes bald darauf eine Tanzgruppe und nannte sie Überlinger Majoretten. Der Zulauf war enorm. In eng anliegenden Kostümen in den badischen Landesfarben gelb mit rotem Streifen, die mehr von der weiblichen Figur zeigten als verbargen, tanzten die jungen Überlingerinnen bei verschiedenen Auftritten als Augenweide für das begeisterte Publikum. Das Training und die Auftritte gestaltete das ehemalige Kölner Tanzmariechen Hannelore Niedes. Ihr Mann kreierte sogar den Überlinger Elektrizitätswerkeball, bei dem die Band fast ausschließlich Kölner Lieder spielte und Büttenredner ihre betagten Witze zum besten gaben. Als Höhepunkt des Abends tanzten die Majoretten auf der Bühne zum Badner Lied, während die Gäste schunkelten und tausend bunte Luftballons mit dem Aufdruck der Elektrizitätswerke von der Decke schwebten. Beim Narrenbaumsetzen am Schmotzigen Donnerstag tanzte die Garde auf der Straße. Die Mädels bützten die Zuschauer und schnitten Krawatten ab. Auch ihr Schlachtruf »Hopp Narro« sorgte bei den traditionellen Narren für ein schlimmes Grimmen im Bauch. Lautet doch der gängige Schlachtruf in der alemannischen Fastnacht »Narri Narro« und speziell in Überlingen »Juhu«. Hinweise von den Narreneltern, diese der alemannischen Tradition zuwider laufenden Aktivitäten einzustellen, ignorierte Niedes. Beschwerden an die Verwaltung und an die Stadträte wurden wie andere Beschwerden einfach nicht beantwortet. So machte sich immer mehr Unmut in der Stadt über diese Verunglimpfung der heimischen Fastnacht durch die Neuen breit. Doch alle Versuche, die traditionelle Fastnacht von Überlingen nicht zu verwässern, scheiterten an der Sturheit des Rheinländers.

Der sonst so besonnene Hauptkommissar Eisele tobte im Büro und rief:
»Dieser Grasdackel, dieser rheinische, erst zockt er die Bürger mit überhöhten Energiepreisen ab und dann versaut er uns noch die Überlinger Fasnet.«
Inspektor Hodapp wusste nur zu gut, wenn sein Chef Dialekt sprach, dann war er äußerst geladen.

Schmotziger Dunschtig oder für Auswärtige Schmotziger Donnerstag. Heute herrschte dichter Nebel. Dichten Nebel im Winter gibt es selten am Bodensee. Doch zeigt sich die Landschaft manchmal wochenlang nur unter einer Hochnebeldecke, die von den Einheimischen mit den Worten: »Im Winter Nebel und im Sommer Besuch« kommentiert wird. Dazwischen gibt es tolle Stimmungen am See und manchmal eine bis zu vierhundert Kilometer weite Alpensicht. Heute, beim Sturm auf das Rathaus und beim Narrenbaumsetzen fungierte Karle Eisele als Ordner. Nicht, dass dies Aufgabe der Kriminalpolizei war, aber der Hauptkommissar fühlte sich als aktives Mitglied der traditionellen, bereits im 14. Jahrhundert nachgewiesenen Schwerttanz-Kompanie[32] für diese ehrenamtliche Tätigkeit verpflichtet. Am späten Nachmittag schaute er noch im Vereinslokal der Narrenzunft vorbei und aß dort die schmackhaften Kutteln mit Bratkartoffeln. Auch wenn Kritiker Kutteln als Hundefutter verteufeln, so ist es für den Kenner ein Leckerbissen. Kaum hatte Eisele die Zunftstube in der Turmgasse verlassen, traf er auf seinen Assistenten Hodapp. Er lud ihn spontan in ein Stehcafé in der Christophstraße ein. Nach-

dem er vorher in geselliger Runde dem Überlinger Spätburgunder kräftig zugesprochen hatte, würde ihm jetzt eine Tasse Kaffee gut tun, bevor er sich zu Hause den kritischen Blicken seines Eheweibes stellte.
»Heute ist es gut gelaufen. Keine besonderen Vorkommnisse bei den Veranstaltungen. Auch wenn ich mich und viele andere Leute beim Narrenbaumsetzen granatenmäßig über die Tanzgarde von den Niedes geärgert habe. Immer wieder sangen sie Vivat Colonia. Vergessen wir das und lassen Sie uns zur Feier des Tages noch einen Berliner konsumieren. Nachdem es die fettigen Fastnachtsküchle nicht mehr gibt, von denen der Schmotzige Donnerstag seinen Namen hat, weichen wir auf die in Fett gebackenen Berliner aus.«
Hodapp biss in den Berliner und bespritzte sich prompt mit Marmelade.
Eisele lachte: »Sie müssen dort hinein beißen, wo das Einspritzloch für die Marmelade ist. Dann passiert das nicht.«
In diesem Moment klingelte das Handy in der Hosentasche des Kommissars. Es meldete sich die Zentrale des Helios-Krankenhauses.
»Kommen Sie schnell vorbei! Drei Narren haben einen Mann eingeliefert, der schwere Verletzungen aufweist.«
Hodapp, der sein Auto im Parkhaus West hatte, chauffierte seinen Vorgesetzten die kurze Strecke zum Krankenhaus. Eisele erkannte sofort den Direktorr der Elektrizitätswerke Jupp Niedes. Nachdem dieser von den Ärzten notdürftig versorgt war, einige Wunden mussten genäht werden, berichtete dieser mit belegter Stimme:
»Ich bekam so gegen 17 Uhr einen Anruf. Im Spetzgarter Weg oberhalb des Krankenhauses wäre am Verteilerkasten der Elektrizitätswerke die Abdeckung ent-

fernt und in der Nähe würden Kinder spielen. Wenn diese in Kontakt mit dem Starkstrom bekommen, so gibt es ein Unglück. So schnell ich konnte, fuhr ich hin, stellte mein Auto auf dem Wanderparkplatz ab und legte die letzten etwa einhundert Meter zu Fuß zurück. Wegen des Nebels, der sogar den nahen Autolärm verschluckte, dunkelte es bereits. Von den Kindern war nichts zu sehen. Am Verteilerkasten angekommen, sah ich auch keine Veränderung. Plötzlich tauchten wie aus dem Nichts zwei als Hänsele und eine als Überlinger Löwin maskierte Personen auf. Ein Hänsele rief Juhu und streckte mir eine Bierflasche entgegen. Als ich diese dankend annahm, legten sie mir Handschellen an. Zuerst dachte ich an einen Fastnachtsscherz, doch nun wurden die Drei grob und warfen mich bäuchlings auf den Betonabsatz vor dem Verteilerkasten. Ich spürte, wie die Feuchtigkeit, die sich auf der Fläche angesammelt hatte, durch meine Kleidung drang. Die Handschellen drückten auf meine Handgelenke. Hört auf, schrie ich! Doch dies ignorierten die Gestalten und es kam noch schlimmer. Sie zogen mir die Hose bis zu den Knöcheln herunter. Einer packte mich am Genick und hielt mich fest, während ein anderer meine Füße festhielt. Der Dritte, ein kräftiger Kerl, schlug mit der Karbatsche immer und immer wieder auf mein nacktes Hinterteil. Dabei zählte er bis zwanzig. Ein Hänsele und die als Löwe verkleidete Person, ich bin mir sicher, dies war auch ein Mann, sprachen nichts. Das Blut spritzte nur so. Ich schrie vor Schmerz, doch niemand hörte mich. Nach den Schlägen zogen sie mir über den blutenden Hintern die Hose hoch und da ich kaum mehr gehen konnte, schleppten sie mich über die Fußgängerbrücke beim Salem College zum Krankenhaus.«

»Wurde sonst noch etwas gesprochen?«
»Nein! Die Vermummten schwiegen die ganze Zeit. Nur einer murmelte etwas von Alefanz.«
»Na, unter Alefanz verstehe ich eher Jux und Blödelei. Aber dieses Treiben hat wohl mit Alefanz nichts zu tun.«
Eisele und Hodapp notierten sich das alles mehr oder weniger oberflächlich und wünschten dem Elektrizitätswerke-Direktor gute Besserung.

Erfahrungsgemäß tut sich über die närrischen Hochtage in den Behörden oder in den Betrieben wenig oder nichts. Eisele und Hodapp trafen sich entgegen den bisherigen Gepflogenheiten täglich in ihrem Büro. Nach einem Aufruf in der Tageszeitung meldeten sich Zeugen. Sie hätten bei ihrer Fahrt auf der B 31 im Nebel verschwommen und doch noch gerade erkennbar maskierte Personen gesehen, die einen offensichtlich betrunkenen Nichtmaskierten über die Fußgängerbrücke schleppten. Ansonsten gab es keine weiteren Hinweise.
Eisele zu Hodapp: »Recherchen bei der Polizei ergaben, vor einer Woche schlugen Unbekannte nachts ein Schaufenster eines Einzelhandelgeschäftes in der Innenstadt ein und stahlen die Dekoration, ein Hänsele. Ungewöhnlich ist das Auftreten der Hänsele. Dieses Narrenhäs wird nicht vor dem bekannten Hänselejuck getragen, der erst am Fastnachtssamstag stattfindet. Da es zirka über eintausendfünfhundert Hänsele in Überlingen gibt und hunderte von Löwinnen, wird es sicher schwierig, die Richtigen zu finden. Wir kommen da locker auf über zweitausend Verdächtige. Diese haben zwar alle eine Nummer und sind registriert, aber wer sagt uns, dass es sich hier um Mitglieder der Zünfte handelt. Beim letzten Narrentreffen in Oberndorf verletzte ein Überlinger

Hänsele eine Zuschauerin am Auge. Den Schuldigen suchen sie noch heute. Wenn wir wenigstens die blutige Karbatsche hätten. Da die Narren aber Handschuhe tragen, sind sicher keine Fingerabdrücke festzustellen. Ob wir die Täter jemals finden, wage ich zu bezweifeln. Ich kann die Wut der Narren auf den Rheinländer gut verstehen, aber bei solch üblen Scherzen hört der Spaß auf. Dazu kommen noch die ständig steigenden Gebühren für Energiekosten, die den Bürgern der Stadt ein Dorn im Auge sind. Da sind Rachegedanken nicht auszuschließen.« Hodapp teilte die Einstellung seines Vorgesetzten, doch sagte er kein Wort. Im Stillen gelangte er zu der Überzeugung, dieser Fall wird nicht mit der ihnen sonst nachgesagten Akribie verfolgt.

Aschermittwoch. Ein schöner, aber kalter Tag. Müllmann Franco Dille hing heute nicht besonders motiviert auf der Rückseite des Müllwagens. Gestern noch feierte er ausgiebig mit Kumpels die Fastnachtsbeerdigung und bereits nach wenigen Stunden Schlaf nun dieser Job. Dazu kam noch der Stress, denn bei der Abfuhr von Biotonnen und Restmüll am gleichen Tag standen oft die Eimer durcheinander, was zusätzlich Arbeit verursachte. Er hatte kein Verständnis für die Faulheit mancher Bürger, die ihre Getränkeflaschen nicht in den dafür vorgesehenen Flaschencontainern entsorgten und einfach in den Restmülleimer warfen. Gerade nach Fastnacht kam dies besonders oft vor. In seiner schlechten Laune und in Anbetracht des kalten Wetters hatte er sich vorgenommen, wenn er das Scheppern von vielen Flaschen hört, so würde er es heute einmal den Leuten zeigen und als Erziehungsmaßnahme den Inhalt vor die Haustüre kippen. Das hatten sie auch verdient. Viele zeigten ihm gegen-

über eine gewisse Arroganz, schauten auf ihn herab und schätzten seine wichtige Arbeit als sehr gering. Was die Bezahlung anging, stimmte es, doch die Leistung für die Öffentlichkeit hätte mehr Achtung für seine Person und Tätigkeit verdient.
Und wieder entdeckte er so einen Eimer mit vielen Flaschen. Mit einem Schwung kippte Dille den Eimer um und entleerte ihn. Zu seiner Verwunderung lag jetzt obenauf eine fleckig verdreckte Karbatsche. Er hatte in der Zeitung von dem wüsten Fastnachtsscherz gelesen, den man dem Direktor der Elektrizitätswerke angetan hatte. Er und seine Kumpels fanden solche Scherze auch in der närrischen Zeit als unangebracht. Das hatte dieser Mann nicht verdient. Er lief zum Führerhaus.
»He, Manni! Ruf sofort bei der Polizei an! Hier liegt eine Karbatsche. Wegen der Hiebe am Schmotzigen Donnerstag sucht doch die Kripo laut Zeitungsbericht eine Karbatsche. Das könnte sie sein. Wir warten solange, bis die Polizei da ist.«

Eisele und Hodapp sicherten die Karbatsche und versuchten, die Bewohner des Hauses zu erreichen. Endlich, am Abend öffnete sich erst nach mehrfachem Klingeln die Haustüre. Ein kräftiger, etwas untersetzter Mann öffnete. Hauptkommissar Eisele zeigte seinen Ausweis und bat um Eintritt. Bereits im Flur bemerkte er einen zweiten Mann, der mit einem Bündel Stoff in der nächsten Tür verschwand. Sofort folgte ihm Inspektor Hodapp und identifizierte zwei Hänselekleider. Eine Überprüfung der Nummern im Vereinsregister der Zunft ergab die Gewissheit, dass es sich bei einem davon um das beim Einbruch gestohlene Hänsele-Häs handelte. Die Untersuchung der sichergestellten Karbatsche wies einwandfrei auf getrocknetes Blut hin. Zusätzlich ergab eine Analyse eine eindeutige Übereinstimmung mit dem Blut des Direktors der Elektrizitätswerke. Obwohl die beiden Männer die Tat leugneten und die Identität des dritten Mannes, der die Löwenmaske trug, nicht preisgaben, verdonnerte sie der Richter bei der Verhandlung beim Amtsgericht Überlingen wegen Einbruchs und schwerer Körperverletzung zu einer Freiheitsstrafe auf Bewährung sowie einer hohen Geldstrafe. Einen Teil davon erhielt der Misshandelte als Schmerzensgeld.

Eisele: »Ich hätte nicht gedacht, dass wir den Fall lösen könnten, aber manchmal hilft einem doch der Kommissar Zufall. Ich bin mir auch sicher, der dritte Mann in der Löwenmaske ist der Sohn des Hausbesitzers. Seine Frau ist in der Löwenzunft und das Alibi, er hätte an diesem Nachmittag und am Abend wegen der Berichterstattung des Stockacher Narrengerichts nur zu Hause vor dem Fernseher gesessen, können wir leider nicht widerlegen. Aber dass die Männer vor Gericht die Schläge mit der Karbatsche als närrischen Alefanz verteidigten, kann ich nicht nachvollziehen. Auch bei größter Toleranz sind dem närrischen Treiben Grenzen gesetzt.«

Tod durch Ertrinken

Wenige Minuten, nachdem der Notruf einging, waren Notarzt und Krankenwagen vor Ort. Ein verunglückter Taucher lag beim Mantelhafen neben der Minigolfanlage[33] von Überlingen. Für den Arzt und die Sanitäter bedeutete dies mehr oder weniger einen Routineeinsatz. Jährlich gab es am Bodensee immer wieder Tauchunfälle, besonders in Überlingen, da hier das Tauchrevier von Anfängern oft unterschätzt wird. Trotz der sofort eingeleiteten Wiederbelebungsversuche kam für heute jede Hilfe zu spät. Leblos lag der junge Mann im Alter von etwa dreißig Jahren am Uferrand. Die Taucherbrille lag daneben, die Kopfhaube zurückgeschlagen, dabei bot der tote Taucher in seinem viel zu engen Tauchanzug ein Bild wie eine Fleischwurst, die aus der Pelle quellen will. Um ihn herum standen mehrere Männer in Tauchmontur. Der Arzt füllte die umfangreichen Formulare aus und setzte als Todesursache »Tod durch Ertrinken« ein. Dann verständigte er gemäß den Vorschriften die Wasserschutzpolizei. Diese wiederum verständigte gleich auch noch Hauptkommissar Eisele und da beide Amtssitze gerade um die Ecke waren, dauerte es auch nur wenige Minuten bis die Beamten kamen.
Eisele wandte sich an die Taucher.
»Kennen Sie den Toten?«
Alle sechs Männer nickten und einer trat näher.
»Es ist unser Abteilungs-Direktor Dr. Uwe Hornung. Ich war mit ihm tauchen, abseits der Gruppe. Er ist, beziehungsweise war, Anfänger und heute absolvierte er erst seinen zweiten Tauchgang. Ich begleitete ihn und gab ihm entsprechende Tipps. Er richtete sich allerdings nicht

nach meinen Anweisungen und bewegte sich immer mehr vom Ufer weg. Dann tauchte er einfach nach unten, ohne zu wissen, dass es hier ab der Felskante fünfzig Meter in die Tiefe geht. Ich folgte ihm sofort und gab ihm immer wieder Zeichen zur Umkehr. Er ignorierte mich einfach. Mein Tiefenmesser zeigte 45 Meter, als er plötzlich nach oben stoßen wollte. So ein Schnellaufstieg aus dieser Tiefe kann tödlich sein. Ich erwischte ihn gerade noch an einem Fuß und hielt ihn fest. Da bekam er erst richtig Panik, schlug wild um sich und verlor dabei seinen Atemregler. Ich konnte diesen noch fassen und führte ihn an seinen Mund. Er stieß mich weg, schnallte die Tauchflaschen ab und tauchte schnell nach oben. Um mich nicht auch zu gefährden, stieg ich langsam empor. Als ich fast oben war sah ich ihn regungslos unterhalb der Wasseroberfläche treiben. Ich schleppte ihn an Land direkt zu der Treppe an der Promenade, die extra für Taucher angelegt ist. Dann entledigte ich mich meiner Tauchflaschen und Schwimmflossen, stieg die Treppe hoch und lief so schnell, wie es meine Füsslinge zuließen, zum Kiosk am Minigolfplatz[33]. Der Betreiber rief sofort die Ambulanz, die dann auch gleich kam. Während den Wiederbelebungsversuchen tauchten dann auch meine Kollegen auf.«
Eisele: »Ich brauche noch ein paar Angaben.«
»Ich heiße Erwin Lehmann und wohne in Stuttgart. Wir alle sind bei dem bekannten Automobilwerk in Böblingen beschäftigt und gehören der Abteilung Entwicklung an. Davon bin ich der Abteilungschef, pardon, stellvertretende Abteilungsdirektor, da seit vier Monaten Dr. Hornung der Chef ist. Gleichzeitig bin ich Ausbilder bei unserer Betriebssportgruppe Tauchen.«

Eisele nahm nun von Lehmann und von allen anderen die genauen Personalien auf und verabschiedete sich.
»Sie hören wieder von mir!«

In der Nacht wälzte sich Lehmann unruhig in seinem Bett hin und her. Auch seiner Ehefrau schilderte er nach seiner Heimkehr den Hergang, so wie er es dem Kommissar zu Protokoll gab. Aber wenn seine Ehefrau wüsste, dass sie nun neben einem Mörder schlief, sie würde wohl sofort zu ihrer alten, allein lebenden Mutter ziehen. Tatsache war, er gab beim Tauchen Dr. Hornung immer wieder das Zeichen, ihm zu folgen. Er wollte diesem Angeber richtig Angst einjagen und tauchte immer tiefer. Statt Angst bekam der Tauchanfänger die totale Panik. Richtig war, Dr. Hornung wollte so schnell als möglich auftauchen, doch er hielt ihn fest. Als er dann vom Jungakademiker einige Boxhiebe auf alle seine möglichen Körperteile bekam, packte ihn die Wut. Er riss ihm den Atemregler aus dem Mund und drückte ihn nach unten. Wie im Rausch kam es über ihn, da er nun endlich Macht über diesen so ungeliebten Vorgesetzten hatte. Nach einem kurzen Kampf merkte er, wie der Körper erschlaffte. Er erschrak! Was habe ich getan? Nach einer langen Schrecksekunde schnallte er ihm seine Sauerstoffflaschen ab und tauchte langsam mit dem Kollegen nach oben. Über Wasser lief alles so ab, wie er es der Polizei geschildert hatte. Mörder, Mörder! Immer wieder meldete dies sein Unterbewusstsein. Sein Verstand hielt dagegen, Totschläger, Totschläger, doch eher Totdrücker. Seine Frau neben ihm stöhnte kurz auf. Anscheinend hatte sie einen schlechten Traum, während er ein schreckliches Wachtrauma zu verarbeiten versuchte.

In dieser Nacht schoss ihm auch noch durch den Kopf, wie alles gekommen war. Bei der Weihnachtsfeier zeichnete ihn der Vorstandsvorsitzende für seine vierzigjährige Betriebstreue aus. Dabei ging er kurz auf seinen Werdegang ein. Bereits als Fünfzehnjähriger begann er eine Kfz-Mechaniker-Lehre. Sein Vater arbeitete im Automobilwerk bereits als Werkzeugmacher, was seine Bewerbungschancen verbesserte. Nach der Lehre folgten verschiedene Stellen im Betrieb und die Meisterprüfung. Bald darauf wählten ihn die Arbeiter in den Betriebsrat. Wenige Jahre danach kam seine Versetzung in die Entwicklungsabteilung. Als hier der Abteilungsdirektor in Rente ging, schlug er ihn als seinen Nachfolger vor, da er mit Abstand die meisten Innovationen einbrachte. Durch seine Führung erlangte die Entwicklungsabteilung großes Ansehen. Der Vorstandsvorsitzende überschüttete ihn in dieser Versammlung mit einer derartigen Lobeshymne, dass es schon unangenehm wurde. Galt in seiner Abteilung doch mehr die schwäbische Devise: »Net gschimpft, is globt«. Die Versetzung in die Entwicklungsabteilung hatte er mehr oder weniger einem der Personalchefs zu verdanken. Lars Zinder traf er zufällig bei einem Tauchgang in Überlingen, und es stellte sich heraus, sie arbeiteten beide in derselben Firma. Von Anfang an mochten sie sich. Nicht nur wegen des gemeinsamen Hobbys, auch die positive Einstellung zum Leben verband beide. Dazu kam das gleiche Alter, eine ähnliche Erscheinung in Größe und Haarschnitt sowie dieselbe politische Weltanschauung. Nach gegenseitigen Einladungen verstanden sich nicht nur die Männer gut, auch die Ehefrauen. Jedes Ehepaar hatte eine elfjährige Tochter, die ebenfalls nach anfänglichen Schwierigkeiten so etwas wie Freundinnen wurden. Besonders förderlich erwies sich beruflich die Protektion durch den Personalchef und für diesen die Verbindung zum Betriebsrat. Die privaten Vorteile schätzte auch seine Familie, denn Lars Zinder stammte aus Überlingen. Alle genossen die Ausflüge an den Bodensee und sie profitierten zum einen von der Übernachtungsmöglichkeit im Hause der Eltern von Lars Zinder und zum anderen vom Bodensee-Insiderwissen des Einheimischen. Bereits beim ersten Ausflug bog Zinder, der mit seinem Auto voraus fuhr, kurz vor Ludwigshafen ab und gelangte auf einer Nebenstrecke zum Gasthaus »Haldenhof«[34]. Er hörte Lars noch, wie er sagte: »Von hier aus ist für mich der schönste Blick über den Bodensee.« Wochen später stiegen hier ihre Frauen und Töchter aus, die dann von hier immer leicht bergab in etwa drei Stunden über Hödingen bis nach Überlingen wanderten. So konnten die Männer ungestört tauchen. Da alle mit solchen Lösungen zufrieden waren, ließ sich Lars, sie waren inzwischen längst per Du, immer wieder neue, familiengerechte Ziele einfallen wie: den Wild- und Freizeitpark Allensbach[35] auf dem Bodanrück, Baden im Schlosssee[36] von Salem, den Haustierhof und Streichelzoo Reutemühle[37] in Überlingen-Bambergen, den Affenberg[38] zwischen Salem-Tüfingen und Oberuhldingen, einen Surfkurs im Überlinger Ostbad[39], die Pfahlbauten[40] und das Reptilienhaus[41] in Unteruhldingen, die Lochmühle[42] bei Eigeltingen. Da die beiden Frauen gerne wanderten und die Töchter notgedrungen mit mussten, suchte Lars immer wieder neue Wandertouren aus. Es hatte sich eingebürgert, vor dem Tauchgang den weiblichen Teil der Familie an einer interessanten Stelle abzusetzen. Später holten die Männer sie wieder in einer vereinbarten Wirtschaft ab. Dort aßen sie dann gemeinsam zu Mittag, wie bei der Wanderung vom

Aussichtsturm in Owingen-Hohenbodman[43] durch den Aachtobel nach Überlingen-Lippertsreute oder auf dem Höhenweg von der Oberstadt in Meersburg[44] nach Hagnau[45] und am Bodenseeufer wieder zurück mit Einkehr in die Ausflugsgaststätte »Haltnau«[46]. Obwohl er sich diese schönen Ausflüge ins Gedächtnis rief und sich noch an die gemeinsamen Ausflüge ins Ravensburger Spieleland[47] und Mini Mundus[48], in Meckenbeuren, ins Conny-Land[49] oder in den Klettergarten von Immenstaad[50] mit anschließender Lädinenfahrt erinnerte, konnte er nicht einschlafen.

Weiter kam ihm in den Sinn, nur drei Tage nach der Lobeshymne des Vorstandsvorsitzenden auf seine vierzigjährige Betriebszugehörigkeit, es war einen Tag vor Hl. Abend, rief ihn Lars Zinder zu sich ins Personalbüro. Er merkte gleich die Verlegenheit seines Freundes. Nach einer belanglosen Einleitung, ob sie wie jedes Jahr wieder am Dreikönigstauchen[51] in Überlingen teilnähmen, kam der Personalchef zum Kern der Besprechung. Er führte die enorme Entwicklung auf, die unter seiner Leitung die Abteilung in den letzten Jahren genommen hatte. Er als »Benziner« mit seinen Neuerungen hatte großen Anteil an den hervorragenden Verkaufszahlen. Doch nun aber legte die oberste Konzernleitung den Schwerpunkt mehr auf Elektroautos und Brennstoffzellen. Deshalb hätte man sich entschlossen, ab dem 1. Januar die Leitung einem Jüngeren zu übertragen. Der dreißigjährige Dr. Uwe Hornung wäre aufgrund seiner Dissertation »Die Wasserstraßen von Berlin und Potsdam und deren Auswirkungen auf den Automobilverkehr« sowie seinem einjährigen Auslandsaufenthalt bei einem bekannten Autohersteller in Detroit der geeignete Mann dafür. Er sei dann nur noch

der Vizedirektor. Lars lies durchblicken, dass die Neubesetzung nicht in seinem Sinne sei aber der Neue wohl der Schwiegersohn eines Aufsichtsratsmitgliedes wäre. Ab Januar verschlechterte sich das Betriebsklima in seiner Abteilung zusehends. Für den neuen Abteilungsdirektor war er, weil er nicht studiert hatte, ein Mensch zweiter Klasse. Galt bisher der Teamgedanke: »Toll, ein angenehmes Miteinander«, so buchstabierte man es jetzt mit »Toll, ein anderer macht's«. Und der Andere war meist er, denn obwohl Dr. Hornung weder Fachwissen noch Teamgeist mitbrachte, delegieren konnte er. Als dieser auch noch von der Tauchsportgruppe der Entwicklungsabteilung erfuhr, schloss er sich sogleich an. Seine Frau sei begeisterte Taucherin und sein Schwager leitet eine Tauchschule in Thailand, deshalb wollte er schon lange tauchen lernen. Und so musste man ihn als Vorgesetzten wohl oder übel an den Bodensee mitnehmen. Dann passierte, was passieren musste.
Wieder stöhnte seine Frau im Schlaf.
Er überlegte, wenn er bei seiner Frau und bei allen anderen Personen die Wahrheit über den »Tauchunfall« verschwieg, müsste es eigentlich wegen der fehlenden Zeugen der perfekte Mord beziehungsweise der perfekte Totschlag sein. Mit dieser Gewissheit schlief er ein.

Hysterisch reagierte Rita Hornung auf die Nachricht über den Tod ihres Mannes. Sie war schon immer der Meinung, ihr Mann sei für das Tauchen nicht geeignet, was sich beim ersten Schnorcheln im Roten Meer schon zeigte. Sie wusste auch nichts von der Betriebssportgruppe und dass ihr Mann wohl heimlich tauchen lernen wollte, um ihr zu imponieren. Ihr gegenüber sprach er nur von einem Betriebsausflug mit Kollegen an den Bo-

densee zur Stärkung des Wir-Gefühls. Vor allem Nachts fühlte sie sich alleine und verloren in ihrem Einfamilienhaus, deshalb kam ihr die Einladung ihres Bruders Gert nach Thailand sehr gelegen. Immer und immer wieder sprach sie mit ihrem Bruder über das Unglück.
»Also Rita, wenn Deine Schilderungen stimmen und Uwe bereits beim zweiten Tauchgang auf 45 Meter tauchte, so ist dies für mich ein glatter Verstoß gegen alle Regeln, wenn nicht sogar Mord. Wer war denn der Verantwortliche?«
»Sein Vize-Direktor Erwin Lehmann.«
»Moment, ich suche ihn im Internet. Ah, da ist er. Er hat anscheinend das Dreikönigstauchen in Überlingen gewonnen. Scheint so, als würde er regelmäßig daran teilnehmen, denn laut Internet nahm er bereits über dreißig Mal teil. Für mich ist er durch sein fahrlässiges Verhalten mit einem Tauchanfänger zumindest der Verantwortliche für den Tod Deines Mannes, wenn nicht sogar sein Mörder.«
»Wie sollen wir das beweisen?«
»Wenn kein anderer Taucher dabei war, kannst Du das nicht.«
»Das heißt, der Mörder meines Mannes nimmt beruflich wieder seine Position ein und freut sich des Lebens. Das lasse ich nicht zu!«
Gemeinsam schmiedeten sie einen Plan.

Dreikönigstauchen in Überlingen. Aufgrund der vereisten Straßen kamen in diesem Jahr nicht die vom Veranstalter erwarteten über dreihundert Taucher, sondern nur siebzig. Darunter wie jedes Jahr Erwin Lehmann und Lars Zinder zusammen mit ihrer Betriebssportgruppe. Neu angemeldet hatten sich Rita Hornung und Gert Fischer aus Thailand. Die Außentemperatur zeigte minus zehn Grad, das Wasser plus fünf Grad. Es ging darum, wer als Erster die versteckte 35 Kilo schwere Schatzkiste fand. Der Inhalt: zwei Buddeln Rum sowie Steine für das Gewicht. Das Tauchlimit betrug laut Ausschreibung eine Stunde. Auf ein Kommando hin stürzten sich die Taucher in das kalte Bodenseewasser. Die Sicht unter Wasser mit etwa zwanzig Metern nutzte den Tauchern bei der Suche. Vorjahressieger Erwin Lehmann und sein Freund Lars Zinder rechneten, nachdem bei der letzten Veranstaltung die Schatzkiste schon nach kurzer Zeit gefunden wurde, dieses Mal mit einem Versteck, das ziemlich abgelegen sein dürfte. Rita Hornung und Gert Fischer folgten als einzige Teilnehmer den beiden. Nach einer halben Stunde erfolgloser Suche trennten sich Erwin und Lars, einerseits um die beiden Verfolger zu irritieren und andererseits um ihre Chancen zu erhöhen. Jetzt folgten die zwei Taucher nur noch einem der beiden.

In Ufernähe tauchte nun ein Taucher nach dem anderen auf und ein Teilnehmer aus Ulm hielt triumphierend die gefundene Schatzkiste hoch. Als die Stunde um war, fehlte nur noch Lars Zinder. Nirgends waren auf dem Wasser Luftblasen zu sehen, die einen Taucher unter Wasser verrieten. Erwin Lehmann geriet in größte Sorge um seinen Freund.
»Wir haben uns vor einer halben Stunde getrennt, aber zwei andere Taucher folgten ihm.«
Auf die Frage an die versammelten Taucher, wer diese waren, meldete sich niemand.

Die Wasserschutzpolizei, die diese Veranstaltung begleitete, forderte einen Hubschrauber an. Deren Besatzung entdeckte jedoch keinerlei Luftblasen auf dem Wasser und damit kein Lebenszeichen für eine Person unter Wasser. Damit wurde die Suche eingestellt und wegen der notwendigen Geräte, die an diesem Tag nicht zur Verfügung standen, auf den nächsten Tag verlegt. Tags darauf orteten hochempfindliche Suchgeräte die Leiche von Lars Zinder, der in etwa fünfzig Metern Tiefe mit heraushängendem Atemregler auf dem Seeboden lag. Der Arzt konnte als Todesursache wieder nur »Tod durch Ertrinken« feststellen. Kriminal-Hauptkommissar Eisele und sein Assistent Hodapp diskutierten lange, ob es sich hier um einen Tauchunfall oder um einen Selbstmord handelte oder ob eventuell sogar ein Mord geschah. Das Ergebnis blieb jedoch offen.

Rita Hornung und Gert Fischer befanden sich im Auto auf der A81 zum Flughafen Stuttgart. Rita brach das bisherige Schweigen:
»Da haben wir wohl den Falschen erwischt. Aber nächstes Jahr ist wieder ein Dreikönigstauchen.«

Mord im Senioren-Knast

Ohne anzuklopfen stürmte der Vollzugsbeamte in das Büro von Direktor Alfred Seeburger.
»Willi ist tot! Vor wenigen Minuten fanden wir ihn tot in seiner Zelle. Beim morgendlichen Rundgang lag er tot auf seiner Pritsche. Sein Zellennachbar Heinrich hatte erst nichts bemerkt, doch jetzt behauptet er, Willi ist sicher vergiftet worden. Mithäftlinge hätten dies seit dem Zeitungsartikel über Drogen im Knast immer wieder angedroht.«

Alfred Seeburger leitete seit zehn Jahren die Strafvollzugsanstalt in Singen. Willi war sein Lieblingshäftling, was er natürlich nie öffentlich geäußert hätte. Der ehemals Obdachlose saß seit zweieinhalb Jahren eine Haftstrafe von drei Jahren aufgrund von Naziparolen ab. Wegen guter Führung wäre bereits eine Entlassung möglich gewesen. Doch wohin sollte man einen Obdachlosen entlassen? Für den Gefängnisdirektor zählte Willi nicht zu den Kriminellen. Im Gegenteil, nachdem dieser jetzt 75-jährige Mann nach seiner Einlieferung von seinem wallenden weißen Vollbart befreit und beim Friseur war, machte der mittelgroße neue Insasse mit seinem verschmitzten Gesicht und seinen blauen Augen einen liebenswürdigen Eindruck. Er passte hervorragend in Seeburgers neues Konzept eines Senioren-Knastes. Da das Durchschnittsalter der Insassen immer weiter nach oben stieg und die älteren Häftlinge auch nicht mehr zum Arbeitseinsatz eingeteilt werden durften, entwickelte Seeburger eine, wie er meinte, zukunftsorientierte Form des Strafvollzuges für ältere Menschen. Die Unterbringung erfolgte ausnahmslos in Doppelzellen. Tagsüber konnten sich die Häftlinge frei bewegen und ihren Tagesablauf selbst gestalten. Möglich waren unter anderem Bibliotheksgänge, Sport, Spiele, Wanderungen und viele Freigänge. Immer vier Senioren bildeten ein Team. Zum Team von Willi zählten »Pistolenopa«, der im Alter angefangen hatte, Banken mit einer Pistole in der Hand zu überfallen, da ihm, wie er sich ausdrückte, ein Kick in seinem Leben fehlte. »Diamanten-Edi«, schon immer ein Krimineller, konnte es nicht lassen, auch im hohen Alter Juwelierläden auszurauben. Der Zellenmitbewohner von Willi, genannt »Messer-Heinrich«, lebte als selbständiger Handwerker ein unbescholtenes bürgerliches Leben. Er übergab erst mit siebzig seinem Sohn seinen Malerbetrieb, doch dann kam die große Leere in seinem Leben. Mit seiner Freizeit konnte er wenig anfangen und als er eines Tages seiner Frau beim Kochen half, kam es aus einem nichtigen Grund zum Streit. Seine Frau war auf ihn zugestürmt und dabei hatte sie sich das Küchenmesser, das er in der Hand hatte, in den Bauch gerammt. Zu seinem Leidwesen glaubte ihm der Richter diese Geschichte nicht, denn seine Frau wies drei Einstiche auf und es ist wohl ausgeschlossen, so der Staatsanwalt bei der Verhandlung, dass ihm die Frau dreimal ins Messer gelaufen war, bevor sie dann verblutete.

»Ausgerechnet Willi«, stöhnte der Direktor. Erst vor zwei Monaten hatte er sein Senioren-Konzept der Presse vorgestellt und eine riesige Resonanz in den Medien ausgelöst. Die Pressekonferenz verlief zwar nicht ganz im Sinne des Gefängnisdirektors, da Willi beim Interview so nebenbei erwähnte, er hätte jetzt erstmals im Knast eine Haschischzigarette geraucht. Die Journalisten eines

Boulevardblattes schlachteten dies gleich mit der Schlagzeile: »Senioren-Knackis im Drogenrausch« aus, was dem Direktor einige Scherereien aus dem Justizministerium einbrachte. Auch unter den Justizbeamten und Häftlingen sorgte dieser Bericht für einige Aufgeregtheiten. Seriöse Blätter allerdings berichteten sehr positiv über das Konzept ›Senioren-Knast‹.
Der Direktor wendete sich an den Justiz-Vollzugsbeamten:
»Vielleicht ist er an Altersschwäche oder Herzschlag gestorben. Ich telefoniere gleich mit dem Gefängnisarzt. Er soll die Todesursache feststellen.«

Vermutlich Tod durch Gift, diagnostizierte der Arzt und verständigte sofort die Kriminalpolizei. Diese überstellte die Leiche ins kriminaltechnische Institut zur Untersuchung. Die Beamten begannen sofort mit der Spurensuche in der Zelle. Neben den üblichen Spuren und einer Alufolie im Abfalleimer fanden sie Kuchenkrümel im Bett des Toten, die dann das Labor als mit Gift behaftet analysierte.

Die Untersuchungsergebnisse ergaben zweifelsfrei, Willi wurde offensichtlich mit einem Kuchen, der Arsen enthielt, vergiftet. Der Zellennachbar Heinrich bestätigte, dass Willi gestern Abend, kurz bevor das Licht abgedreht wurde, ein Stück Frankfurter Kranz gegessen hatte. Im nachhinein war er froh, dass er das angebotene halbe Stück abgelehnt hatte. Das Aktenstudium zum Vorleben von Willi ergab, er war Landschaftsgärtner, hatte vor Jahren ein eigenes Haus und eine Familie, Frau und Tochter. Ein Verkehrsunfall, bei dem Frau und Tochter durch eigenes Verschulden ums Leben kamen, warf

Willi Dreher total aus der Bahn. Er ging nicht mehr zur Arbeit und nachts holten ihn Polizisten vom Grab seiner Frau herunter, auf dem er weinend saß. Da sich dies öfters wiederholte und er keine Rechnungen mehr bezahlte, seine Arbeitsstelle verlor, folgte eine Einweisung in die Psychiatrie. Sein Bruder übernahm die Pflegschaft und nutzte diese zum eigenen Vorteil. Er verkaufte das Haus an einen Bekannten zu einem Preis, der nicht einmal die Hypotheken-Schulden deckte. Zusätzlich setzte er noch eine Enterbung durch. Nach der Entlassung aus dem psychiatrischen Landeskrankenhaus nahm er den Bruder eine Woche bei sich auf, jagte ihn dann unter einem nichtigen Vorwand aus dem Haus. So landete Willi mittellos auf der Straße. Ziellos wanderte er durch seine Heimatstadt Überlingen. Entlang der wohl schönsten Promenade[25] am Bodensee bis zur Therme[20], zurück durch den sehenswerten Stadtgarten[10], der im Sommer als exotische Attraktion eine etwa zweitausend Pflanzen umfassende Kakteengruppe bietet, landete er am gotischen Münster[23] mit dem vierstöckigen geschnitzten Holzaltar. Davor war, wie jeden Samstag, gerade Bauernmarkt[52]. War es die Nähe zum Münster oder sein armseliges Aussehen? Es kamen doch einige Euros in seiner auf dem Boden gelegten Mütze zusammen. Wie viele Penner betäubte auch Willi sein unseliges Dasein mit Alkohol. Sturzbetrunken erlitt er einen Herzkreislaufkollaps und fiel zu Boden. Passanten riefen unverzüglich den Rettungsdienst. Die Sanitäter reanimierten Willi und lieferten ihn ins Krankenhaus ein. In der Eile vergaßen sie seinen Rucksack, der am Straßenrand lag und Willis wichtigste Habseligkeiten wie Schlafsack, Unterwäsche, Socken und ein paar persönliche Andenken enthielt.

Nachdem es ihm besser ging, genoss Willi den Aufenthalt im Krankenhaus. Ein gutes Bett, regelmäßiges Essen und Pflege, Herz was begehrst du mehr. Aufgrund seiner Simulationen, die den Aufenthalt doch um etwa zwei Wochen verlängerte, entließ ihn ein Oberarzt bei der Visite an einem Samstagmorgen abrupt, ohne sich darum zu kümmern, wo jetzt der Obdachlose hin sollte. Willi war verzweifelt. Die öffentlichen Stellen, die sonst für ihn zuständig waren, hatten am Wochenende keine Dienststunden. Er erinnerte sich, dass ihm schon einmal ein Priester von der bekannten Wallfahrtskirche Birnau[53] am Bodensee half. Ein verständnisvoller Busfahrer, dem er seine Situation schilderte, verzichtete auf einen Fahrschein, und so stieg Willi voller Hoffnung an der Bushaltestelle zwischen Überlingen und Uhldingen-Mühlhofen vor der Klosterkirche aus. Aus alter Gewohnheit untersuchte er den Abfalleimer am Parkplatz nach Brauchbarem. Außer einer halbleeren Spraydose, die vermutlich ein Graffitisprayer hinterlassen hatte, fand er nichts. Von der Terrasse der Kirche genoss er den herrlichen Blick über den Bodensee. Auf den gegenüberliegenden Schweizer Bergen war schon der erste Schnee gefallen, und Willi dachte mit Schaudern an den nächsten Winter. Was müsste er tun, um wieder ein so schönes und geregeltes Leben wie in den letzten Wochen, die er im Krankenhaus verbrachte, zu genießen? Eine längere Krankheit? Ein Gefängnisaufenthalt? Ja, das war es. Er müsste irgendetwas anstellen. Blitzartig schoss ihm eine Idee durch den Kopf. Er ging zurück zum Abfalleimer, holte die Spraydose und ging über die Straße zum KZ-Friedhof[54]. Bei Nazis in Verbindung mit Juden reagierten die deutschen Behörden und die Öffentlichkeit aus nachvollziehbaren Gründen besonders allergisch. Das war seine

Chance. Schnell besprühte er ein paar Gräber mit dem Hakenkreuz.

Willi war kein Antisemit, auch wenn nach Kriegsende bei einer Hausdurchsuchung, die von zwei alliierten Soldaten und einem Juden in Zivil durchgeführt wurde, der Jude Mutters Uhr und Bettwäsche mitnahmen. Seine Mutter, gläubige Katholikin und von der Waffen-SS beinahe erschossen, da sie sich weigerte, den Hitlergruß zu zeigen, beruhigte ihn mit den Worten: »Es gibt bei allen Völkern gute und schlechte Menschen und wer weiß, was die Deutschen diesem Juden und seiner Familie angetan haben.« Nachdem er einige Hakenkreuze gesprayt hatte, warf er die leere Dose in den nahe gelegenen Weinberg und ging wieder zurück zur Kirche, in der gerade eine Trauung stattfand. Beschwingt durch seine Aktion ritt ihn jetzt der Teufel. Euphorisch betrat er die Kirche. Mit dem lieben Gott hielt er manchmal Zwiesprache. Nur mit Gottes Bodenpersonal hatte Willi seine Schwierigkeiten. Obwohl gerade die Trauungszeremonie stattfand, stieg er auf die Kanzel und rief einige nicht druckfähige Judenbeschimpfungen herab. Entsetzen breitete sich unter den Hochzeitsgästen und Kirchgängern aus.

Zufällig war auch Kommissar Karle Eisele unter den Kirchgängern. Die kleine Radwanderung entlang des Bodensees von Überlingen nach Meersburg und zurück mit dem kurzen Abstecher zur Wallfahrtskirche Birnau zählte zur Standardtour, die er jedes Jahr mit seiner Frau unternahm. Auch heute parkten sie in Meersburg[44] ihr Fahrrad in der Unterstadt und gingen zu Fuß über die berühmte Steigstraße, vorbei an den wunderschönen

Fachwerkhäusern zum Alten Schloss. Weiter oben, östlich vom Obertor mit seiner Postkartenansicht, erinnert im Fürstenhäusle[55] das Drostemuseum an die westfälische Dichterin Annette von Droste-Hülshoff. Nach dem Besuch dieses Museums ging es wieder bergab zum See und sie fuhren mit dem Fahrrad am Ufer entlang nach Unteruhldingen. Nachdem sie die Pfahlbauten[40] schon im Vorjahr besichtigt hatten, stand dieses Mal das Reptilienhaus[41] am Ortsrand-Parkplatz auf dem Programm. Zurück ging die Radtour in Richtung Überlingen, vorbei an der Kirche von Seefelden bis zum ehemaligen Nonnenkloster Maurach, das heute als Seminarzentrum dient. Hier, oberhalb der Weinberge thront die bekannte Wallfahrtskirche Birnau[53]. Während Eisele mit seiner Frau den üppigen Rokokostil der Kirche mit seinen zahlreichen Engeln und Heiligenstatuen bewunderten, stieg während der stattfindenden Trauung ein älterer Mann auf die Kanzel und lässt Hasssprüche auf die Juden los. Nach einer Schrecksekunde stürmte Eisele auf die Kanzel und nahm Willi Dreher, der keinen Widerstand leistete, fest. Er führte ihn aus der Kirche und rief per Handy seine Kollegen von der Kripo Friedrichshafen, die den Alten umgehend in Gewahrsam nahmen. Der Festgenommene gestand auch gleich die Hakenkreuzschmierereien auf dem KZ-Friedhof. Nach der Untersuchungshaft folgte rasch die Verhandlung. Der Richter verurteilte Willi Dreher zu drei Jahren Gefängnis ohne Bewährung. Mit der Verlegung in die Justizvollzugsanstalt nach Singen hatte der Obdachlose für die kommenden Jahre für seine Begriffe »ausgesorgt«. Dass der Anstaltsleiter Seeburger dann die Idee eines Senioren-Knastes umsetzte, war ein zusätzlicher Vorteil für den Verurteilten.

Alfred Seeburger, ein hagerer Mann, Ende vierzig, mit langen schwarzen Haaren und einem Schnauzbart, war unglücklich. Seit über zehn Jahren leistete er seinen Dienst als Leiter der Strafanstalt mit Begeisterung und erzielte dank seiner Anstrengungen überproportionale Erfolge bei der Resozialisierung von Gefangenen. Nun hatte er aufgrund des festgestellten Giftmordes an dem Häftling Dreher die Kriminalpolizei im Haus. Welch ein Zufall, der Leiter der Kommission, Karle Eisele, hatte Willi Dreher damals sogar selbst in der Klosterkirche Birnau festgenommen. Die Vernehmungen mit den Gefangenen und den Aufsehern zogen sich hin. Für ihn, als Insider, war klar, Drogengeschäfte kamen zutage, was wohl in jeder Strafvollzugsanstalt vorkommt. Er hatte immer auf ein erträgliches Maß geachtet. Ihm war lieber, wenn ein Gefangener hie und da ein wenig kiffte, als wenn er randalierte. Die da draußen hatten ja keine Ahnung, wie es hinter den Gefängnismauern zugeht. Der Hass auf Willi trat bei den meisten der vernommenen Gefängnisinsassen zu tage. Ihm verziehen viele die Aussage an die Presse über die Haschischzigarette nicht. Eisele hatte auch den Eindruck, Neid gegenüber den Sonderprivilegien des Senioren-Knastes war bei allen unterschwellig vorhanden. Dazu kamen noch die Befürchtungen, dass nun der Drogenhandel zwischen den Justizbeamten und den Häftlingen unterbunden würde. Die Gefängnisbäckerei wurde sehr penibel unter die Lupe genommen. Einen Frankfurter Kranz hatte hier noch keiner gebacken. Am meisten ärgerte Seeburger die Berichterstattung über den Vorfall. Wieder nahm das Boulevardblatt ihn und seine Anstalt aufs Korn und berichtete von Drogenexzessen im Knast und über den damit verbundenen Giftmord an Willi Dreher.

Kommissar Eisele und sein Assistent Dirk Hodapp nahmen den Zellennachbarn von Willi ins Kreuzverhör. Vor ihnen saß ein älterer, breitschultriger Mann mit Glatze, der sicher in jungen Jahren vor Kraft strotzte.
Eisele: »Was ist Ihnen Besonderes an Willi aufgefallen?«
Heinrich: »Willi hatte in letzter Zeit Angst vor einigen Häftlingen, aber auch vor Justizvollzugsbeamten. Seit er sich beim Interview wegen des Senioren-Knastes verplappert hatte und von einer Haschischzigarette sprach, drohten ihm einige Mitgefangene beim gemeinsamen Essen mit Konsequenzen.«
»Heinrich, sagen Sie mal, woher hatte er den Kuchen, den Frankfurter Kranz?«
»Herr Kommissar, ich nehme an vom katholischen Altenkreis aus Überlingen. Am Tag vor dem Mord hatte Willi Freigang und den nutzte er so oft es ging zum Besuch des Altenkreises. Für ihn war dies ein richtiger Jungbrunnen. Die Frauen, fast ausschließlich Witwen, steckten ihm oft kleine Leckereien zu, die er mit in die Zelle brachte. Gott sei Dank habe ich von dem angebotenen Kuchen nichts genommen.«
Hodapp: »Hatte er öfters Freigang?«
»Ja, und er nutzte seine Freigänge und fuhr mit dem Zug, immer als Schwarzfahrer, nach Überlingen zu regelmäßigen Besuchen des katholischen Altenkreises, und um die einzelnen Damen in ihren Wohnungen aufzusuchen. Mit einigen hatte er, wie man so schön sagt, ein Bratkartoffelverhältnis. Er sagte mir: ›Alte Scheunen brennen am hellsten‹. Seinen Ruf im Knast als Witwen-Casanova genoss er sichtlich, und es störte ihn nicht, wenn einige Mitgefangene von Mumienschändung sprachen.«

Immer dienstags um 15 Uhr trafen sich einige Senioren zum Altenkreis der Katholischen Kirche im Begegnungsraum des Pfarramtes am Münster[23] von Überlingen. Heute schien es besonders aufregend, denn Kommissar Eisele und sein Assistent Hodapp waren zu Besuch und stellten ihre Fragen.
Eisele: »Kennen Sie Willi Dreher?«
»Und ob«, legten die anwesenden Damen los. »Der war hier der Hahn im Korb. Er kam zum ersten Mal etwa vor einem Jahr in unseren Kreis, und wir waren froh, dass endlich auch ein Mann zu unseren Treffen kam. Als er dann noch seine Lebensgeschichte erzählte, kannte unsere Begeisterung für ihn keine Grenzen. Während der zwei Stunden, die unsere Zusammenkunft immer dauerte, unterhielt er uns mit tollen Geschichten aus seiner Zeit als Obdachloser und berichtete, wie sehr es ihm im Senioren-Knast gefiel. Wir waren bestürzt, als wir von Willis Tod in der Zeitung lasen.«
Es stellte sich heraus, am vergangenen Dienstag, an dem vermutlich der vergiftete Kuchen übergeben wurde, waren aufgrund des schlechten Wetters nur sechs Teilnehmerinnen beim Altentreff anwesend. Hodapp legte eine Liste an: Edeltraud, die Apothekerwitwe; Mathilde, die Kriegerwitwe; Rosemarie, eine geschiedene ehemalige Lehrerin; Amalie, eine Beamtenwitwe und die beiden unverheirateten Schwestern Anna und Maria, die vor ihrem Ruhestand eine Boutique ihr eigen nannten. Außerdem war an diesem Treffen noch die ehrenamtliche Helferin Beate anwesend.

Die Kriminalbeamten baten den Pfarrer, der aufgrund des Besuches der Kriminalpolizei heute zum Altenkreis kam, um die Überlassung eines Nebenzimmers, wo sie

ungestört die einzelnen Vernehmungen durchführen konnten. Als erste Zeugin holte Hodapp die Apothekerwitwe Edeltraud in den Nebenraum.
Eisele: »Aufgrund der Untersuchungen steht einwandfrei fest, Willi wurde mit Kuchen, der Arsen enthielt, vergiftet. Der Kuchen stammt mit ziemlicher Wahrscheinlichkeit aus dem Altenkreis. Die Helferin sagte uns vorher, sie brachten jeden Dienstag für Willi einen Frankfurter Kranz mit. Als ehemalige Apothekerin haben sie Zugang zu Gift. Somit zählen Sie zum engeren Kreis der Tatverdächtigen.«
Edeltraud: »Um Gottes Willen! Ich würde Willi nie umbringen. Er sollte in einem halben Jahr entlassen werden, und wir wollten sogar heiraten. Natürlich bekam Willi jeden Dienstag seinen Frankfurter Kranz, weil er den so gerne aß und selbstverständlich schmeckte der auch den anderen Damen zum Kaffee. Wenn der Kuchen vergiftet gewesen wäre, müssten jetzt alle vom Altenkreis tot sein.«
Da hatte sie nun auch recht, dachte Eisele und lies die Kriegerwitwe Mathilde holen.
Mathilde: »Herr Kommissar, mir ging es im Leben ähnlich schlecht wie dem Willi. Auch jetzt komme ich mit meiner kleinen Witwenrente fast nicht mehr über die Runden. Ständig steigen die Preise, nur meine Rente steigt nicht. Früher konnte ich dieses Defizit mit den Einnahmen aus einer Putzstelle aufbessern, aber jetzt in meinem Alter schaffe ich das nicht mehr. Willi schwärmte immer so vom Senioren-Knast, und da möchte ich jetzt auch hin. Kurzum, meine Herren, ich habe Willi vergiftet. Ich wusste, jeden Dienstag gab es Frankfurter Kranz, und ich brachte an diesem Tag ein Stück selbstgebackenen Kuchen mit, der vergiftet war. Ich packte das

Kuchenstück in ein schönes Geschenkpapier und steckte das Paket Willi zu. Meine Herren, sie können mich nun verhaften.«
Eisele: »Hodapp fahren Sie mit Mathilde in ihre Wohnung. Sie soll einige persönliche Sachen zusammenpacken. Dann kommen Sie beide wieder hier her und wir überstellen Mathilde ins Untersuchungsgefängnis. Anschließend leiten wir weitere Ermittlungen ein. Bis Sie wieder hier sind, setze ich die Befragung mit den anderen Frauen allein fort.«

Anschließend kamen die beiden Schwestern Anna und Maria an die Reihe. Eisele informierte sie, dass Mathilde die Tat bereits gestanden hat. Entsetzen stand in den Gesichtern der beiden altjungferlich wirkenden Frauen.
»Um Himmels Willen! Hoffentlich verzeiht ihr Gott diese Tat und hoffentlich verzeiht er auch uns.«
Rosemarie, die ehemalige Lehrerin, und Amalie, die Beamtenwitwe, gaben beide, allerdings bei getrennter Befragung, zu, dass Willi gelegentlich zu ihnen in die Wohnung und es zu intimen Liebesbeweisen kam, deren Detailschilderungen sich Eisele ersparte. Beate, die ehrenamtliche Helferin, bestätigte, dass alle Anwesenden des Altenkreises Zugang zur Küche hatten. Auch von der gegenüberliegenden Toilette konnte man ohne weiteres über den Flur in die Küche gelangen, um den Kuchen zu vergiften.

Als Hodapp mit Mathilde zurück kam, nahm er Hauptkommissar Eisele beiseite.
»Chef, Mathilde kann es nicht gewesen sein. In ihrer Wohnung gibt es keinen Backofen und dadurch keine Möglichkeit, einen Kuchen zu backen.«

Eisele: »Sie kann einen Frankfurter Kranz auch kaufen. Aber dann hatte sie gelogen, denn sie sprach vom Selbstgebackenen. Auch sprach sie von einem Geschenkpapier. Wir fanden in der Zelle nur eine Alu-Folie. Da stimmen einige Details nicht überein.«
Hodapp: »Auf die Frage, wie sie zu dem Gift kam, zuckte sie nur mit den Schultern. Ich glaube, Mathilde will unbedingt in den von Willi so gepriesenen Senioren-Knast, damit sie ausgesorgt hat.«
Eisele: »Bringen Sie Mathilde wieder nach Hause. Aber eine der Damen vom Altenkreis muss die Mörderin sein, aber welche?«

Dieser Giftmord beschäftigte die beiden Kriminalbeamten doch mehr als sie ursprünglich dachten. In ihrem Büro angekommen, überlegten sie den weiteren Fortgang der Ermittlungen.
Eisele: »Todesursache ist das Gift. Vielleicht ist hier der Schlüssel zum Täter oder wie in unserem Fall vermutlich Täterin. Lassen Sie uns doch zur Apotheke fahren, die der Sohn von Edeltraud führt. Soweit ich informiert bin, müssen die Apotheker einen Nachweis führen über alle Entnahmen aus dem Giftschrank. Das könnte eine mögliche Spur sein.«
Die Überprüfung des Giftbuches ergab, tatsächlich hatte Edeltraud vor kurzem Arsen aus dem Schrank entnommen.
Hodapp: »Chef, jetzt haben wir sie. Sie hatte das Gift und den selbstgebackenen Kuchen. Klarer geht es wohl nicht mehr. Wir fahren sofort zu ihr und verhaften sie!«
Im Wohnzimmer von Edeltraud angekommen, entdeckten sie auf der Kommode ein Bild von Willi mit einem Trauerflor schräg über die Oberseite des Fotos. Sie kon-

frontierten Edeltraud mit ihren Ermittlungen. Diese brach sofort in Tränen aus.
»Ich habe Ihnen schon einmal gesagt, Willi würde ich nie vergiften.«
Eisele: »Und für was haben Sie das Gift verwendet?«
Edeltraud zierte sich, doch aus Angst vor der drohenden Verhaftung brach es aus ihr heraus:
»Die beiden Schwestern Anna und Maria baten mich um das Gift. Ihr über alles geliebter Hund leidet seit Wochen an einer unheilbaren Krankheit, und sie konnten das nicht weiter mit ansehen. Als Willi dann an Gift starb, blieb ich mit meinem Schmerz und dem schrecklichen Verdacht allein. Ich wusste nicht, sollte ich zur Polizei gehen oder nicht. Außerdem wollte ich meinen Sohn, der mir die Entnahme des Giftes nicht erlauben durfte, schützen.«

Maria, die Jüngere der beiden Schwestern, öffnete die Wohnungstür. Im altertümlich eingerichteten Wohnzimmer präsentierten die Beamten ohne große Vorrede die beiden Haftbefehle, und es folgte die übliche Belehrung, dass nun jedes Wort gegen sie verwendet werden kann.
Anna fand als erste ihre Sprache wieder:
»Schuld ist Maria. Wir waren fünfzehn und achtzehn Jahre alt, als Vater wegen einer jüngeren Frau unsere Mutter verließ. Damals schworen wir uns, es sollte uns niemals ein Mann anrühren. Dieses Versprechen hielten wir bis ins hohe Alter durch. Als ich vor zwei Wochen mit Fidelio, das ist unser über alles geliebter Hund, beim Tierarzt war, fand ich bei meiner Rückkehr Maria völlig aufgelöst vor. Unter Tränen beichtete sie mir, Willi hätte sie besucht. Er brachte eine Flasche Sekt mit und meine Schwester, eigentlich Antialkoholikerin, gab sich seinem

großen Drängen hin. Ich fasste den Entschluss, für diese Entjungferung muss Willi sterben. Das Gift besorgten wir uns unter einem Vorwand bei Edeltraud. Da wir wussten, Edeltraud bringt wieder einen Frankfurter Kranz mit, kauften wir ein Stück beim Konditor und beträufelten es mit Gift. In einer Alufolie eingepackt, steckten wir es am Garderobenständer des Altenkreises Willi in die Manteltasche. Er musste seine verdiente Strafe bekommen.«

Auf der Fahrt im Polizeiauto zum Gefängnis erkundigten sich die beiden Schwestern, ob sie nun auch in den tollen Senioren-Knast kämen. Eisele zuckte mit den Schultern und dachte: »Hoffentlich gibt dies nicht eine beliebte Aufbewahrungsanstalt für Senioren.«

Tod eines Schülers

»Global denken – lokal handeln, diese Maxime führte für mein Team und für mich zu diesem weltweiten Erfolg.« Mit diesem Satz beendete der mittelständische Unternehmer seinen brillanten Vortrag vor den Schülern in der Aula des Salem College. Besonders beeindruckt zeigte sich Gernot Dekker. Auch er, der Klassenprimus, der im nächsten Jahr sein Abitur mit Auszeichnung ablegen will, strebt sein Jahren seinen persönlichen Erfolg an. Im Gegensatz zu den meist gut betuchten Eltern der Absolventen der Schlossschule Salem, bekam er aufgrund seiner Fähigkeiten eines der wenigen Stipendien, denn seine allein erziehende Mutter hätte das hohe Schulgeld nicht aufbringen können. Sein Vater nahm sich das Leben und Mutter verdingte sich dann als Putzfrau, zum Teil mit bis zu sechs Putzstellen pro Tag à zwei Stunden, um mit der kargen Rente und dem damals achtjährigen Sohn über die Runden zu kommen. Sie tat alles für seine Ausbildung und dank seiner Begabung und seines Fleißes schaffte er die Aufnahme in diese Eliteschule, die ihm einen herausragenden Platz in der Gesellschaft sichern sollte. Er schätzte diese gute Ausbildung, die oft, wie an diesem Tag, mit namhaften Gastrednern aus Politik, Wirtschaft, Wissenschaft und Kunst eine zusätzliche Qualität erhielt. Sein erklärtes Ziel: nach dem Abitur Medizin studieren, um sich später als angesehener Schönheitschirurg zu etablieren, vielleicht mit einer eigenen Klinik, ähnlich den Bodenseekliniken von Dr. Mang in Lindau.

Der rothaarige Gernot Dekker, der neuerdings sein kurzes Haar wie seine Fußballidole in der Mitte zu einem

Hahnenkamm nach oben frisierte, hatte mit seinen achtzehn Jahren alle Standorte der Schlossschule absolviert. Angefangen in den unteren Klassen in der Burg Hohenfels, die Mittelstufe im Schloss Salem und die Oberstufe im neueren Salem College, das in der Nähe des Krankenhauses von Überlingen als weitläufige Anlage vor einigen Jahren im bauhausähnlichen Stil entstanden war. Im Gegensatz zu seiner großen Liebe Iris Escher, die im College ein feudales Appartement bewohnte, nächtigte er aus Kostengründen in dem nahe Hödingen gelegenen Schloss Spetzgart mit einem Traumblick über den Bodensee, das ebenfalls zur Schlossschule Salem zählt. Iris und er galten seit einem Jahr bei den Schülern als Liebespaar. Sie, die Tochter eines Finanz- und Immobilienmaklers aus Kronberg im Taunus, zeigte dem mittelgroßen schlaksigen Jüngling mit der Nickelbrille, dessen Gesicht über und über mit Sommersprossen bedeckt war, was Liebe ist. An einem sonnigen Tag im Mai hakte sie sich nach einer Schülerfete im Garten des Schlosses Spetzgart bei ihm unter und lotste ihn in den nahe gelegenen Spetzgarter Tobel[56]. In diesem wildromantischen Naturschutzgebiet gibt es eine kleine Höhle. Hier küsste sie ihn und verführte den bis dahin unerfahrenen Jüngling. Über ihren Ausspruch danach »jetzt habe ich Lust auf Buabaspitzle« lachen sie immer noch. Seinem verstörten Gesichtsausdruck nach wusste er offensichtlich nicht, dass es sich hier um eine badische Spezialität handelt, die auch unter dem Namen Schupfnudeln besser bekannt ist. In einem gutbürgerlichen Lokal in Hödingen bekamen sie anschließend gerade noch eine Portion, bevor die Küche schloss. Überhaupt hatte die schwarzhaarige, blauäugige Iris, die eine nicht zu übersehende ausgeprägte Weiblichkeit vorweisen konnte, immer wieder spontane Einfälle, ohne sich Gedanken darüber zu machen, wie er das bezahlen konnte. So waren seine kargen Ersparnisse bald aufgebraucht, doch wollte er seiner offensichtlich verwöhnten Traumfrau nichts abschlagen. Sein mageres Taschengeld besserte er sich an den Wochenenden und während der Ferienzeit im Pfahlbaumuseum[40] in Unteruhldingen mit Führungen durch die rekonstruierten Siedlungen auf, die einen Einblick in das Leben unserer Vorväter in der Stein- und Bronzezeit vermitteln. Zeitweise verdiente er auch etwas Geld am Affenberg[38] in Salem. Hier informierte er die Besucher über den Umgang mit den frei lebenden Berberaffen und verteilte die Popcorntüten, die als Futter die Affen anlockte. All dies reichte nicht aus, um die hohen Ansprüche der verwöhnten Iris zu befriedigen. Die Lösung des finanziellen Engpasses löste sein Mitschüler Alex Rosenberg, der diese Entwicklung der beiden Liebenden intensiv verfolgte und ihm als Gegenleistung für gelegentliche Geldpakete-Fahrten in die Schweiz seine finanzielle Misere verbesserte. Gernot blieb allerdings nicht verborgen, dass sich auch Alex, der Sohn eines Antiquitätenhändlers aus Frankfurt, für Iris brennend interessierte.

Nach dem spannenden Unterricht mit dem Unternehmer passte ihn die Schulsekretärin, die alle Schüler nur »Muttchen« nannten, auf dem Flur ab.
»Gernot, Du sollst sofort zur Schulleiterin kommen.«
Gernot Dekker grübelte über den Grund dieser Aufforderung nach, denn er war sich keines Vergehens bewusst. Vor drei Tagen kam frühmorgens sein Betreuungslehrer ins Schlafzimmer und teilte ihm mit, das Los wäre auf ihn gefallen und er bräuchte umgehend eine Urinprobe

von ihm. Dies war aber nichts Außergewöhnliches, denn regelmäßig kontrollierten die Lehrkräfte, ob ihre Schülerinnen und Schüler Drogen nahmen. Wer allerdings erwischt wurde, flog umgehend von der Schule. Zwar nahm er seit einiger Zeit an den gemeinsamen Drogenpartys mit Iris und Alex teil, doch gab es meist nur leichte Drogen. Alex brachte immer wieder eine Auswahl mit. Gelegentlich konsumierten Iris und er die Partydroge Liquid Ecstasy, die hemmungsloseren Sex auslöste. Wegen der Urinprobe machte er sich keine Gedanken, denn Alex versorgte ihn dann regelmäßig mit sauberem Urin. Gernot bewahrte den Urin in einem mit einem einfachen Knoten verschlossenen Luftballon auf. Wenn die Kontrolle durch die Lehrkraft anstand, ging er kurz ins Bad, ließ heißes Wasser über den mit Urin gefüllten Luftballon laufen und leerte dann den Inhalt in die von der Kontrollperson erhaltenen Urinbox. Doch was wollte die Schulleiterin von ihm?

»Herr Dekker, das Labor stellte bei Ihrer Urinprobe Spuren von Drogen fest. Sollte sich der Verdacht bestätigen, muss ich Sie von der Schule entfernen, was mir persönlich sehr leid täte. Galten Sie doch immer als einer unserer Vorzeigeschüler. Hier haben sie nochmals eine Urinbox, dort ist die Toilette und meine Sekretärin und ich warten solange, bis Sie uns die Probe liefern.«
Aus dem Gesicht von Gernot Dekker wich jede Farbe. Wie konnte das passieren? Der von Alex gelieferte Urin bestand bisher jede Analyse. Ein Rausschmiss aus dem College würde alle seine Pläne durchkreuzen. Was würde seine Mutter sagen? Was Iris? Ein Blick auf die Schulleiterin zeigte, die weitere Probe zu verweigern schien unmöglich. Sollte er sein Vergehen gleich zugeben oder

auf ein Wunder hoffen? Erst gestern feierte er zusammen mit Alex und Iris wieder eine Drogenparty. Er entschloss sich zur Flucht nach vorne.

»Ich gebe zu, hin und wieder leichte Drogen zu konsumieren, und ich bitte Sie inständig um Gnade. Lassen Sie mich wenigstens noch das Abitur im nächsten Jahr ablegen. Wenn ich jetzt die Schule verlassen muss, weiß ich nicht wohin, geschweige denn wie ich mein Auskommen bestreite.«

»Leider lassen mir die Statuten der Schule keine andere Möglichkeit. Ich gebe Ihnen noch bis morgen Zeit, Ihre Sachen zu packen. Ich komme nicht umhin, Ihnen meine große Enttäuschung auszudrücken.«

Wie im Tran verließ Gernot das Büro der Schulleiterin. In seinem Zimmer angekommen, legte er sich aufs Bett und starrte stundenlang an die Decke, bis Iris kam.

»Ich vermisste Dich im Unterricht. Bist Du krank?«

Unter Tränen und mit stockender Stimme berichtete er vom Gespräch mit der Schulleiterin.

»Aber wenn Du morgen das College verlassen musst, kommst Du doch am Sonntag zum gebuchten Flug mit dem Zeppelin[57] ab Friedrichshafen?«

Gernot hätte gern ein Wort des Bedauerns gehört oder Mitleid gespürt. Aber diese Reaktion passte zu Iris. Action ging ihr über alles.

»Klar komme ich. Es ist alles schon bezahlt, aber jetzt lass mich bitte allein, ich muss noch packen.«

Am Abend kam Alex zu ihm aufs Zimmer. Er konnte diesen vierschrötigen, übergewichtigen Typ mit dem schwarz gelackten Haar nicht leiden, doch Iris schien diese Verbindung zu pflegen. Vielleicht wegen der Drogen oder weil er ein eigenes Auto fuhr und dies bei ihren

regelmäßigen Diskothekenbesuchen gegenüber den Taxifahrten von Vorteil war. Da er öfters nach Frankfurt fuhr, hatte sie bei Bedarf eine Mitfahrgelegenheit. Wenn sie mitfuhr, scheute er auch den Umweg über den Taunus nicht und lieferte Iris direkt bei der Villa ihrer Eltern ab. Das Auto, ein Porsche 911, hatte ihm sein Vater, der Antiquitätenhändler, zum 18. Geburtstag geschenkt.
»Du hast mir mit Deinem dreckigen Urin alles versaut.« Wütend ging Gernot auf Alex los. »Du blöder Hund!« Gerade noch konnte Gernot sich bremsen, Alex mit der Faust mitten ins Gesicht zu schlagen.
»Bleib cool Amigo. Ich hatte auch keine Ahnung von dem unsauberen Urin. Das lässt sich leider nicht mehr korrigieren. Dafür bin ich für Dich aktiv geworden. Weißt Du schon, wohin Du morgen gehen willst?«
»Auf keinen Fall zu meiner Mutter nach Duisburg. Wenn die das erfährt, bricht eine Welt für sie zusammen und ich weiß nicht, was dann passiert.«
»Ich hätte Dir was. Ein Bekannter von mir hätte in Konstanz ein Appartement für Dich frei.«
»Und mit was soll ich dies bezahlen?«
»Er hat für Dich einen Job. Er leitet eine Agentur, die sich für Security-Dienste bei Veranstaltungen aller Art, für Objektsicherungen und sonst so allerlei anbietet.«
»Na, das ist zwar nicht mein Traumberuf, den ich anstrebe, aber besser als nichts. Gib mir bitte seine Adresse. Ich melde mich morgen bei ihm.«
»Okay, wir sehen uns dann am Sonntag beim Zeppelinflug über den Bodensee. Und vorher besichtigen wir noch das Dornier-Museum[58] am Flughafen von Friedrichshafen.«

Leicht wie ein Wattebausch, wie von einem Lufthauch aufgeblasen, hob der Zeppelin vom Flughafen Friedrichshafen ab. Die zwölf Passagiere, links und rechts entlang eines Ganges an den Fenstern der Gondel platziert, darunter Iris, Gernot und Alex, sowie die zwei Piloten, freuten sich über das gute Wetter mit einer fantastischen Sicht auf den See und die Alpen. Sie hatten sich bei der Buchung für den östlichen Teil des Bodensees entschieden und so nahm das Luftschiff Kurs auf Lindau[19] und Bregenz[18]. Aus dreihundert Metern Höhe herab gab es traumhafte Ausblicke auf das Schloss Montfort[59] in Langenargen, auf die Argenmündung bei Kressbronn[60], auf Nonnenhorn[61], auf das malerische Wasserburg[62], auf die ausgedehnten Obst- und Hopfenanlagen im Hinterland, bevor Bad Schachen[63], sowie die Inselstadt Lindau[19] mit seiner markanten Hafeneinfahrt mit dem Löwen und Leuchtturm ins Blickfeld rückten. Die Begeisterung der Drei über dieses angenehme Schweben, der komfortablen Ausstattung, das ein ungezwungenes Bewegen in der Gondel und ein informatives Gespräch mit den Piloten ermöglichte, kannte keine Grenzen. Die Kulisse der Bergwelt, der Blick auf Bregenz, die Rheinmündung und die schweizerischen Städte Rorschach[16], Arbon[15] und Romanshorn[64] rundeten das Erlebnis ab, bevor diese »Luftzigarre« wieder quer über den See nach Friedrichshafen flog und nach einer Stunde Rundflug sanft aufsetzte.

»Dieses einmalige Event muss gefeiert werden.« Alex öffnete die Autotüren. »Wir fahren in die Stadt und leisten uns eine Flasche Schampus.«
»Zuvor sollte ich wie jeden Sonntag meine Mutter anrufen. Es wäre gut, wenn Ihr auch einen Gruß ins Handy

sprecht, damit sie denkt, ich bin noch immer am Salem College.«
»Geht klar!«
»Hallo Mutter! Zusammen mit zwei Mitschülern sind wir gerade mit dem Zeppelin über den Bodensee geflogen. Toll, sag ich Dir!«
»Hallo Frau Dekker. Einfach megacool.« Damit gab Iris das Handy zurück.
Gernot plauderte noch eine Weile mit seiner Mutter, fragte wie es ihr geht und versicherte ihr sein eigenes Wohlbefinden, bevor er auflegte.
Auf der Autofahrt in die Innenstadt von Friedrichshafen[65] unterhielten sich Alex und Gernot, während Iris schwieg.
»Gernot, was macht Dein neuer Job als Hilfssheriff?«
»Gestern erlebte ich meinen ersten Einsatz als Security-Man bei einem Konzert in der Oberschwabenhalle von Ravensburg[66].«
»Na, besondere Angst dürften den Besuchern Deine heringsähnliche Erscheinung nicht eingeflößt haben, oder?«
»Ich fühlte mich äußerst unwohl. Dieser Job ist alles andere als ideal für mich. Nächste Woche will mich der Boss als ständige Nachtwache beim Archäologischen Landesmuseum[67] in Konstanz einsetzen. Die Unterkunft bei Deinem Bekannten ist komfortabler als ich es mir vorgestellt habe. Vielen Dank für die Vermittlung. Hauptsächlich soll ich in Zukunft für Sonderaufgaben zum Einsatz kommen, deren Ziele Dir nicht unbekannt sein dürften.«
In der Zwischenzeit hatten sie die Tiefgarage im Graf-Zeppelin-Haus neben der Schlosskirche mit den beiden Zwiebeltürmen erreicht. Sie nahmen auf der Terrasse des

Cafés Platz und Alex bestellte gleich zwei Flaschen Graf-Zeppelin-Sekt. Wie auf Bestellung schwebte über ihnen in Richtung Westen der Zeppelin, dessen Passagiere offensichtlich die Tour über Konstanz und der Insel Mainau gewählt hatten. Damit nicht genug, just zum selben Augenblick fuhr der Raddampfer Hohentwiel[68] mit lautem Tuten vorbei.

Beschwipst vom Sekt tanzten sie am Ufer entlang zur Promenade und zum Hafen. Den Aussichtsturm am See[69] erklommen die Drei lachend und scherzend. Iris gewann den Wettlauf nach oben. Alex keuchte mit seinem Übergewicht als Letzter nach oben. Sie genossen den Rundblick über die Stadt Friedrichshafen und verfolgten die Ausfahrt der Autofähre nach Romanshorn[64]. Übermütig kletterte Gernot auf die Brüstung und spielte den Seiltänzer. Alex packte ihn am Fuß und Gernot konnte gerade noch einen gefährlichen Sturz vermeiden.
»Du Depp, willst Du mich töten?«
»Nee, nee Gernot, Dich brauchen wir noch.«
Die bisher vorherrschend gute Stimmung schien verflogen. Nach dem Abstieg wollte Gernot möglichst schnell zum Parkhaus, um mit den beiden nach Überlingen ins College zu fahren. Insgeheim hoffte er, die Nacht bei Iris zu verbringen. Doch diese sagte zu ihm:
»Beeil Dich, die Leute steigen bereits in den Katamaran[1]. Damit bist Du in vierzig Minuten in Konstanz.«
Als der Katamaran ablegte, sah er noch wie auf dem Weg zum Graf-Zeppelin-Haus Alex den Arm um Iris Schultern schlang.
»Auch das noch«, dachte Gernot bei sich und spürte, wie sich seine Eifersucht regte.

Am Abend rief er bei Iris an, bekam aber keine Verbindung. Ihr Handy war offensichtlich ausgeschaltet. In Gedanken an seinen nächsten Job als Nachtwächter beim Archäologischen Landesmuseum schlief er ein.

»Kriminalpolizei Überlingen, Inspektor Hodapp. Guten Tag. Was kann ich für Sie tun?«
»Hier spricht Dr. August Schiegl vom Archäologischen Landesmuseum Konstanz. Kann ich Hauptkommissar Eisele sprechen?«
»Der kommt gerade zur Tür herein. Moment bitte.«
»Ja, hier Eisele.«
»Hallo Karle. Schön, dass ich Dich erreiche. Eigentlich ist dies ein Fall für die Kripo in Konstanz, aber da ich mit Dir befreundet bin, solltest Du dies zuerst erfahren. Außerdem möchte ich die Presse außen vor lassen. In unserem Museum fehlen sechs römische Münzen, das heißt, fehlen ist nur bedingt richtig. Sie wurden aus einer Vitrine entwendet und durch Attrappen ersetzt. Offensichtlich Profis. Keiner bei uns kann sich vorstellen, wie dies möglich war. Keine Spuren von Einbruch. Wir wissen auch nicht, wann und wie das geschehen konnte, denn der Austausch wurde erst heute zufällig entdeckt. Die Münzen sollten als Leihgabe für eine Ausstellung in Trier verpackt werden und dadurch kam der Diebstahl ans Licht.«
»Für derartige Diebstähle bin ich nicht kompetent. Ich verbinde Dich mit meinen zuständigen Kollegen.«
»Nein, nein! Ich wende mich extra an Dich, meinen alten Schulfreund, und bitte Dich, nimm Dich dieser Sache an.«
»Na gut, August. Meine Frau will schon lange mit mir in Dein Museum gehen. Ich werde in diesem Fall Dienst-

liches mit Privatem kombinieren und komme morgen ins Museum.«

Als Hauptkommissar Eisele mit seiner Frau im Museum ankam, fand gerade eine Führung statt, der sich die Zwei anschlossen. Der Führer erzählte gerade von den Römern, die unter Kaiser Constantinus in den Jahren 334–335 am Bodensee gegen die Alamannen kämpften. Er legte Wert auf die Feststellung, die Alemannen heißen eigentlich Alamannen. Nach Beendigung der Führung suchten sie den Museumsleiter Dr. Schiegl auf.
»Also August, ein Austausch der römischen Münzen während einer Führung ist für mich unwahrscheinlich. Der Dieb muss also Zugang zum Museum haben, wenn keine Besichtigungen stattfinden. Stelle mir bitte eine Liste des Personals zusammen. Wer wacht eigentlich nachts über die Ausstellung?«
»Wir verfügen über ein modernes Alarmsystem und zusätzlich kontrolliert noch eine Security-Agentur das Museumsgebäude.«
»Auch von denen möchte ich nähere Angaben sowie den Einsatzplan der letzten Wochen. Ich übergebe dies alles umgehend meinem Kollegen in Konstanz. Die klären diesen Diebstahl sicher auf.«

Gernot Dekker beobachtete nun schon seit etwa zehn Minuten den deutsch-schweizerischen Kreuzlinger Zoll. Seit sich auch die Schweiz dem Schengener Abkommen angeschlossen hatte, kontrollierten die Zollbeamten nur noch sporadisch. Am Fußgängerübergang fanden kaum Kontrollen statt. Er, mit angeschnallten Inlinern sowie Arm- und Beinschonern, war inzwischen den meisten Zöllnern als »sportlicher Spinner« bekannt, der öfters

auf seinen Rollschuhen die Grenze überquerte. Gelegentlich überprüften sie seinen Rucksack auf mitgeführte Waren, doch ergaben diese Kontrollen keine Beanstandungen. Zwar wechselte er ständig die Übergänge, doch seit dem Rauswurf aus der Schule schickte ihn sein Chef Bully Schoder wöchentlich mehrmals über die Grenze. Vor den Zollbeamten fürchtete sich Gernot Dekker nicht. Doch gestern gab es am Emmishofer Zoll einen für ihn unliebsamen Zwischenfall. Gerade hatte er die Grenze passiert, als ein Zöllner mit einem jungen Schäferhund aus dem Gebäude kam. Kaum hatte der Hund ihn erblickt, bellte dieser wie verrückt. Ihm war bekannt, Zollhunde sind trainiert auf den Geruch von Drogen und Geldscheinen. Prompt kontrollierte der Grenzbeamte seinen Rucksack.
»Entschuldigen Sie, aber Philipp ist noch ein junger Hund und gerade in der Ausbildung. Wir sind noch unschlüssig, ob wir ihn mehr auf Drogen oder mehr auf Geldscheine spezialisieren sollen.«
Schlagfertig rettete Gernot die Situation.
»Wie kann man einen Hund Philipp nennen?«
»Unser Team ist Fan der deutschen Fußball-Nationalmannschaft und deren Kapitän ist doch Philipp Lahm. So wollten wir auf unsere Verbundenheit zur Nationalmannschaft bei unseren deutschen Zollkollegen hinweisen, mit denen wir manchmal Fußball spielen.«
»Dann ist Philipp der richtige Name, denn Lahm wäre wohl für einen Zollhund nicht angebracht.«
Lachend verabschiedete sich Gernot Dekker vom Zöllner. Heute wollte er allerdings das Risiko nicht eingehen, wieder auf einen Zollhund zu treffen. Langsam fuhr er auf seinen Inlinern mit einem mulmigen Gefühl auf das Zollgebäude zu. Ohne Kontrolle konnte er passieren.

Nach dem Übergang erhöhte er erleichtert das Tempo und steuerte direkt auf ein Bankgebäude zu.

»Kriminalpolizei Überlingen, Inspektor Hodapp. Guten Tag. Was kann ich für Sie tun?«
»Hier spricht Dr. August Schiegl vom Archäologischen Landesmuseum Konstanz. Bitte verbinden sie mich schnell mit Ihrem Chef.«
»Hauptkommissar Eisele.«
»Karle, hier spricht August. Jetzt bist Du doch für unseren Fall zuständig. Als wir heute morgen das Museum aufsperrten, liegt da ein junger Mann am Boden, tot, mit einem Schwert aus unserer Sammlung in der Brust.«
»August, wir sind schon unterwegs.«
Obwohl der Mann schon tot war, fuhren Eisele und Hodapp mit Blaulicht nach Konstanz zum Archäologischen Landesmuseum. Der Mann, zirka 18–20 Jahre alt, lag mit dem Rücken auf dem Boden in einer Blutlache, das römische Schwert mitten in die Brust gerammt. Seine beiden Hände umfassten den Griff, als wollte er das Schwert noch herausziehen. Wie schon beim Diebstahl der Münzen gab es, soweit es die beiden Kriminalbeamten erkennen konnten, keine Einbruchsmerkmale. Sie verständigten den Erkennungsdienst.

Am nächsten Tag bereits lag der Bericht auf dem Schreibtisch der Kripo Konstanz und zusätzlich bei Hauptkommissar Eisele. Das Schwert sollte vermutlich das Herz treffen, verfehlte dieses aber knapp. Die Verletzung reichte dennoch aus, um zu verbluten. Der Stoß mit dem Schwert wurde mit Wucht direkt von vorne ausgeführt. Ob Mord oder Selbstmord ließ sich nicht mit absoluter Sicherheit feststellen. Bei dem Toten fand man keinen

Ausweis, dafür einen umfangreichen Schlüsselbund, ein Hinweis auf eine Wach- und Schließtätigkeit. Vermutlich handelte es sich um einen Angestellten der Security-Agentur, die nachts das Museum überwachte. Die beiliegenden Fotos ergänzten den Bericht.
»Den kenne ich doch«, murmelte Inspektor Hodapp.
»Letzten Freitag fiel mir der Junge auf. Ich stieg mit meiner Freundin in Kreuzlingen[84] in den Zug nach Schaffhausen[70] ein. In letzter Sekunde erreichte ein junger Mann den Zug und setzte sich zu uns ins Abteil. In der Hand hatte er auffallend dünne Arm- und Knieschoner, die zur Ausrüstung seiner Inline-Skates gehörten. Im Abteil verstaute er die Schoner umständlich in seinem Rucksack. Ich wunderte mich, denn die Zugfahrt nach Ermatingen[71] dauert nur zehn Minuten und dort stieg er mit uns aus. Auch er wollte, anscheinend wie wir, die Skating-Tour[72] rund um den Untersee machen. Wir fuhren zwar nicht gemeinsam, doch etwa im gleichen Tempo, er allerdings ohne Arm- und Knieschoner, bis Steckborn[73]. Hier setzten wir gemeinsam mit der Solarfähre[74] über nach Gaienhofen[75]. Aber anstatt am See entlang bis Radolfzell[76]zu skaten, holte ihn ein etwa gleichaltriger Mann im gelben Porsche 911 ab.«
Eisele: »Zeigen Sie mal die Fotos bei der Security-Agentur herum, vielleicht kennen die den Toten und können ihn identifizieren.«

Das Erschrecken des Security-Bosses, als Hodapp ihm die Fotos des Toten zeigte, registrierte der Beamte als Treffer.
»Klar, das ist Gernot Dekker. Der ist seit sechs Wochen bei uns, nachdem ihn die Schulleitung vom Salem College rausschmiss. Ich habe ihn aufgenommen und in

meinem Haus untergebracht. Gestern Nacht hatte er, wie schon so oft, die Wach- und Schließtour im Museum. Schade um den Kerl, ich mochte ihn sehr.«
»Warum musste er die Schule verlassen?«
»Weiß ich nicht.«
»Kann ich sein Zimmer sehen?«
»Gerne!«
Hodapp sah sich in dem Appartement um. Es war die übliche Einrichtung einer Ferienwohnung. Neben einigen Klamotten und einem handgeschriebenen Brief, der auf dem Tisch lag, sah er auch die Inliner-Ausrüstung. Hatte er sich doch nicht getäuscht. Er kannte diesen Jungen von der Skatingtour. Ein gutes Gedächtnis hat bei der Kriminalpolizei noch nie geschadet. Bei der wöchentlich einmal stattfindenden Besprechung aller Abteilungsleiter der Kriminalpolizei einschließlich des Vertreters vom Zoll erinnerte sich beim Anblick des Fotos, das den toten Gernot Dekker zeigte, auch der zuständige Zollfahnder.
»Den haben wir schon seit Wochen im Visier. Zufällig fiel er uns am Emmishofer Zoll auf. Ein Kollege stand mit unserem Nachwuchshund Philipp am Grenzübergang. Als der Inline-Skater kam, bellte der Hund wie verrückt. Eine Überprüfung der Person brachte nichts zum Vorschein. Für den diensthabenden Zöllner war der junge Skater nichts Ungewöhnliches. Der kommt öfters. Bei Stichproben fanden wir in seinem Rucksack nur etwas Verpflegung und eine Geldbörse mit wenigen Scheinen und Münzen. Ebenfalls zufällig stand unser Kollege am nächsten Tag am Kreuzlinger Zoll. Wieder kam der junge Mann in voller Inliner-Ausrüstung. Uns kam dies nicht geheuer vor und eine Umfrage bei unseren Zollbeamten ergab, jeder kannte den jungen Mann,

der offensichtlich ständig die Grenzübergänge wechselte. Unser Hund Philipp hatte vielleicht doch etwas gerochen. Wir nahmen ihn ins Visier unserer Fahndung und siehe da, er schmuggelte offensichtlich in seinen präparierten Arm- und Knieschonern Geldscheine. Jeweils nach dem Grenzübertritt ging er in eine der grenznahen Banken. Um an die Hintermänner zu kommen, beobachten wir ihn nun schon seit vier Wochen. Vermutlich ist einer dieser Männer sein Boss bei der Security-Agentur in Konstanz. Leider fehlen uns dazu noch stichhaltige Beweise. Vor ein paar Tagen passierte uns allerdings ein Missgeschick. Ein beförderungsgeiler Beamter konfiszierte am Gottlieber Zoll die präparierten Arm- und Beinschoner und fand insgesamt eintausend 500-Euro-Scheine, die zu je zweihundertfünfzig Stück als Polsterung in die Schoner verteilt waren. Er verhörte Gernot Dekker über eine Stunde, doch seinen Auftraggeber verriet er nicht.«

Bei den eingeleiteten Ermittlungen zum Tode von Gernot Dekker erfuhr Inspektor Dirk Hodapp vom Schulsekretariat des Salem College von der positiven Urinprobe des Schülers, der zum Rausschmiss führte.
Die Schulsekretärin: »Komischerweise bekam ich letzte Woche einen Anruf aus Duisburg von seiner Mutter. Die wollte Gernot sprechen. Sie wusste wohl nichts von dem Schulverweis. Sie erkundigte sich, wo er jetzt wohne. Daraufhin gab ich ihr die Nummer seiner Freundin.«
Auf die Frage, zu welchen Mitschülern er engeren Kontakt pflegte, stieß Hodapp auf Iris Escher und Alexander Rosenberg.
»Ich pflege keinen Kontakt mehr mit Gernot. Erst am Wochenende habe ich ihm den Laufpass gegeben.«

Iris Escher ließ keinen Zweifel, dass die Liebesbeziehung mit Gernot zu Ende war. Als Hodapp sie mit dem Foto des Toten konfrontierte, bekam Iris einen Ohnmachtsanfall. Stärker zeigte sich Alexander. Hodapp schien es so, als wusste dieser bereits vom Tod des ehemaligen Mitschülers. Hodapp erkannte in Alexander sofort auch den Mann mit dem gelben Porsche, der am letzten Freitag Gernot Dekker in Gaienhofen von der Solarfähre abholte. Gegenüber dem Schüler ließ sich Hodapp nichts anmerken, doch die eingeleiteten Aktivitäten von Eisele und Hodapp zeigten bald die ersten Erfolge. Bei der Durchsuchung der Frankfurter Polizei im Antiquitätengeschäft Rosenberg, dem Vater von Alex, fanden die Fahnder einige römische Münzen aus der Sammlung des Archäologischen Landesmuseums von Konstanz. Weitere Stücke aus dem Museum konnten bei einem Sammler sichergestellt werden. Dieser beteuerte, nichts von einem Raub gewusst zu haben. Der Antiquitätenhändler bot ihm an, er könne ihm mittels eines Altertumsforschers Original Römerfunde beschaffen. Auf dem konfiszierten Laptop des Händlers befand sich ein umfangreiches Verzeichnis über millionenschwere Geldtransfers von Deutschland in die Schweiz, die wohl aus Angst vor der Eurokrise im vergangenem Jahr eine beträchtliche Steigerung erfuhr.

Die Mutter in Duisburg traf die Nachricht vom Tod ihres einzigen Jungen schwer.

»Erst vor ein paar Tagen habe ich ihm einen bitterbösen Brief geschrieben. Der Junge hat mich schwer enttäuscht. Ich habe alles für ihn getan, damit er es einmal besser hat. Durch Zufall musste ich erfahren, dass er von der Schule geflogen ist. Das College-Sekretariat überwies meinen Zuschuss für eine mehrtägige Auslandsreise zurück und teilte mir mit, dass mein Sohn nicht mehr zu den Schülern zählt. Mein Sohn hatte mich nicht über den Rausschmiss informiert und ich wusste nicht, wo er wohnt und wie er seinen Lebensunterhalt bestreitet. Erst mit Hilfe der Schulsekretärin konnte ich über seine Freundin die neue Adresse herausfinden.«

Vorsichtig fragte der Polizist die weinende Frau, ob sie außer von den Freunden an der Schule von Kontakten zu weiteren Personen wüsste.

»Ich habe keine Ahnung. Außer an Weihnachten war er kaum in Duisburg, da er doch während der Ferienzeiten einige Jobs annahm.«

»Wussten Sie von weitern Tätigkeiten Ihres Sohnes und vom Drogenkonsum im College?«

»Um Gottes willen, das auch noch. Ich wähnte ihn in einer renommierten Kaderschmiede und für mich sollte er nach dem Selbstmord seines Vaters eine seinen Fähigkeiten entsprechende Karriere einschlagen. Von Drogen und anderen Machenschaften ist mir nichts bekannt. Labil erschien er mir nur als kleiner Junge, doch wenn er jetzt zu Besuch kam, machte er auf mich einen sehr selbstsicheren Eindruck. Man merkte die hervorragende Ausbildung im Auftreten und bei der Bildung, die er im Salem College erfuhr.«

Eisele und Hodapp brüteten über den Fall.

»Was haben wir konkret erreicht?« Eisele sah Hodapp fragend an.

»1. Ein Geldschmuggler ist erkannt und durch noch nicht geklärte Umstände ums Leben gekommen. Dadurch verringert sich zukünftig der illegale Geldtransfer über die deutsch-schweizerische Grenze vermutlich nur geringfügig.

2. Der Security-Chef Bully Schoder wird seine Aktivitäten verlagern, allerdings unter erhöhter Aufmerksamkeit der Zollbeamten.
3. Rosenberg, der Antiquitätenhändler aus Frankfurt und sein Sohn Alex sollten in Untersuchungshaft sitzen, doch nach Zahlung einer hohen Kautionssumme sind sie vorerst frei. Wer weiß, ob ihnen überhaupt etwas passiert, denn bei diesen Geldtransfers stecken einflussreiche Leute dahinter und Frankfurt hat schon besonders erfolgreiche Steuerfahnder wegen Überaktivität in den Ruhestand versetzt. Eine mögliche Zusammenarbeit zwischen dem Antiquitätenhändler und dem Finanzmakler, dem Vater von Iris, ist wahrscheinlich aber nicht unbedingt beweisbar.
4. Ihr Schulfreund, Dr. Schiegl, hat die römischen Münzen wieder in seinem Museum.
5. Vom Mörder des Gernot Dekker fehlt jede Spur. Vielleicht waren es Geldwäscher, die nach dem Lapsus des Zöllners am Gottlieber Zoll, der die präparierten Arm- und Knieschoner konfiszierte, große Angst hatten, Dekker übersteht nach seiner zu erwartenden Verhaftung ein professionelles Verhör unserer Spezialisten nicht und nennt Namen.
6. Möglich ist auch ein Selbstmord. Die Abfuhr seiner großen Liebe Iris Escher, die Aufdeckung seiner Tätigkeit als Geldschmuggler und die Überführung des Diebstahls im Archäologischen Landesmuseum und nicht zuletzt der Brief der Mutter, die ihm zurecht bitterböse Vorwürfe machte, könnten doch den Suizid ausgelöst haben. Diese Häufung von Ereignissen innerhalb von wenigen Tagen könnte sogar mich zum Selbstmörder werden lassen.«

Mord im Arbeitsamt

Peter Hoferer, 54 Jahre alt und ein überzeugter Junggeselle, war für einen allein stehenden Mann immer ausnehmend gut gekleidet. Heute harmonierte eine grüne Seidenkrawatte mit einem hellgelben Hemd und das dezent karierte Sakko passte zu seinen dunklen Augen. Besonders stolz war er auf sein dichtes, lockiges Haar, das in voller Pracht ohne Scheitel auf seinem Haupt prangte. Lediglich seine Nase ragte etwas überproportioniert aus seinem Gesicht hervor, doch wird dieses Manko durch einen dichten Schnauzbart etwas abgemildert. Seine sonst bleiche Gesichtsfarbe war dank des erst seit wenigen Wochen zurückliegenden Türkeiurlaubs hellbraun aufgefrischt und verlieh ihm das Aussehen eines sportlichen Mannes. Hoferer, etwa 1,80 m groß, hasste Sport. Lagen doch seine Interessen mehr auf der geistigen, als auf der körperlichen Ebene. In seiner Position war ein gepflegtes Aussehen ein Muss. Als Fünfzehnjähriger erlernte er den Beruf des Schriftsetzers. Aufgrund des technischen Fortschrittes, zuerst durch den Fotosatz und dann durch den Computer, starb dieser Beruf aus. Es blieb ihm nichts anderes übrig, als eine neue Tätigkeit aufzunehmen. Das Arbeitsamt benötigte durch die Zunahme der Arbeitslosigkeit Ende der 1970er Jahre dringend Berufsberater, und so wechselte er den Beruf. In der Zwischenzeit sind es bereits weit über dreißig Jahre her, seit er beim Arbeitsamt beschäftigt ist, das neuerdings Agentur für Arbeit heißt. Die Namensänderung hatte für ihn keinerlei Auswirkungen. Im Laufe der vielen Jahre stieg er bis zum stellvertetenden Direktor des Arbeitsamtes von Überlingen auf. Die ständig wachsenden Arbeitslosenzahlen bewirkten unter anderem viele Umzüge in immer neuere und größere Gebäude. Dabei vergrößerte sich die Zahl der Mitarbeiter entsprechend. Vor einem Monat erst bezogen er und seine Kollegen das neue Amt beziehungsweise die neue Agentur. Besonders gefiel ihm neben seinem von einem Innenarchitekten gestylten Büro die neue Eingangs-Drehtür, und er ließ es sich nicht nehmen, jedes Mal beim Verlassen des Gebäudes eine Extrarunde mit der Tür zu drehen.

Eigentlich wäre er gerne Detektiv geworden. Sein Hobby konnte er aber auch in seinem Amt ausleben. Er legte in seiner langen Dienstzeit für jeden Mitarbeiter des Amtes, der unmittelbar mit ihm zu tun hatte, ein Dossier an. Auch Personen, darunter einige Arbeitslose sowie Institutionen, die mit dem Arbeitsamt zusammenarbeiteten, nahm er unter die Lupe. Er notierte Gesprächsfetzen, die er zufällig mitbekam. Abends durchsuchte er Papierkörbe und nahm Papierschnitzel mit nach Hause, die er wie ein Puzzle wieder zusammensetzte. Wenn eine seiner »heißen Zielpersonen« kurzfristig zu einer Sitzung gerufen wurde und diese ihren PC nicht ausschaltete, kopierte er schnell die Dateien, um sie ebenfalls auf seinem Heimcomputer auszuwerten. Wie ein richtiger Privatdetektiv beschattete er Personen in seiner Freizeit, befragte deren Bekannte und fotografierte heimlich mit seinem Fotoapparat, den er sich mit einem besonders leistungsstarken Teleobjektiv gekauft hatte.

Er war abends immer der Letzte, der das Arbeitsamt verließ. Besonders genoss er den Freitagnachmittag, da er meist Stunden, vom Reinigungspersonal abgesehen, allein im Amt war. So auch an diesem Freitag. Vergnügt packte er gegen 17 Uhr seine Tasche. Wieder einmal hatte er ein weiteres Detail gegen eine »Zielperson« gefunden. Jetzt vielleicht noch eine Woche und Entscheidendes würde passieren. Dann wäre für ihn der Weg frei, um den Posten des Direktors einzunehmen. In Gedanken versunken sperrte er die Tür zu seinem Büro zu, steckte den Schlüssel in die Seitentasche des Sakkos und machte sich auf den Weg nach unten. Auf der Treppe stoppte er kurz seinen Schritt, hatte er doch im Schreibtisch seinen Terminplaner vergessen, in dem er alle seine Termine sowie besondere Vorkommnisse penibel und ausführlich festhielt. Er entschied sich, den Timer, der in der verschlossenen Schublade lag, erst am Montag wieder zu gebrauchen und strebte schnellen Schrittes dem Ausgang entgegen. Auch heute setzte er wieder mit der Drehtür zu einer Extrarunde an. Kaum in der Drehtür, vernahm er das laute Aufheulen eines Automotors. Als er wieder nach vorne drehte, raste ein Range Rover direkt auf ihn zu, zersplitterte die Eingangstür, Glas zerbarst, Metallstücke flogen und mit einem lauten Knall explodierte der Benzintank. Ein flammendes Inferno erfasste den gesamten Eingangsbereich.

Hauptkommissar Karle Eisele von der Kripo Überlingen hatte viel zu tun. Gerade in der Hochsaison gab es in der Bodenseeregion viele Einbrüche. Aus allen Teilen der Bundesrepublik reisten die Einbrecher als Touristen getarnt an, brachen meist tagsüber in Einfamilienhäuser ein und verschwanden dann wieder. Der Assistent von Eisele, Inspektor Dirk Hodapp, reichte kurzfristig Urlaub ein, um mit seiner neuen Bekanntschaft eine ausgedehnte Fahrradtour rund um den Bodensee[77] zu unternehmen. Noch fünf Tage, dann kam Inspektor Hodapp zurück und alles würde wieder normal verlaufen. Hoffentlich, dachte Eisele, jetzt kein Mord. Die dann anfallende Arbeit würde über seine Kräfte gehen, denn im Alter von 52 Jahren sind Männer sehr Herzinfarkt gefährdet. Seine Gedanken schweiften in Vorfreude schon zum heutigen Abend. Ehemalige Schulfreunde von ihm hatten in seiner Heimatstadt Überlingen am Bodensee einen »Club der kochenden Männer« gegründet und ihn als Mitglied aufgenommen. Seine Aufnahmeprüfung bestand er mit einem Omelett aus Buchweizenmehl, verfeinert mit kanadischem Ahornsirup, mehr schlecht als recht. Vermutlich hatten seine Freunde mehr als ein Auge zugedrückt. Doch heute Abend kocht der Clubvorstand ein italienisches Menü: Als Vorspeise die bekannte Gemüsesuppe Minestrone, als Hauptgang Ossobuco, geschmorte Kalbshaxenscheiben, und als Nachtisch Zuppa inglese aus Biskuit, Ricotta, Amaretto, Rum und Vanillecreme. Als Weine dazu sind der spritzige Pinot Grigio und nach dem Essen der teure Barolo aus dem Piemont vorgesehen. Wie sagte doch eines der Mitglieder immer: »Das Leben ist schön, aber teuer. Es geht auch billiger, aber dann ist es bei weitem nicht mehr so schön.« Eisele lief bereits das Wasser im Mund zusammen. Er strich sich gerade mit der Hand über seinen leichten Bauchansatz als ihn ein Telefonanruf aus dem Reich seiner kulinarischen Träume in die Wirklichkeit beförderte: »Zwei Tote im Überlinger Arbeitsamt, kommen Sie schnell.«

Eisele hatte in seinen vielen Berufsjahren schon einiges erlebt, doch dieses Chaos im Arbeitsamt gehörte wohl zu seinen unangenehmsten Eindrücken. Das Auto, ein bis dato silberfarbener Range Rover, war völlig ausgebrannt und die aufgesprungene Motorhaube ragte steil nach oben. Der Motor hatte sich aus seiner Verankerunggelöst und lag in einer Öllache am Boden vor der Eingangstüre. Von der Frontscheibe war nur ein verbogenes Gestänge übrig geblieben. Im Fahrzeug saß, vorn übergebeugt, eine verkohlte Leiche am Lenkrad. Eine zweite Leiche klemmte in den übrig gebliebenen Stangen der Drehtüre des Arbeitsamtes. Der Eingang präsentierte sich übersät mit Fahrzeugteilen, Glassplittern und Mauerstücken. Viele Neugierige starrten auf den Ort des Geschehens. Die Kollegen vom Polizeirevier erledigten die Absperrung und die Sicherung des Tatortes gewohnt professionell. Noch konnte niemand diese Leichenteile identifizieren. Das Reinigungspersonal vermutete, eine der verkohlten Leichen sei der stellvertretende Arbeitsamtdirektor Peter Hoferer. Dem Augenschein nach war alles klar: eine Person tötete mittels eines kompakten Fahrzeuges die andere Person, die sich gerade in der Drehtür befand. Ob es sich um einen Unfall oder um Absicht handelte, konnte Eisele im Moment nicht beantworten. Drei Dinge fielen ihm auf: 1. Auf dem Gaspedal lag ein Ziegelstein. 2. Der Fahrer oder die Fahrerin saß nicht direkt hinter dem Lenkrad, eher etwas rechts versetzt. 3. Ein zusammengeschmorter Reserve-Benzinkanister lag unter dem Beifahrersitz, beziehungsweise was davon übrig war. Eine Nachbarin sagte aus, sie sei durch das Aufheulen des Motors zum Fenster ihrer Wohnung gerannt und habe gesehen, wie ein junger Mann aus dem eben anfahrenden Auto sprang.

Wegen des Wochenendes dauerte es drei Tage, bis die Leichen identifiziert waren. Der Fahrer konnte aufgrund einer Vermisstenmeldung und eines Silberamulettes als der 22-jährige Benno Merkes aus Überlingen-Nußdorf identifiziert werden. Die zweite Leiche war, wie schon vermutet, Peter Hoferer, der stellvertretende Direktor des Arbeitsamtes. Dieser hatte für die Kripo interessante Aufzeichnungen in seinem in der Schreibtischschublade liegenden Terminplaner und in seiner Wohnung eine umfangreiche Sammlung von Dossiers der unterschiedlichsten Personen. Eisele nahm alles mit zu sich nach Hause, um in Ruhe diese brisanten Aufzeichnungen auszuwerten. Nach stundenlanger kriminalistischer Kleinarbeit legte er den Personenkreis fest, den er sich bei seinen Nachforschungen vornehmen wollte.

Tränenüberströmt empfing die Mutter von Benno Merkes Hauptkommissar Eisele an der Wohnungstür ihrer Zwei-Zimmer-Mietwohnung.

»Er war so ein guter Junge und wie er das Fahrzeug fahren konnte, ist mir schleierhaft, denn mein Sohn besaß keinen Führerschein.«

Frau Merkes lotste den Kommissar ins Wohnzimmer, wo er auf einer abgeschabten, ehemals braunen Couch, Platz nehmen musste. Die verhärmt aussehende Frau bot ihm eine Tasse Kaffee an, die Eisele dankbar ablehnte. Aus einem alten Wohnzimmerschrank holte sie das Familienalbum und setzte sich an den mit einer Resopalplatte überzogenen Tisch, um dem Kriminalbeamten die einzelnen Fotos zu erläutern. Im Laufe des Gesprächs erfuhr Eisele einiges über den jungen Mann. Nach dem Besuch der Schule für Lernbehinderte bot ihm ein Schreiner eine Lehrstelle an, da dieser wusste, Lernbehinderte haben oft viel handwerkliches Geschick. Allerdings konnte er ihn nach der Lehre aufgrund der angespannten Arbeitslage nicht übernehmen. So landete Benno beim Arbeitsamt.

»Hier kam er in eine schlechte Gesellschaft«, fuhr die Mutter fort. »Eine Clique, mit dem Anführer Johannes, einem Lehrersohn Jürgen und einem Ausländer, dessen Namen ich nicht mehr weiß, übten einen schlechten Einfluss auf meinen Sohn aus. Oft kam er nachts betrunken nach Hause, und neulich habe ich sogar ein Pülverchen beim Aufräumen in seinem Zimmer gefunden, hoffentlich war dies kein Rauschgift.«
Für Hauptkommissar Eisele war es ein Leichtes, die einzelnen Adressen der Clique ausfindig zu machen, denn der Hobbydetektiv Hoferer hatte von jedem eine mehr oder weniger umfangreiche Karteikarte mit vielen Details angelegt.

Johannes Hartmann, ein mittelgroßer, untersetzter, rothaariger Mittzwanziger war der Anführer der Clique. Von seinen Freunden ließ er sich gerne »Little Joe« nennen. Seit er nachmittags im Fernsehen die Wiederholung der Kultserie Bonanza sah, nannte er sich »Little Joe«, obwohl seine Figur mehr dem dicken Hoss ähnelte. Sein Selbstbild verhielt sich gegenüber der Realität wie Tag und Nacht. Er war der Sohn einer in Meersburg stadtbekannten Säuferin, die nie zu Hause war. Bereits als dreizehnjähriger Junge durchstreifte er Nacht für Nacht die Touristenkneipen und Tanzlokale von Meersburg, knackte Automaten, führte mehrere Autoeinbrüche durch und fuhr hin und wieder ohne zu bezahlen im Kampf gegen seine Langeweile mit der Fähre nach Konstanz und wieder zurück, immer auf der Flucht vor dem Fährekassierer. Als er mehrmals tagelang nicht zur Schule ging, wies ihn das Jugendamt in ein Heim für schwer erziehbare Jugendliche ein. Hier lernte er Werkzeugmacher und von seinen Zimmergenossen so manchen weiteren kriminellen Kniff. Nach Beendigung seiner Ausbildung vermittelte ihm der Heimleiter eine Stelle als Lagerist in Überlingen und ein Zimmer zur Untermiete. Bereits nach wenigen Monaten schmiss Johannes Hartmann seinen Job und meldete sich beim Arbeitsamt, wo er den lernbehinderten Benno, den Lehrersohn Jürgen und später den irakischen Kurden Mehdi kennen lernte.

Jürgen Lohrer, ein schlaksiger, pickliger Sohn eines Lehrerehepaares aus Radolfzell, hatte nach Meinung seiner Eltern total versagt. Er schaffte nicht einmal das Abitur, was in Akademikerkreisen unverzeihlich ist. Seine Goldschmiedelehre brach er nach knapp zwei Jahren ab. Von seiner Leidenschaft, dem Segeln auf dem Bodensee, konnte er nur träumen. Seine Eltern besaßen zwar eine Jolle, doch mit denen wollte er nichts mehr zu tun haben. Mit Hilfsarbeitertätigkeiten hielt er sich mit Mühe über Wasser. Gut, dass er »Little Joe« kennen lernte, denn der wusste, wie man als Arbeitsloser gut über die Runden kam. Bei Vorstellungsgesprächen besprühte sich Lohrer mit Obstwasser. Kein Personalchef stellte einen nach Alkohol riechenden Bewerber ein. Ablehnungskriterien summierten sich auch durch seine langen, strohblonden, meist ungepflegten Haaren, den löcherigen Jeans und den jeweils mit drei Ringen gepiercten Ohrläppchen. Bei den Vermittlern im Arbeitsamt erschlich er sich durch penetrante Besuche mehrere Seminare und Lehrgänge.

Mehdi Barzani, ein irakischer Kurde, floh 1991 vor Saddam Hussein nach Deutschland und bat um Asyl, das ihm, wie den anderen über fünfhunderttausend inzwischen in Deutschland lebenden Kurden, gewährt wurde. Schnell erlernte er die deutsche Sprache und bekam durch das Land Rheinland-Pfalz eine zweijährige Ausbildung als technischer Zeichner in Maximiliansau bei Karlsruhe. Obwohl diese Ausbildung nicht auf dem neuesten Stand der Technik war, fand er nach vielen Bewerbungen endlich eine Stelle in Überlingen. Vor vier Jahren beantragte er die deutsche Staatsangehörigkeit, und nun war er Deutscher. Trotzdem behandelten ihn die Deutschen aufgrund seines markanten Schnauzbartes und seines dunklen Teints immer noch als Ausländer. Im Zuge der Rationalisierung in seiner Firma erhielt auch er zusammen mit vierzig anderen Mitarbeitern die Kündigung. Bei den Pflichtveranstaltungen des Arbeitsamtes lernte er die jungen Männer kennen. Auch wenn ihm »Little Joe«, Benno und Jürgen nicht ganz geheuer erschienen, war er dankbar, dass Deutsche ihn in ihrer Runde aufnahmen.

Hauptkommissar Eisele veranlasste eine Vorladung dieser Drei für Ende der Woche. Dann würde auch sein Assistent Hodapp wieder aus dem Urlaub zurück sein, und sie können dann gemeinsam diese Clique in die Mangel nehmen. In der Zwischenzeit würde er sich das Fortbildungsinstitut von Wolfgang Osterer vornehmen, das laut den Aufzeichnungen von Hoferer nicht rechtmäßig arbeitete.

Wolfgang Osterer, Leiter des Lefo-Institutes, was für »Lerne fortschrittlich« stand, konnte über Aufträge nicht klagen. Aufgrund seiner guten Kontakte zum Arbeitsamt florierte das Institut prächtig. Die Anzahl der Fortbildungkurse von Arbeitslosen steigerten sich ständig dank der einträglichen Zusammenarbeit mit dem Leiter der Weiterbildung des Arbeitsamtes. Um die schlechten

Arbeitslosenzahlen nach unten zu korrigieren, beorderte der Fortbildungsverantwortliche immer mehr Arbeitslose zu Seminaren, um sie aus der Statistik rechnen zu können. Besondere finanzielle Vorteile ergaben sich aus den fiktiven Kursen. Osterer rechnete komplette Seminare mit fingierten Teilnehmern mit dem Arbeitsamt ab, was nur möglich war, weil der Angestellte des Arbeitsamtes und er sich die Gelder teilten. Bei Kursen mit Abschlussprüfungen gab es eine weitere Einnahmequelle. Seminarleiter Osterer schlug einigen Teilnehmern, besonders Ausländern, vor, durch die Prüfung zu fallen, da sie dann nochmals den bereits belegten Kurs auf Kosten des deutschen Steuerzahlers besuchen konnten. Seit Jahren lief dies alles wie geschmiert, doch irgendwie hatte nun der stellvertretende Arbeitsamtdirektor Hoferer Wind davon bekommen. Sollte dies alles an die Öffentlichkeit gelangen, war seine Existenz am Ende und eine strafrechtliche Verfolgung sicher.

Nun hatte sich ein Kriminalbeamter zum Termin mit ihm angemeldet, was sicher nichts Gutes verhieß. Eisele warf dem Institutsleiter auch prompt alle bekannten Fakten an den Kopf, die Hoferer in seiner Kartei vermerkt hatte und ließ keinen Zweifel offen, dies alles der Staatsanwaltschaft in Konstanz zu melden.
Eisele: »Sie können Ihre Lage nur verbessern, wenn Sie alles offen legen.«
Sofort kam der Kommissar auf den eigentlichen Zweck seines Besuches zu sprechen und er fuhr fort:
»Was mich besonders im Zusammenhang mit dem Tod von Hoferer und Merkes interessiert, wie war Ihr Kontakt zu Benno Merkes? Laut unseren Ermittlungen belegte er einige Kurse in Ihrem Institut. Sie und der

Angestellte des Arbeitsamtes müssten am Tode von Hoferer mehr als interessiert sein. Das Motiv ist vorhanden und vielleicht ergibt sich aus Ihrem Kontakt zu Merkes eine Verbindung zum Tode von Hoferer. Meine Kollegen der Spurensicherung und ich sind inzwischen aufgrund unserer Untersuchungen sicher, es handelt sich hier um keinen Unfall, sondern um einen kaltblütig geplanten Mord.«
Osterer rastete aus. »Was unterstellen Sie mir, Herr Kommissar! Den Staat betrügen ist die eine Sache, was wohl viele ohne Gewissensbisse tun, aber Mord, das ist die Höhe. Melden Sie mich beim Staatsanwalt, aber einen Mord können Sie mir nicht nachweisen. Verlassen Sie sofort mein Institut, sonst geschieht hier wirklich ein Mord.«

Endlich kam sein Assistent Dirk Hodapp braungebrannt und mit bester Laune aus seinem Urlaub zurück. Er schwärmte vom Bodensee-Radwanderweg und den jeweils möglichen lohnenden Abstechern. Bevor Eisele von dem neuen Fall berichtete, erzählte Hodapp von seiner tollen Radtour.
»Wir fuhren ohne Stress und nahmen uns Zeit für schöne Freizeitmöglichkeiten. Von Überlingen aus ging es über Ludwigshafen[28] nach Radolfzell[76]. Dort verbrachten wir einige Stunden im »Kletterwerk«[78] mit seinen 150 möglichen Klettertouren. Am nächsten Tag radelten wir am Untersee entlang bis Stein am Rhein(CH)[79]. Am dritten Tag fuhren wir am Schweizer Ufer entlang über Steckborn(CH)[73] nach Mannenbach(CH)[80] mit der Besichtigung des Napoleummuseums im Schloss Arenenberg[81]. Nach einer Kaffeepause in Gottlieben(CH)[82] war es nicht mehr weit bis Konstanz[1]. Dort reichte uns noch

die Zeit zu einem Besuch im Sea Life Center[83]. Am vierten Tag radelten wir von Kreuzlingen(CH)[84] am Nordufer des Bodensees entlang über Romanshorn(CH)[64], Arbon(CH)[15] und Rorschach (CH)[16] bis zum Campingplatz in Altenrhein(CH)[17]. Hier schlugen wir unser Zelt auf. Den Vormittag des nächsten Tages nutzten wir zu einer Radtour durch das weitläufige Naturschutzgebiet bei Fußach(A)[85]. In dieser Bucht zwischen Rheinspitz und Rohrspitz, wo der Rhein in den Bodensee mündet, badeten wir ausgiebig. Am Nachmittag fuhren wir über Bregenz(A)[18] und Lindau[19] bis Friedrichshafen[65] und schauten uns am Abend im Cineplex[86] noch einen Film an. Gestern ging es dann zurück nach Überlingen. Ich kann nur sagen, der Bodensee mit seiner Umgebung wird dem Slogan »Ein See, drei Länder, tausend Möglichkeiten« wirklich gerecht.«

Für den Nachmittag hatte Eisele die Clique bestellt, um diesen Dreien auf den Zahn zu fühlen. Hodapp nahm sich den Lehrersohn Jürgen Lohrer vor, während sich Karle Eisele Mehdi Barzani widmete. Den Anführer Johannes Hartmann, genannt »Little Joe«, hoben sie sich für eine gemeinsame Vernehmung auf. Besonders kooperativ zeigten sich die Vorgeladenen zuerst nicht, doch als die Kriminalbeamten mit den detaillierten Aufzeichnungen von Hoferer aufwarteten, stand ihnen und etwas später besonders dem Anführer der Schreck ins Gesicht geschrieben.

Hodapp: »Herr Lohrer, Sie haben laut den Aufzeichnungen von Hoferer einige Straftaten verübt: wie Autos stehlen, Diebstahl in Supermärkten, sowie Besitz und Verkauf von Kleinmengen an Kokain. Was mich im Zu-

sammenhang an dem Mord von Hoferer interessiert, besitzen Sie einen Reserve-Benzinkanister?«
Lohrer: »Ich nicht, aber »Little Joe«, sorry Johannes Hartmann hat einen, den er bei seinen Tankfahrten in die nahe Schweiz verwendet, da man dort manchmal billiger tanken kann. Wir haben den Kanister manchmal gemeinsam verwendet, um Papierkörbe in den Grünanlagen mit etwas Benzin zu übergießen, dann brannten sie schöner. Joe nannte das immer ALG, das ist die Übersetzung für Arbeitslosengeld und bedeutet bei uns Anti-Langeweile-Gaudi.«
Hodapp: »In seiner Kartei erwähnte Hoferer Sie spielen ständig mit Stricken, und unser Labor stellte im Mordfahrzeug Reste von verkohlten Schnüren fest.«
Lohrer: »Das ist ein Tick von mir. Seit ich damals das Bodenseeschifferpatent bei einer Segelschule[87] gemacht habe, das zum Segeln auf dem Bodensee berechtigt, flechte ich oft Seemannsknoten. Auch meinen Kumpels habe ich Stricke geschenkt und ihnen einige Knoten beigebracht. Aber mit dem Mord an Hoferer habe ich nichts, aber auch gar nichts zu tun.«

Eisele: »Herr Barzani, laut Aufzeichnungen von Hoferer sind Sie erst seit wenigen Wochen bei dieser Clique und beteiligten sich offensichtlich nicht an den vielen Straftaten. Was haben Sie in diesem Kreis zu suchen?«
Barzani: »Herr Kommissar, eigentlich wollte ich schon seit Tagen zur Polizei gehen, denn es ist etwas Unglaubliches passiert. »LittleJoe« lud mich zusammen mit den anderen Jungs am Sonntagnachmittag vor einer Woche zu einer besonderen Anti-Langeweile-Gaudi ein. Wir fuhren mit einem gestohlenen Auto zur Festungsruine Hohentwiel bei Singen. Auf dem Parkplatz angekom-

men, untersuchte Joe den Kofferraum. Aus diesem nahm er den Benzinkanister und das Abschleppseil mit. Oben, innerhalb der ehemaligen Festungsmauern, forderte er Jürgen auf, ihm einige Seemannsknoten mit dem Abschleppseil zu zeigen. Binde doch mal die Hände von Mehdi zusammen, sagte Joe, und dieser kam der Aufforderung nach. Und jetzt noch die Füße. Als ich so gefesselt da stand, holte Joe den Benzinkanister, übergoss mich und den Boden vor mir mit Benzin. Dann holte er eine Zigarre aus seiner Westentasche, zündete sie an und steckte sie mir in den Mund. Mit höhnischem Gelächter verließen sie mich und riefen mir noch zu: Grüß Allah von uns und falls du als Märtyrer anerkannt wirst, grüße auch noch die dir dann zustehenden zweiundsiebzig Jungfrauen. Ich war fassungslos. Ich, der weder Raucher noch Moslem bin, kaute die brennende Zigarre und schluckte sie hinunter. Ich hatte panische Angst, die Asche fällt auf den mit Benzin getränkten Boden. Noch heute spüre ich die Brandwunde an meinem Gaumen. Wenn mich nach einer Stunde nicht zwei Wanderer befreit hätten, die am späten Nachmittag den Wanderweg über die Hegau-Vulkane[21] gingen, wäre ich vielleicht noch Tage auf dem Berg gewesen, denn gute Seemannsknoten sind nicht ohne weiteres zu lösen. Von da an vermied ich den Kontakt zu der Clique.«

Die beiden Kriminalbeamten verständigten sich kurz über die getrennten Befragungen und beglückwünschten sich, dass sie vorsorglich bei der Staatsanwaltschaft Haftbefehle beantragt hatten. Nun nahmen sie gemeinsam Johannes Hartmann ins Kreuzverhör. Hartmann saß grinsend und Kaugummi kauend breitbeinig auf dem Stuhl, die Hände hinter dem kräftigen Nacken ver-

schränkt. Provokative Auftritte zählen zum Polizeialltag. Am liebsten hätte ihm Eisele einen kräftigen Fußtritt verpasst, dann wäre Hartmann unversehens auf den Boden geschlittert. Doch dank seiner psychologischen Ausbildung in der Polizeiakademie konnte er sich meisterhaft beherrschen.
Eisele: »Herr Hartmann, Sie sind ein Drogendealer und verkaufen regelmäßig Kokain an Unterhändler, die Hoferer bei ihren Treffs aus dem Auto heraus fotografiert und katalogisiert hat. Außerdem entwenden Sie gelegentlich Autos sowie Spirituosen aus Supermärkten. Und Sie treiben noch sonstigen Unfug aus Langeweile. Dazu kommt jetzt noch ein Mordversuch an Mehdi Barzani. Ein längerer Aufenthalt in einer Strafvollzugsanstalt ist Ihnen sicher. Noch gefährlicher für Sie dürfte die Drogenmafia sein, wenn die erfährt, dass Personalien von vielen Ihrer Kunden und Unterhändlern der Polizei bekannt sind. Strafmildernd könnte sich auswirken, wenn Sie jetzt zur Aufklärung des Mordes an dem stellvertretenden Direktor des Arbeitsamtes Peter Hoferer beitragen könnten.«
Sofort schnellten beide Hände vom Nacken auf die Tischplatte. Hartmann richtete sich kerzengerade auf. Das Grinsen in seinem Gesicht verschwand schlagartig.
Hartmann: »Dieser Hoferer ist auch kein Unschuldslamm. Er kam vor etwa zehn Tagen ganz überraschend am Abend in meine Wohnung. Benno Merkes war gerade bei mir und bettelte wieder einmal um ein Kokainbriefchen. Bei einer Beratung wegen einer ICH-AG, die ich bei Hoferer hatte, rutschten mir, als ich die Unterlagen aus meiner Tasche holte, aus Versehen einige Rauschgiftbriefchen heraus, die ich für meine Unterhändler verpackt hatte. Ich erschrak, doch Hoferer zeigte sich

informiert. Er legte mir Bildkopien von der Mehrzahl meiner Kleindealer vor, die mich bei der Übergabe zeigten. Als Benno kurz die Toilette aufsuchte, wechselte er zu seinem eigentlichen Anliegen. Ich hätte doch einen guten Kontakt zu Personen der Unterwelt und er möchte, dass sein Vorgesetzter, der ihn seit Jahren mobbt, innerhalb der nächsten Woche getötet wird. Selbstverständlich bräuchte ich es nicht selbst tun, aber ich würde da sicher geeignete Möglichkeiten finden. Dafür könne ich auf seine Diskretion in Sachen Drogenhandel vertrauen und wenn er Direktor wäre, gäbe es für mich beim Arbeitslosengeld, beziehungsweise dann bei der Arbeitslosenhilfe, einen Extrazuschlag bis zu meiner Rente.«

Hodapp: »Und nun saßen Sie praktisch in der Zwickmühle. Falls Sie den Direktor nicht aus der Welt schaffen, lässt Hoferer Sie hochgehen und die Drogenhändler müssten Sie eliminieren, um im Hintergrund weiter agieren zu können. Was ich noch wissen will, sind Sie auch drogenabhängig?«

Hartmann: »Nein, ich vertreibe das Zeug nur, um mich über Wasser zu halten. Ganz selten, beispielsweise bei Konzerten wie Rock am See im Bodenseestadion Konstanz oder beim Southside-Festival in Neuhausen ob Eck oder beim Hohentwiel-Festival sowie hin und wieder auf meiner Bude, da rauche ich einen Joint. Aber durch den Besuch von Hoferer wusste nun plötzlich auch Benno Merkes von meiner Tätigkeit als Drogenhändler, der mich bisher immer als Privatkonsument einstufte. So reifte in mir der Plan, nicht den Direktor des Arbeitsamtes zu töten, sondern Hoferer und Merkes. Und es musste aussehen wie ein Unfall. Was sollte ich tun, für mich hieß es Hoferer oder ich, da die Drogenmafia keine Gnade kennt.«

Eisele: »Und wie haben Sie das angestellt?«
Hartmann: »Am Freitagnachmittag ist immer guter Betrieb vor dem Getränkemarkt eines Supermarktes. Wenn die Männer schnell ihre Bierkisten holen, lassen viele ihr Auto offen und manche sogar den Schlüssel stecken. So konnten Benno und ich leicht den Range Rover entwenden. Ich fuhr damit in den Wald Richtung Owingen und setzte Benno unter starke Drogen. Von einer Baustelle klaute ich einen Ziegelstein. Dann stellte ich das Auto in Position vor dem Arbeitsamt. Benno knotete ich wegen der Stabilität ans Lenkrad. Aus dem Kofferraum des Range Rovers holte ich einen gefüllten Benzinkanister und schüttete den gesamten Inhalt über den im Rauschzustand befindlichen Benno. Ich klemmte mich neben ihn auf den Fahrersitz und wartete. Von der Marotte Hoferers mit dem Extradreh in der Türe wusste ich und auch, dass er am Freitag gegen 17 Uhr meist das Amt verlässt. Als er die Drehtüre zur ersten Runde in Bewegung setzte, startete ich den Motor. Ich stellte die Automatikschaltung auf D für Dauerbetrieb, legte den Ziegelstein auf das Gaspedal und sprang aus dem Auto.«
Eisele: »Und wie soll ich den Mordversuch an Barzani auf dem Hohentwiel verstehen?«
Hartmann: »Das war kein Mordversuch, sondern nur eine Aktion gegen die Langeweile.«
Eisele: »Herr Hartmann, ich verhafte Sie wegen Doppelmordes an Peter Hoferer und Benno Merkes, des Autodiebstahls mit einem vorsätzlichen Totalschaden, eines Mordversuches an Mehdi Barzani sowie wegen Drogenbesitz und Drogenhandel. Es steht Ihnen jetzt frei, einen Rechtsanwalt zu rufen.«
Hartmann: »Am besten, Herr Hauptkommissar, Sie sperren mich sofort ein, dann bin ich einigermaßen vor der

Drogenmafia in Sicherheit. Den Rechtsanwalt können wir später rufen.«

Hodapp holte inzwischen Lohrer und Barzani herein, die draußen auf dem Flur warteten.
Eisele: »Herr Lohrer, halten Sie sich zu unserer Verfügung, denn Sie erwartet noch ein Verfahren wegen Drogenbesitz beziehungsweise Drogenhandel und Beihilfe zum Mordversuch an Barzani. Und Sie, Herr Barzani, suchen sich Ihre nächsten Freunde besser aus.«

Nachdem Eisele und Hodapp unter sich waren, murmelte Eisele: »Dank der detaillierten Aufzeichnungen des Hobbydedektives Hoferer konnten wir den Fall leicht aufklären. Aber wenn die Jungs mehr Arbeit hätten, hätten wir weniger.«

Mord auf der Insel Reichenau

Wie eine überdimensionale Schlangengurke, die etwas aus der Form geraten ist, ragt die Insel Reichenau[89] in den Zellersee und Gnadensee hinein. Dieser Teil des Bodensees bildet das südwestliche Ende, aber geschweige nicht das Schlusslicht unter den Sehenswürdigkeiten des Sees. Wer einmal den wunderschönen Blick auf die Insel vom Schloss Arenenberg[81] mit dem Napoleonmuseum genossen hat, weiß um die landschaftliche Schönheit der Insel. Angehängt ist diese ›Gurke‹ mit einem etwa eineinhalb Kilometer langen, von einer Pappelallee gesäumten Damm, der die Insel mit dem Festland nahe Konstanz[1-7] verbindet. Heute beeinträchtigten dunkle Wolken den Zauber dieser Landschaft. Seit Stunden schon warnten die Sturmwarnleuchten, die rund um den Bodensee installiert sind, mit vierzig Blitzen pro Minute, vor möglichen jäh einsetzenden Sturmböen. Jetzt, gegen Abend, erhöhte sich die Drehzahl der Sturmwarnung auf neunzig Umdrehungen pro Minute, was eine unmittelbare Sturmgefahr mit mindestens Windstärke 6 bedeutete. Auf den Wellen bildeten sich bereits kleine Schaumkronen. Das erste Unwetter des Jahres kündigte sich mit Sturmböen und einem kurzen Hagelschauer an. Bei so einem Wetter bogen sich die Pappeln auf der Zufahrt zur Insel Reichenau im Wind, als möchten sie vor dem Sturm an Land flüchten. Es war ein Wetter, bei dem man keinen Hund vor die Türe jagt.

Dennoch schlichen sich gegen Mitternacht im Ortsteil Niederzell[93] auf der Insel Reichenau etwa ein Dutzend dunkel gekleideter Gestalten durch den mittlerweile dichten Regen zu einem Bauernhaus in der Mitte des

Dorfes. Ihre Gesichter waren schwarz bis zur Unkenntlichkeit bemalt. Mit kräftigen Schlägen nagelten sie etwas an die eichene Eingangstür des weiß gekalkten, mit braunem Fachwerk versetzten Gehöftes und lärmten mit Kochtopfdeckeln und Gejohle lauter als das Geheule des Sturms. Zahlreiche Blitze erhellten zusätzlich diese unheimliche Szene. Überall gingen die Lichter der Schlafzimmer der umliegenden Häuser an.

Christian Neumok sprang aus dem Bett, schlüpfte eilig in seine grünen Gummistiefel und stürzte sich nur mit einem leinenen Nachthemd bekleidet nach draußen. Im diffusen Schein der Dielenlampe sah er einen Gegenstand, der an die jetzt geöffnete helle Eingangstüre genagelt war. Im Halbdunkel erkannte Neumok die Umrisse eines Kreuzes. Auf diesem war, in Nachahmung der Kreuzigung von Jesus Christus, eine tote schwarze Katze genagelt, unten die Pfoten übereinander und oben nach links und rechts die Katzenpfoten ausgebreitet. Der Kopf der toten Katze hing nach unten. Anstatt der Inschrift ›INRI‹ war ein weißer Zettel mit der Aufschrift angebracht: ›Du bist der Nächste.‹ Neumok riss das Kreuz von der Türe und drohte damit den dunklen Gestalten, die in etwa zwanzig Metern Entfernung eine Reihe bildeten.
»Das lasse ich mir nicht gefallen«, schrie er den Vermummten zu.
Obwohl seine Worte aufgrund des heftigen Gewitterregens nicht zu verstehen waren, verschwand die Meute, wie auf ein Zeichen hin, ins Dunkel der Nacht.

Neumok wusste, was das nächtliche Spektakel zu bedeuten hatte. Er will als Einziger der vielen Salat- und Gemüsebauern auf der Insel Reichenau gentechnisch verändertes Gemüse anbauen und zog sich damit den Groll seiner Kollegen zu, die um das Markenzeichen »Gemüse von der Insel Reichenau« fürchteten. Vor zwei Jahren hatte er gegen den Willen seiner Frau Hella von einem kinderlosen Bauernehepaar den Hof mit den Feldern und den Gewächshäusern gekauft, um seine Visionen der ungeahnten Marktchancen umzusetzen. Als 55-jähriger Manager bei einem Pharmakonzern in Konstanz war seine Abschiebung ins bedeutungslose Nichts aufgrund des vorherrschenden Jugendwahns nur eine Frage der Zeit. Seine Frau, die als medizinisch technische Assistentin ebenfalls in diesem Pharmabetrieb arbeitete, konnte er nur mit großer Überredungskunst vom Kauf des Bauernhofes überzeugen. Anders dagegen sein 30-jähriger Sohn Werner, der sofort Feuer und Flamme für seine Idee war, da er Agrarwissenschaft studiert hatte. Die 27-jährige Tochter Sabine, die seit Jahren beim Naturschutzbund NABU auf der Halbinsel Mettnau[88] bei Radolfzell[76] tätig ist, war als Naturschützerin strikt gegen das Projekt, als ihr der Vater das vorgesehene Konzept vorstellte.

Inzwischen kamen auch die Frau und der Sohn zur Haustüre geeilt und erschreckten sich beim Anblick der schwarzen, gekreuzigten Katze.
»Ich glaube, jetzt meinen sie es ernst«, keuchte die Frau. »Verabschiede Dich von Deinen verrückten Ideen und werde ein normaler Gemüseanbauer.«
»Kommt überhaupt nicht infrage, dass ich mir von denen das große Geschäft verderben lasse. Ich habe unser gesamtes Vermögen in dieses Projekt gesteckt, und wir schaffen einen Grundstock für die Zukunft unserer Kin-

der. Wenn wir es nicht schaffen, kommen wir ein Leben lang nicht mehr aus den Schulden heraus.«
»Vater, werde endlich vernünftig«, rief der Sohn, »gib auf! Lieber Schulden als tot.«
»Da müssen wir durch. Morgen früh melde ich diese Schweinerei der Polizei!«

Bei der Kripo Konstanz fand gerade eine Besprechung mit den schweizerischen Kollegen und den Kollegen vom gegenüberliegenden Seeufer statt. Thema: Eine bessere Vernetzung und eine engere Zusammenarbeit, um Engpässe auszugleichen. In der Telefonzentrale ging inzwischen der Anruf von Bauer Neumok ein.
»Hier spricht Christian Neumok von der Insel Reichenau«, schallte es aufgeregt aus dem Telefonhörer.
»Etwa ein Dutzend Gestalten, vermutlich Reichenauer Gemüsebauern, trachten mir nach dem Leben. Heute Nacht bekam ich als unmissverständliche Warnung eine gekreuzigte Katze an die Eingangstüre meines Bauernhauses genagelt mit der Aufschrift: ›Du bist der Nächste‹. Kommen Sie und schauen Sie sich das an. Die Polizei muss mich vor diesen Mordgesellen schützen.«
Die Inspektorin in der Zentrale notierte fleißig.
»Herr Neumok, wurde jemand verletzt?«
»Muss es erst einen Toten geben, bevor Sie kommen?«
»Beruhigen Sie sich, Herr Neumok, ich schicke sobald als möglich jemanden.«
Da die geringe Personaldecke der Kripo Konstanz derzeit wegen eines Mordes an einer Taxifahrerin eine Bearbeitung von weiteren Fällen nicht zuließ, beauftragte man den Überlinger Kommissar Eisele mit dem Fall.

Eisele fuhr sehr gerne auf die Insel Reichenau, die für ihren Salat- und Gemüseanbau weit über die Region hinaus bekannt ist und inzwischen zum Weltkulturerbe der UNESCO zählt. Mit seiner Frau radelte er oft die empfehlenswerte Inselumrundung[90]. Gleich am Anfang der Insel befindet sich im Ortsteil Oberzell[91] die Stiftskirche St. Georg mit den Wandmalereien aus dem 10. Jahrhundert. Besonders sehenswert ist das Münster[92] im Ortsteil Mittelzell mit dem angeschlossenen Kräutergarten. Oft schon ließen sie auch das Fahrrad stehen und wanderten direkt am Wasser entlang, vorbei an einer Vielzahl von Gemüsefeldern mit den aufgereihten bunten Salatköpfen und den Gewächshäusern um den oberen Teil der Insel. Am Ende der knapp fünf Kilometer langen hügeligen Insel liegt der Ortsteil Niederzell[93]. Am Ende ihrer Wanderung, wieder in Mittelzell angekommen, belohnte sich das Ehepaar jeweils mit einer üppigen Reichenauer Salatplatte oder einem geräucherten Felchenfilet und trank, nachdem der erste Durst mit Mineralwasser gestillt war, ein Glas Wein, je nach Laune einen Gutedel oder einen Müller-Thurgau.

Bauer Neumok erwartete bereits die beiden Kriminalbeamten vor seinem denkmalgeschützten Fachwerkhaus mit den braunen Balken und den grünen, mit Blumenmotiven bunt bemalten Fensterläden.
Eisele stellte sich und Inspektor Hodapp kurz vor und erläuterte, warum die zuständigen Kollegen keine Zeit hatten. Im Stillen passten dem Bauer die Überlinger Kriminalbeamten nicht in sein Konzept, denn wie er wusste, führte Überlingen als erste Stadt am Bodensee die »Gentechfreie Landschaft« ein.
»Herr Hauptkommissar und Herr Inspektor. Schauen Sie sich diese Sauerei an«, keuchte er aufgeregt.

Eisele und Hodapp schauten zuerst auf die Katze, die Neumok zur Demonstration des Vorfalles nochmals an das Kreuz hielt, und dann auf den offensichtlich cholerischen Mann. Dieser Landwirt war von mittlerem Wuchs. Seine schwarzen Haare hatte er hinten zu einem Pferdeschwanz zusammen gebunden. Stechende blaugraue Augen schauten aus einem braungebrannten Gesicht heraus. Sein rosafarbenes Hemd im Jeansstil passte so gar nicht in das Bild, das man sich im allgemeinen von einem Reichenauer Gemüsebauern machte. Seine braunen Cowboystiefel unterstrichen dabei zusätzlich noch seine Vorliebe für den amerikanischen Westernstil. Seine Frau dagegen, die während des Gespräches dazu kam, entsprach wegen ihrer blonden Zöpfe, die sie zu einem Haarkranz gebunden hatte, und mit den rosigen Wangen sowie ihren kräftigen Armen schon eher dem Bild einer Bäuerin. Der Bauer schilderte das Mitternachtsszenario und geriet dabei immer noch mehr in Rage.
Eisele beruhigte ihn und fragte:
»Haben Sie jemanden erkannt?«
»Nein. Bei dem Unwetter erkannte ich nur schemenhaft Gestalten, etwa ein Dutzend. Die Gesichter hatten sie schwarz angemalt. Aber ich bin mir sicher, es sind meine in Anführungszeichen netten Kollegen, die meine Ideen einer zukunftsorientierten Landwirtschaft auf der Insel unter allen Umständen verhindern wollen.«
Jetzt mischte sich Inspektor Hodapp ins Gespräch.
»Gab es schon öfters Morddrohungen?«
»Das nicht, aber die eine genügt mir. Sie müssen etwas unternehmen, um mein Leben zu sichern.«
Eisele: »Und wie stellen Sie sich das vor?«
Der Bauer zuckte mit den Schultern.
»Hodapp, nehmen Sie das Kreuz und die Katze mit!«

Zum Ehepaar Neumok gewandt sprach Eisele: »Sie hören wieder von uns.«
Eine anschließende Befragung der unmittelbaren Anwohner führte zu keinem Ergebnis. Die Nachbarn konnten oder wollten nichts gesehen haben. Es schien so, als ob die Beamten gegen eine Wand des Schweigens anrannten.

Die Halle war bis auf den letzten Platz besetzt. Die jährliche Versammlung des Genossenschaftsverbandes der Reichenauer Gemüsebauern ist Pflicht für jeden Landwirt auf der Insel. Wie üblich, dauerte die Versammlung mit den Tagesordnungspunkten Bericht des Vorstandes, Kassenbericht, Entlastung der Vorstandschaft und Neuwahlen schon fast zwei Stunden. Der Vorsitzende informierte unter anderem auch über neuerdings eingesetzte ›Bauernspione‹, die Auskünfte über Spritz- und Düngemittel einholten und Verschiedenes ausspionierten. Er empfahl, allen fremden Personen den Zutritt zum Hof, zu den Gewächshäusern und zu den Äckern zu verweigern. ›Zu spät‹, dachte Neumok. Erst gestern meldete sich bei ihm ein Mann, der sich als Vertreter für Pflanzenschutzmittel ausgab und fragte ihn aus, welche Mittel er verwendete. Natürlich hatte er ihm nicht alles gesagt, nichts von den unerlaubten Spritzmitteln, die er sich heimlich aus Südtirol besorgte. Es ist für ihn schizophren, dass italienisches Obst und Gemüse in deutschen Supermärkten angeboten wird, obwohl es mit Spritz- und Düngemitteln behaftet ist, die in Deutschland verboten sind. Es lebe die Düngemittel-Lobby! Was Neumok Sorgen bereitete war die Tatsache, dass dieser angebliche Vertreter anschließend über seine Felder ging. Er konnte mit dem Fernglas beobachten, wie dieser einen toten Bussard und

einige Fleischstücke, die am Boden lagen, in einen Plastiksack tat und mitnahm. Die präparierten Fleischstücke waren für den Fischreiher gedacht, der regelmäßig Neumoks Forellenteich leer fischte; was sich im Nachhinein aber als ungeeignet erwies.
Endlich kam der Tagesordnungspunkt ›Aussprache‹ und Christian Neumok meldete sich zu Wort.
»Vor wenigen Tagen bekam ich eine Morddrohung, und ich bin mir sicher, einige der hier Anwesenden sind an dieser Aktion beteiligt gewesen. Ihr kommt mir vor, wie die Bauern vor über einhundert Jahren, die mit Dreschflegeln auf die Eisenbahn losgingen. Der Markt verändert sich täglich, und bald könnt Ihr Euch Euer Reichenauer Gemüse und die vielen Salatsorten an den Hut stecken. Von wegen gentechfreie Landschaft. Die Zukunft gehört dem Functional Food. Das sind Lebensmittel mit gesundheitlichem Zusatznutzen. Diese Lebensmittel machen nicht nur satt, sondern versorgen den Körper mit Mineralien und Vitaminen. In den USA verkaufen sie mit viel Erfolg eine Erbsensuppe mit Johanniskraut in der Dose, die gegen Depressionen helfen soll oder der ›brain gum‹, den Kaugummi aus Sojabohnen, der die Konzentration steigert. Ein Milchgetränk, das mit Endorphinen versetzt ist, erleichtert dank diesen Glückshormonen das Arbeiten. Essen als Therapie, das ist die Zukunft, auch im Hinblick auf die immer älter werdende Gesellschaft.«
Großes Gemurmel im Saal.
Unbeirrt fuhr Neumok fort: »Genmanipulierte Kartoffeln enthalten ein Schutzeiweiß gegen Bakterien und erhöhen laut Untersuchungen den Antikörperspiegel um das Vierfache. In England produzierte Tabakpflanzen töten mittels einer daraus gewonnenen Tinktur Karies-

erreger. Aus modifizierter Zellulose wird beispielsweise ein Fruchtfleischersatz gewonnen, der wie eine Tomate aussieht, wie eine Tomate schmeckt und sich im Mund wie eine Tomate anfühlt. Mit unseren Herstellungskosten bleiben wir dann auf der Strecke. Wir müssen neue Wege gehen und unsere Insel bietet sich für den Gen-Anbau perfekt an, da der Wind den Samen ins Wasser bläst und wir keine anderen Felder gentechnisch verändern.«

»Verräter!«

»Verpiss Dich!«

»Du gehörst nicht zu uns!«

Einige der Salat- und Gemüsebauern drohten mit erhobener Faust.

Der Vorsitzende bat um Ruhe und sprach zu Neumok gewandt:

»Herr Neumok, wenn Sie schon so international informiert sind, so ist Ihnen sicher bekannt, dass in Australien gentechnisch veränderte Erbsen an Ratten getestet wurden, die dann an Lungenentzündung starben. Wir lassen uns von niemandem unser Markenzeichen ›Reichenauer Gemüse‹, das wir seit Jahrzehnten pflegen und vermarkten, kaputt machen. Wenn Sie nicht bereit sind, sich unseren Gepflogenheiten unterzuordnen, empfehle ich Ihnen den Verkauf Ihres Hofes. Setzen Sie Ihre Ideen woanders um und nicht bei uns. Wer auf unserer Insel gentechnisch verändertes Saatgut einsetzt, muss mit Konsequenzen rechnen.«

Verärgert und mit hochrotem Kopf verließ Neumok den Saal. In diesem Zustand suchte er Trost bei seiner Geliebten, die er nun seit etwa zwei Monaten regelmäßig besuchte, seit die Differenzen mit seiner Frau wegen seiner unnachgiebigen Haltung für eine moderne Landwirtschaft immer mehr zunahmen. Hier konnte er seinen Hormonstau sehr angenehm los werden, da die Dame offensichtlich ihren Spaß an gutem Sex hatte. Auch wenn Neumok den Verdacht hatte, er sei nicht der Einzige, der ihr gelegentlich einen oder mehrere Geldscheine für ihre willigen und für ihn angenehmen Streckübungen zusteckte.

Die Luft schien zum Schneiden am Frühstückstisch bei Neumoks. Hella Neumok und ihr Sohn Werner frühstückten gemeinsam in der Bauernstube. Als sich etwas später Neumok mit einem offensichtlich übernächtigten Gesicht zu den beiden gesellte, schien die Luft noch dicker zu werden.
Hella eröffnete als erste das Gespräch.
»Irgendwann werden sie Dir den Führerschein nehmen, wenn Du betrunken fährst. Ich habe auf die Uhr gesehen, es war halb fünf Uhr als Du heimkamst. Dein Gestank nach Alkohol und fremdem Weib ekelte mich, deshalb verließ ich das Schlafzimmer, als Du zu mir ins Bett kamst. Wenn Du es weiter so treibst, kannst Du Deinen Hof alleine bewirtschaften.«
Schweigend schenkte sich der Bauer aus der bereit stehenden Kanne Kaffee ein.
Sein Sohn blickte ihn verärgert an.
»Gegen Mitternacht haben sie uns die Scheiben von drei Gewächshäusern mit Steinen eingeworfen. Die Steine waren jeweils eingewickelt in Zetteln, auf denen ›Gentechfreie Landschaft‹ stand.«
Der Bauer holte sich ein Glas Wasser und löste darin eine Tablette auf.
»Ich werde dies der Polizei melden. Aufgeben kommt

nicht infrage. Erst vor zwei Tagen habe ich meine Lebensversicherung über 200.000 Euro zum 1. Juli gekündigt. Sobald der bisher eingezahlte Betrag frei zur Verfügung steht, kaufe ich gentechnisch verändertes Saatgut und beginne bei der nächsten Gelegenheit mit der Aussaat, ob es diesen Reichenauer Bauernschädeln passt oder nicht.«

»Hör doch endlich mit Deiner blöden Idee auf und lass uns eine traditionelle Landwirtschaft betreiben«, entgegnete ihm sein Sohn Werner. »Eines Tages kommen sie Dir hinter den illegalen Kauf von Spritzmitteln, dann bist Du erledigt.«

»Scheiß drauf, innovative Leute müssen sich zuerst immer den Neidern und Nörglern erwehren, bevor sie Erfolg haben. Jetzt melde ich sofort den Anschlag auf unsere Gewächshäuser.«

Er ging zum Telefon und ließ sich bei der Kripo Überlingen mit Hauptkommissar Eisele verbinden.

»Herr Hauptkommissar, ich kann Ihnen nur die nächste Sauerei melden. Heute Nacht haben diese Bauerntölpel drei meiner Gewächshäuser mit Steinen beschädigt, die mit Zetteln umwickelt waren, auf denen ›Gentechfreie Landschaft‹ stand. Was meinen Sie dazu?«

»Ein weiterer Tatbestand, den wir untersuchen müssen. Wegen der Katze wissen wir inzwischen, sie gehörte vermutlich einer Rentnerin aus Mittelzell. Wer hinter dem nächtlichen Treiben steckt, da dauern unsere Ermittlungen noch an. Im Falle Ihrer Gewächshäuser empfehle ich Ihnen eine Anzeige gegen Unbekannt. Mehr kann ich im Augenblick nicht sagen.«

»Na toll, ich bekomme eine Morddrohung, habe einen großen Sachschaden und die Kripo kann dazu nichts sagen.«

»Herr Neumok, ein bisschen Zeit sollten Sie uns schon einräumen.«
Verärgert beendete Neumok das Telefongespräch.
Auch wenn er sich heute sehr schlecht fühlte, so musste er doch zusammen mit seinem Sohn die Arbeit auf den Feldern erledigen. Außerdem sollte er dringend bei der Versicherung den Schaden an den Gewächshäusern melden. In letzter Zeit ging es ihm gesundheitlich immer schlechter. Schon mehrere Male hatte er Schwindelanfälle, konnte diese aber gegenüber seiner Frau und seinem Sohn mehr oder weniger verheimlichen. Innerhalb der letzten Woche passierte es ihm zweimal. Jedes Mal bei seiner Geliebten.
Es war mitten in der Nacht. Beim Gang zur Toilette stürzte Neumok laut auf die Fliesen des Flurs. Seine Frau, aus dem Schlaf aufgeschreckt, rief sofort den Notarzt, der zusammen mit dem Rettungsdienst nach kürzester Zeit eintraf und Neumok in das Klinikum Konstanz einlieferte. Vermutlich Schlaganfall. Unheilbarer Gehirntumor lautete Tage später die Diagnose. Tagelang durfte ihn die Familie nicht besuchen. Zu allem Unglück erschien zwei Tage nach seiner Einlieferung in der Tageszeitung noch eine Todesanzeige mit dem Namen Christian Neumok sowie dem Datum seines Geburtstages. Der Todestag war mit einem Fragezeichen versehen. Als Hinterbliebene grüßte die Geliebte von Neumok mit Namen und Adresse.
Bestürzt lasen die Ehefrau und der Sohn die Zeitung.
»Jetzt ist seine Liebschaft auch noch öffentlich bekannt. Wenn er stirbt, verlieren wir meinen Mann und Deinen Vater und vermutlich auch unsere Existenz.«
Sorgenvoll blickte Hella Neumok zu ihrem Sohn Werner hin.

»So makaber es klingt, wenn er noch vor dem 1. Juli stirbt, kämen wir mit der Prämie seiner Lebensversicherung über die Runden. Sein Gehirntumor wächst anscheinend sehr schnell. Der Arzt gibt ihm noch ein paar Tage oder höchstens einen Monat. Es kann auch länger dauern. Gesund wird mein Mann nicht mehr, doch wenn er länger als bis zum 30. Juni lebt, verlieren wir auch noch das Geld. Zu dumm, dass er die Lebensversicherung gekündigt hat.«
»Für mich wird es besonders schwer. Wenn wir den Hof nicht halten können, weiß ich nicht, bei wem ich mit meiner landwirtschaftlichen Ausbildung unterkommen kann.«
»Meinst Du für mich ist es besser. In meinem Alter nimmt niemand mehr eine medizinisch technische Angestellte. Die nehmen lieber junge Mitarbeiter, die kosten weniger. Am besten hat es Deine Schwester, die hat wenigstens eine sichere Anstellung.«

Neumok, der inzwischen von der Intensivstation in die Innere Abteilung des Klinikums Konstanz verlegt wurde, starrte an die Decke des weißgetünchten Krankenzimmers. Der Arzt eröffnete ihm gestern die Wahrheit über seinen Gesundheitszustand. Tage oder wenige Wochen hätte er noch zu leben. Warum hatte man ihn dann gerettet? Sein Leben war ihm so was von egal geworden. Seine Visionen einer zukunftsorientierten Landwirtschaft boykottieren die Gemüsebauern, sogar sein Sohn stellte sich neuerdings gegen einen gentechnisch manipulierten Anbau. Die Beziehung zu seiner Frau war mehr als gestört und nun noch die tödliche Krankheit. Sterben, ja sterben, aber möglichst schnell, das war sein sehnlichster Wunsch. Seine Schmerzen konnten die starken

Medikamente kaum noch eindämmen. Damit nicht genug, auch die Besuche vertieften eher seine Depressionen. Eine Abordnung der Genossenschaft von der Insel Reichenau machte seine Aufwartung und beteuerte ihre Unschuld in Bezug auf die getürkte Todesanzeige der Geliebten. Seine Tochter Sabine erzählte ihm begeistert von ihrer Arbeit in der Forschungsstation auf der Halbinsel Mettnau[88]. Und er, er konnte seinen landwirtschaftlichen Lebenstraum begraben. Seine Familie hatte er gestern gebeten, nein angefleht, ihn zu töten. Seine Geliebte, die ihn noch am späten Abend besuchte, lehnte seine Tötung ebenfalls ab. Ein Krankenhauspersonal oder mitleidige Ärzte, die angeblich in extremen Fällen aktive Sterbehilfe leisten, waren wohl eher der Wunsch von vielen todkranken Patienten als Realität.

Tagelang lag er nun schon im Krankenzimmer und sein Zustand verschlechterte sich rapide. Am Sonntag war der Besucherverkehr wieder besonders intensiv. Ein Nachbar, ein ehemaliger Kollege aus der Pharmafirma, seine Frau und der Sohn lösten sich am Krankenbett ab. Gegen Abend öffnete sich die Tür zu seinem Krankenzimmer nochmals, das nur mit ihm belegt war, und seine Geliebte trat ein. Neumok wälzte sich stöhnend im Bett. Sofort erkannte die Geliebte den akut schlechten Zustand des Patienten und drückte die Klingel für Notfälle. Trotz des am Wochenende eingeschränkten Ärztedienstes retteten die Mediziner das Leben des Todkranken. Diesen plötzlichen Abfall der Stabilität konnten sie sich nicht erklären, deshalb ordneten sie eine Untersuchung der Infusion an, obwohl die Dienst habende Schwester beteuerte, Neumok bekomme seit Tagen immer die gleichen Infusionen, die er gut vertragen hatte.

Das Krankenhauslabor, das die Flasche am Montag analysierte, stellte eine eigenartige Färbung der Infusion fest und leitete davon eine Probe direkt an das kriminaltechnische Labor weiter.

Tage sind seit dem verhängnisvollen Vorfall vergangen. Wieder starrte Christian Neumok gegen die weiß getünchte Decke des Krankenzimmers. Warum hatte man ihn nochmals gerettet, wo er doch zum Sterben verurteilt war?
An der Türe klopfte es. Seine Frau trat ins Zimmer.
»Nimm mich mit! Ich will zuhause sterben.«
Neumok konnte diese Worte nur mühsam und krächzend von sich geben. Der Tumor in seinem Kopf breitete sich Tag für Tag mehr aus und hatte nun offensichtlich auch seinen Hals erreicht. Auf einem Auge war er bereits blind.
»Wie stellst Du Dir das vor? Ohne Dich kommen wir mit der Arbeit auf dem Hof kaum über die Runden. Wer soll Dich pflegen?«
»Bitte!«
Da sich Hella Neumok ausrechnen konnte, dass es mit ihrem Mann innerhalb der nächsten Tage oder Wochen zu Ende gehen wird, willigte sie ein. Irgendwie hatte sie das Gefühl, diesen allerletzten Wunsch ihres Mannes nicht ablehnen zu können.

Die nächsten Tage auf dem Hof von Neumoks waren der reinste Horror. Hella Neumok und ihr Sohn Werner schufteten wie die Berserker. Zu den Arbeiten auf den Feldern und in den Gewächshäusern kam zusätzlich die Belastung mit dem Tumorkranken. Auch wenn stundenweise eine Hilfskraft der Caritas kam, zerrte doch die ständige Betreuung an ihren Nerven. Diese Belastung rund um die Uhr ging fast über ihre Kraft und die Hoffnung, Christian würde bald sterben, erfüllte sich von einem Tag auf den anderen nicht. Die Versicherung hatte den Schaden an den eingeworfenen Gewächshäusern endlich aufgenommen. Nun konnte die Reparatur stattfinden und wieder neu angepflanzt werden.

Todmüde saßen Mutter und Sohn beim Abendessen zusammen.

»Hoffentlich stirbt Christian noch vor dem 1. Juli. Es ist wegen der Lebensversicherungs-Prämie.«

»Was ergaben eigentlich die Recherchen der Kriminalpolizei wegen dem nächtlichen Treiben, wegen der Verwüstung der Gewächshäuser und wegen der Todesanzeige seiner Geliebten?«

»Werner, diese Beamten finden doch überhaupt nichts. Die kannst Du vergessen. Dass die Geliebte dem Todkranken das Leben gerettet hat, finde ich als besonderen Witz. Uns bleibt doch nichts erspart.«

»Das mit dem 1. Juli wird knapp. Heute ist bereits der 28. Juni. Gib ihm noch die Morphiumspritze, damit er mit erträglichen Schmerzen schlafen kann. Ich bin auch hundemüde. Du solltest dann auch schlafen gehen, denn Du bist am Ende Deiner Kräfte und wenn Du auch noch ausfällst, können wir die nächste Ernte vergessen.«

»Hilfst Du mir noch? Den Kranken müssen wir heute unbedingt noch baden. Wegen seiner Inkontinenz riecht schon das ganze Schlafzimmer.«

Aufgeregt ließ sich Hella Neumok am nächsten Morgen mit Hauptkommissar Eisele verbinden.

»Kommen Sie schnell, mein Mann hängt tot am Querbalken im Gewächshaus, das direkt neben dem Hof ist. Kommen Sie! Es ist furchtbar!«

Innerhalb der nächsten halben Stunde trafen Eisele und sein Assistent Hodapp bei Neumoks in Niederzell auf der Insel Reichenau ein. Christian Neumok hing inmitten des Gewächshauses mit einem Strick um den Hals. Sein toter Körper drehte sich bei jedem Luftzug. Auf seinem Mund klebte ein Streifen mit der Aufschrift ›Reichenauer Gemüse‹. Auf diesem Werbestreifen, der normalerweise an den Salat- und Obstkisten befestigt ist, hatte jemand mit einem Filzstift in Druckbuchstuben ›Gentechfreie Landschaft‹ aufgemalt.

Eisele wandte sich an seinen Assistenten Hodapp.

»Rufen Sie den Erkennungsdienst, denn hier handelt es sich meiner Meinung nach eindeutig um Mord.«

Dass er dabei aufgrund des Vorfalles im Krankenhaus die Ehefrau und den Sohn verdächtigte, verschwieg er wohlweislich. Als sich dann Tage später noch der Versicherungsagent bei ihm meldete, der ihm von den 200.000 Euro Prämie aus der Lebensversicherung erzählte, erhärtete sich sein Verdacht noch mehr. Aber wie den Beweis erbringen? Gefühle gelten vor Gericht nicht. Bei dem offensichtlichen Anschlag im Krankenhaus hatten verschiedene Personen die Möglichkeit, die Infusion zu manipulieren. Das Labor stellte eine geringe Menge des Pestizids Carbofuran fest, das in Deutschland verboten ist. In Südeuropa wird dieses Pestizid zur Schadvogelbekämpfung eingesetzt. Dieses Gift ist normalerweise in Deutschland nicht erhältlich, doch könnten die Bauern der Insel über dubiose Spritzmittelhändler Zugriff zu diesem hochgiftigen Pestizid haben. In einigen Ländern gibt es dieses Gift gegen Namensnachweis ohne große Formalitäten in den landwirtschaftlichen Lagerhäusern zu kaufen.

Bei einer Hausdurchsuchung auf dem Hof konnte kein Carbofuran gefunden werden. Weder auf dem Strick noch auf der Werbebanderole gab es Fingerabdrücke. Offensichtlich arbeitete der oder die Täter mit Gummihandschuhen.
»Übrigens, unsere Ermittlungen ergaben, das nächtliche Spektakel, bei dem Ihnen die gekreuzigte Katze an die Haustüre genagelt wurde und die fingierte Todesanzeige kamen von Mitgliedern der Reichenauer Jungbauern AG, die sich demnächst dafür verantworten müssen. Und wer den Mord verübte, das werden wir auch noch aufklären.«

Das Amtsgericht Konstanz meldete den Eingang einer Klage von einem Pflanzenschutzmittelkonzern. Der Beauftragte der Firma kaufte anscheinend bei allen landwirtschaftlichen Betrieben der Insel Reichenau Produkte, die dann das Konzernlabor auf illegale Spritz- und Düngemittel überprüfte. Als einzig auffälliger Betrieb kristallisierte sich der Neumok-Hof heraus. Jetzt war alles klar, denn die Ermittlungen der Polizei ergaben, Neumok starb nicht durch Erhängen, sondern durch ein Pflanzengift.
Nach stundenlangem Kreuzverhör gestand Hella Neumok endlich den Mord aufgrund der drückenden Beweislast. Sie habe ihrem todkranken Mann die Schmerzen ersparen wollen und im Krankenhaus die Infusionsflasche manipuliert. Leider vereitelte die Geliebte durch ihren späten Besuch das Vorhaben. Nachdem sie ihren Mann zuhause aufgenommen hatte, folgten Tage, die über ihre Kräfte gingen. Gestresst und übermüdet ließ sie das Badewasser für ihren Mann ein. Dabei kam ihr der Gedanke, ihn mit Carbufuran als Badezusatz zu tö-

ten. Dieses Pestizid wird auch über die Haut aufgenommen und wirkt schon bei geringer Dosierung tödlich.
»Mein Mann wollte doch sterben. Dazu kam noch der Termin wegen der Lebensversicherung. Um den Mord zu vertuschen, hingen wir, ich und mein Sohn, den Toten ins Gewächshaus. Die Banderole mit der Aufschrift ›Gentechfreie Landschaft‹ sollte die Kriminalpolizei auf eine falsche Fährte locken. Den Kanister mit dem Pestizid versenkten wir noch in der Nacht im Bodensee.«
»Um Gotteswillen, Frau Neumok! Wenn das Zeugs in den See läuft, löst dies eine kleine Umweltkatastrophe aus. Bitte zeigen Sie uns sofort die Stelle, damit unsere Taucher den Kanister bergen können. Außerdem nehme ich Sie jetzt wegen des dringenden Verdachtes fest, Ihren Mann ermordet zu haben. Ihr Sohn wird sich wegen Beihilfe zum Mord und wegen versuchter Täuschung einer Straftat verantworten müssen. Noch ein Tipp von mir, sorgen Sie für einen Nachfolger Ihres Hofes, der mit erlaubten Pflanzenschutzmitteln arbeitet und dafür sorgt, dass die Insel Reichenau wirklich eine gentechfreie Landschaft bleibt.«
Mit diesen Worten verhaftete Eisele die Ehefrau und den Sohn von Christian Neumok.

Die Gemüsebauern auf der Insel atmeten auf. Die Qualität der Marke »Reichenauer Gemüse« war zu einhundert Prozent gesichert.

Kampf auf dem Friedhof

Heute starb Peter Denkinger im Alter von 62 Jahren. Prostatakrebs diagnostizierte der Urologe vor über einem Jahr. Damit begann sein Leidensweg: Totaloperation der Prostata mit anschließendem Kuraufenthalt sowie Bestrahlungen und eine über Wochen verteilte Chemotherapie. Trotz vieler Bemühungen der Ärzte siegte am Ende der Tod. Sein Tod war genau genommen eine Folge seiner Sparsamkeit. Die jährlichen Untersuchungen durch seinen Hausarzt nahm er als kostenlose Leistung seiner Krankenkasse immer in Anspruch. Als dann sein Arzt noch extra eine Gebühr zur Feststellung seines PSA-Wertes wollte, verweigerte er die Untersuchung zur Früherkennung des Prostata-Krebses. Er hatte kein Verständnis dafür, warum Frauen ihre Brust- und Gebärmutter-Krebsvorsorge kostenlos erhalten, während Männer für ihre Vorsorge zahlen müssen. Hätte er gezahlt, würde er heute noch leben. Aufopferungsvoll pflegte ihn seine um fünf Jahre jüngere Ehefrau Christine bis zu seinem Tod. Ihre über dreißigjährige Ehe basierte trotz einiger bei Ehepaaren üblichen Auseinandersetzungen auf gegenseitigem Vertrauen. Aus Liebe zum Bodensee wechselte er seinen Beruf und arbeitete als Vermögensberater bei einer Bank in Radolfzell[76]. Kinder wollten sie keine, dafür genossen sie ihr Leben mit Fernreisen, teuren Autos und Designerklamotten. Besonders gerne besuchten sie die ausgezeichneten kulturellen Veranstaltungen am Bodensee, wobei ihre besondere Vorliebe den Kleinkunstbühnen[94] wie dem Milchwerk Radolfzell, dem Kulturzentrum GEMS und dem Theater »Die Färbe« in Singen, dem Theaterstadel in Markdorf, sowie dem Bahnhof in Friedrichshafen-Fischbach galt.

Mit dem Erreichen des 60. Lebensjahres ging Denkinger vorzeitig in Rente. Seine Frau arbeitete weiter als Bürokauffrau. Langeweile kannte er keine. Er lernte Kochen, versorgte den Haushalt, las viele Bücher, doch seine große Liebe, neben seiner Ehefrau, fand er im intensiven Beobachten von Wasservögeln. Ob Kormorane, Fischreiher, Schwäne, Haubentaucher, Blässhühner oder die Vielfalt der Enten, die ständig am Bodensee leben oder hier überwintern, sein Interesse erstreckte sich auf alles, was sich auf und über dem See bewegte. Seine Ausflüge in das Naturschutzgebiet von Radolfzell an die Spitze der Halbinsel Mettnau[88] zählten zu seinen geliebten Highlights. Ehrenamtlich übernahm er, so oft es ihm seine Zeit erlaubte, beim Bund für Umwelt und Naturschutz naturkundliche Führungen. Auf einer dieser Exkursionen lernte er Maria Siegler kennen, die seine Liebe zu den Wasservögeln teilte. Bei dieser mit einer kräftigen Figur ausgestatteten Dame spürte er sofort eine Art Seelenverwandtschaft. Ihren Mann verlor Maria Siegler schon vor zehn Jahren durch einen Autounfall. Manchmal bildete er sich ein, die Witwe wollte mehr als nur seine Bekanntschaft, die sich infolge gemeinsamer Ausflüge immer intensiver gestaltete. Immer öfters lud sie ihn zur Kaffeestunde in ihre Wohnung ein. Gemeinsam blätterten sie dann in Nachschlagewerken zu Flora und Fauna. Diese boten eine wahre Fundgrube für ihre gemeinsamen Forschungen. Einmal näherte sie sich ihm sehr offenherzig mit ihrem üppigen Busen; das sonst zu einem Knoten gebundene glatte schwarze Haar offen über die Schultern getragen und die Augen und den Mund entgegen ihrer sonstigen Gewohnheit stark geschminkt. Mit Geschick und einer erfundenen Ausrede, er hätte einen Arzttermin, konnte er diesen weiblichen Angriff erfolgreich abwehren. Bei den nächsten Treffen unterblieben derartige Attacken, doch unterschwellig blieb ihm das Liebesverlangen von Maria Siegler nicht verborgen. Er schätzte die Dame, die meist in Kleidern aus Dritte-Welt-Läden einher ging, als Kumpel. Seine Frau verkörperte genau das Gegenteil seiner Bekannten. Schlank, drahtig, kurze blonde, leicht gelockte Haare und modisch gekleidet entsprach sie doch mehr seinem Idealbild. Als ihn seine Frau auf dem Sterbebett fragte, ob er innerhalb der über dreißigjährigen Ehe fremd gegangen sei, konnte er dies mit gutem Gewissen verneinen. Die Bekanntschaft mit Maria Siegler erwähnte er nicht, zumal sich diese bisher rein platonisch gestaltete.

Auch Hauptkommissar Karle Eisele nahm zusammen mit etwa einhundert Trauergästen an der Beerdigung von Peter Denkinger teil. Für die Mitglieder vom »Club kochender Männer« war es Ehrensache, dem Clubmitglied Denkinger das letzte Geleit zu geben. Der Termin kam Eisele sehr gelegen, konnte er doch auf dem Waldfriedhof von Radolfzell das Grab seiner Eltern in Ordnung bringen. Unter den Trauergästen bemerkte Eisele eine etwa sechzigjährige Dame, der wohl der Tod des Verstorbenen besonders ans Herz ging. Ihr weithin hörbares Schluchzen übertönte manchmal sogar die Gebete des Geistlichen. Unter vielen Tränen überstand auch die Ehefrau Christine Denkinger die Beerdigung. Trotz ihrer Trauer bemerkte sie die Schluchzende, die zum Schluss der Beerdigung eine Rose ins Grab warf, aber auf eine Kondolenzbezeugung im Gegensatz zu den anderen Trauergästen, verzichtete. Erst Tage nach der Beerdigung wurde ihr bewusst, welcher Verlust für sie der Tod ihres

Mannes bedeutete. Besonders die Einsamkeit, die sie umfing, wenn sie vom Büro nach Hause kam, machte ihr zu schaffen. Es fehlten das gemeinsame allabendliche Fernsehen, die kurzen oft unabsichtlichen Berührungen in ihrer engen Küche beim Zubereiten der Mahlzeiten, die Anwesenheit eines lieben Menschen in der Wohnung und die gemeinsamen Wanderungen an den Wochenenden. Selbständig musste sie werden, die Bankgeschäfte selbst erledigen, Entscheidungen alleine treffen. Ihre seit Jahren vernachlässigte Fahrpraxis aktualisierte sie mit einigen Fahrstunden. Zwar ließ sich der außerhalb der Stadt gelegene Friedhof gut mit dem Bus erreichen, doch mit dem eigenen Auto verkürzte sich die An- und Abfahrt enorm.

Fast täglich fuhr sie zum Friedhof für ein stummes Gespräch mit ihrem verstorbenen Mann. Liebevoll pflegte sie das Grab. Sicher fühlte sich ihr Mann auch auf dem Friedhof von ihr umsorgt. Eines störte sie, jede Woche lag eine rote Rose auf dem Grab. Was sollte das bedeuten? Wer könnte es gewesen sein? Ihr Erinnerungsvermögen fand keine Zuordnung oder Antwort auf diese Frage. Des Rätsels Lösung fand sich am nächsten Samstag. Schon von weitem sah Christine Denkinger eine füllige Gestalt am Grab ihres Mannes stehen, die sich gerade bückte, um etwas auf das Grab zu legen. Schnell näherte sie sich der Grabstätte und siehe da, sie hatte die Frau quasi in flagranti erwischt.
»Was tun Sie da?«
»Ich lege diese Rose auf das Grab.«
»Und warum?«
Eine Antwort blieb aus.
»Kannten Sie meinen Mann?«

Die Dame zuckte mit den Schultern und ging in Richtung Parkplatz. Christine Denkinger schaute ihr nach und sah, wie die Frau auf ein Fahrrad stieg und los radelte. Tagelang beschäftigte sich Christine Denkinger mit der Identität dieser Frau. Nach so einer langen Ehe kannte sie alle privaten Kontakte ihres Mannes oder zumindest nahm sie das an. Bei rein beruflichen Kontakten schien es ihr eher unwahrscheinlich, Woche für Woche eine rote Rose auf das Grab zu legen. Vermutlich steckte mehr dahinter. Sie nahm sich vor, der Sache nachzugehen.

Die nächste Begegnung der beiden Frauen schien unausweichlich. Im Münster Unserer Lieben Frau von Radolfzell[76] fand eine Abendandacht für den Verstorbenen statt. Auf dem Weg zur Kirchenbank, die sie mit Blick auf den geschnitzten Rosenkranzaltar wählte, bemerkte Christine Denkinger halbverdeckt hinter einem der gotischen Pfeiler die schwarz gekleidete Frau, die auf der Beerdigung so laut geschluchzt hatte und vermutlich jetzt wöchentlich eine Rose auf das Grab legte. Während der Andacht beschäftigte sie sich in Gedanken mehr mit der Unbekannten als mit dem Gebet. Wer war sie? Woher kannte mein Mann diese Frau? Immer ging ihr Blick verstohlen nach hinten. Sie nahm sich vor, nach der Andacht mit der Dame zu sprechen. Doch als sie aus dem Kirchenportal trat, verschwand die Frau eilig in Richtung Schützenstraße. Sie heftete sich auf Deckung achtend an die Davoneilende. Schon nach wenigen Straßen verschwand diese in einem Zweifamilienhaus. Schnell eilte sie zum Haus und horchte an der Haustüre. Ganz eindeutig stieg die Dame auf der Treppe nach oben. Anhand der Klingelschilder konnte dies nur Maria Siegler sein. Auf dem unteren Schild stand der Name eines Ehepaares, und dieses Schild gehörte vermutlich zur Parterrewohnung. Also konnte es nur das obere Schild sein. Zuhause angekommen schlug sie das Telefonbuch auf. Und siehe da, der Name passte zur Adresse. Leider fehlte eine Berufsbezeichnung. Den Namen Siegler hatte ihr Mann, so weit sie sich erinnern konnte, ihr gegenüber nie erwähnt. Hier war sie sich absolut sicher.

Am schlimmsten empfand Christine Denkinger die Wochenenden. In ihrer Wohnung erinnerte sie jedes Detail an den Verstorbenen. Ihr fehlten die gemeinsamen Unternehmungen. In Erinnerung an ihren Mann unternahm sie am Samstagmorgen aufgrund des schönen Wetters eine Wanderung von Ludwigshafen[28] nach Bodman[27], die sie jedes Jahr mehrmals unternommen hatten. In Ludwigshafen angekommen, parkte sie ihr Auto und ging den Weg der Bahnlinie entlang, vorbei am Campingplatz in Richtung Bodman. Es war die Zeit der Irisblüte, und sie erfreute sich an den tausenden Blumen, die auf den Wiesen blühten. Zielsicher steuerte Christine Denkinger in dem schönen Naturschutzgebiet mit einem ausdehnten Schilfgürtel die direkt am Ufer errichtete Aussichtsplattform[95] an, die zur Beobachtung von Seevögeln besonders geeignet ist. Hier saß sie mit ihrem Mann manche Stunde. An der Treppe stoppte sie ihren Schritt. Saß da nicht diese korpulente Frau, die sie am Grab ihres Mannes traf? Aufgeregt näherte sie sich der Dame.

»Was tun Sie hier?«

»Ich genieße den Blick und beobachte Blässhühner, die kopfüber in den See abtauchen. Ist das verboten?«

Christine Denkinger setzte sich auf die Bank, doch bevor sie ein Gespräch beginnen konnte, erhob sich die Dame und verließ die Aussichtsplattform.

»Sie wird doch nicht mit meinem Mann …!« Christine verbot sich weiter zu denken. In Gedanken an den Verstorbenen versunken setzte sie ihre Wanderung auf dem schmalen Weg durch das Schilf nach Bodman fort.

Als sie am Nachmittag ihrem Mann einen Besuch abstattete, lag wieder eine frische Rose auf dem Grab. Wütend nahm sie die Blume und wollte sie wie immer in den Container für verrottbare Abfälle werfen. Doch reifte in ihr auf dem Weg dorthin ein Plan. Zuhause in ihrer Küche zerschnitt sie mit einer Gartenschere den Rosenstil in kleine Stücke. Es kam ihr vor, als zerkleinere sie ihre Rivalin in handliche Scheiben und eine gewisse Mordlust stieg in ihr hoch. Blut floss, doch es war ihr eigenes. Ein Dorn steckte in ihrem rechten Daumen. Bei der Blüte angekommen, kam ihr ein Spiel in Erinnerung. Als kleine Mädchen zupften sie Blütenblättchen von Gänseblümchen: Er liebt mich, er liebt mich nicht, er liebt … Die Blütenblätter der Rosen fielen eins ums andere auf den Küchentisch. Aufatmen, das letzte Blatt endete mit dem Spruch: Er liebt mich. Doch da waren wieder die Zweifel in ihr. Galt dieses »Er liebt mich« für mich oder für die andere. Schnell packte sie die Blütenblätter und die kleinen Stücke des Rosenstils in eine Versandtasche mit der vorher versehenen Aufschrift: Zurück an den Absender. Ihr seelischer Zustand verbesserte sich erst, als sie das Kuvert in den Briefkasten von Maria Siegler geworfen hatte.

War es Zufall oder Schicksal? Bereits am Sonntag traf sie die Dame schon wieder. Ihr Mann liebte den abgelegenen Mindelsee[96], der etwa zwei Kilometer nordwestlich von Markelfingen[88] liegt. Das konnte kein Zufall sein. Offensichtlich kannte diese Frau die Lieblingsplätze ihres Mannes auch und suchte wie sie diese Erinnerungsstätten auf.

»Sie schon wieder?«

»Ja, ich! Wollen Sie mir Vorschriften erteilen, wie ich meine Wanderwege wähle?«

»Das nicht, aber wenn Sie noch einmal eine Rose auf das Grab meines Mannes legen gibt es Ärger.«

»Auch das lasse ich mir von Ihnen nicht verbieten!«

Zornig stieg die Frau auf ihr Fahrrad und trat in die Pedale, um von der aufgebrachten Ehefrau weg zu kommen. Was es doch für Zufälle gibt. Seit dem Tode ihres Mannes suchte sie psychologische Unterstützung bei den Schwestern vom Kloster Hegne[97] bei Allensbach. Die Exerzitien mit den Vorträgen und die Gebete waren Balsam für ihre Seele. Auf dem Weg zum Grab der selig gesprochenen Schwester Ulrika erkannte sie schon von weitem inmitten einer Besuchergruppe wieder diese Frau. Unauffällig änderte sie schnell ihren Weg und ging zurück auf ihr Zimmer im Kloster. Im Gästezimmer des Klosters kniete sie vor dem an der Wand hängenden Kruzifix nieder und bat Gott in einem Gebet inbrünstig, ihr weitere Begegnungen mit dieser Frau zu ersparen.

Morgens der erste Gedanke und abends vor dem Schlafen der letzte. Unaufhörlich dachte Christine Denkinger an die Frau. Welche Verbindung gab es zu ihrem Mann? Eines war klar, jeden Samstagvormittag legte diese Frau eine Rose auf das Grab ihres Mannes. Vermutlich kaufte sie diese Blume auf dem Wochenmarkt. Wie ein Detektiv bezog Christine Denkinger am nächsten Samstag Stellung in der Nähe des Blumenstandes auf dem Wochenmarkt von Radolfzell. Unauffällig beobachtete sie die

Käufer. Tatsächlich, gegen neun Uhr kam die Nebenbuhlerin und kaufte eine Rose. Nun hieß es handeln. Flugs eilte sie zu ihrem Auto und fuhr zum Waldfriedhof. Unterwegs überholte sie eine Radfahrerin. Das könnte die verhasste Rosenspenderin gewesen sein. Sie traf als erste am Grab ihres Mannes ein. Nicht zu früh, denn schon näherte sich die vermeintliche Grabschänderin mit der Blume in der Hand. Mit ausgebreiteten Armen empfing die Ehefrau die Blumenspenderin.

»Heute und auch in Zukunft will mein Mann keine Rosen mehr!«

»Das haben Sie nicht zu bestimmen.«

»Und ob, ich lasse hier niemanden durch!«

»Das wollen wir doch sehen!« Trotz ihrer Fülle schien die Frau sehr behände und stieß Christine Denkinger zur Seite. Während diese sich gerade noch an einem Grabstein halten konnte, warf die Nebenbuhlerin die Rose mit einem Schwung auf das Grab. Sinnigerweise landete die Blume in der Gegend, wo in etwa der Unterleib von Peter Denkinger lag. Sie machte auf dem Absatz kehrt und lief keuchend in Richtung Ausgang zu ihrem Fahrrad. »Hexe« rief Christine Denkinger ihr noch hinterher. Vielleicht sollte sich diese Hexe einen Besen kaufen, dann könnte sie schneller verschwinden. Aber vermutlich gab es für derart korpulente Hexen keine flugtauglichen Besen. Die Hexendarstellungen, die sie kannte, zeigten immer dürre Hexen.

Wie immer am Wochenende machte Christine Denkinger eine kleine Wanderung. In Gedanken an ihren Mann wanderte sie am Sonntag durch die ausgedehnten Parkanlagen der Halbinsel Mettnau[88], weidete sich am Anblick des Scheffelschlösschens und ging dann ins Naturschutzgebiet, das sich am Ende der Halbinsel befindet. Bevor man nur noch auf Fußwegen die Spitze der Halbinsel erreicht, registrierte ihr Unterbewusstsein ein altes Fahrrad, das auf dem Parkplatz abgestellt war. Bevor sie das Ufer erreichte, lichtete sich das Schilf und ihr Blick konnte ungehindert auf den See hinaus schweifen bis zur Insel Reichenau[89] und, was für ihren Mann wichtig war, auf die Vogelwelt. Doch kaum zu glauben, auf dem Lieblingsplatz ihres Mannes saß diese dicke Hexe. Woher kannte sie diesen Platz? Ungesehen, so glaubte sich wenigstens Christine Denkinger, marschierte sie zurück bis zum Parkplatz. Dieses alte Fahrrad gehörte sicher dieser schwarzhaarigen Hexe. Da niemand in der Nähe war, öffnete sie das Ventil und ließ aus dem Hinterrad die Luft entweichen. Die Fahrradpumpe warf sie in hohem Bogen in ein Gebüsch. So, nun konnte die Hexe mehrere Kilometer ihr Fahrrad zu Fuß nach Radolfzell schieben. Erstmals seit dem Tode ihres Mannes spürte sie eine Art von Hochstimmung. Das musste sie feiern. Sie steuerte das nächste Café an und bestellte sich einen großen Eisbecher und einen Espresso dazu.

Hauptkommissar Eisele besuchte, wenn es irgendwie ging, wöchentlich das Grab seiner Eltern. Am diesem Samstag fuhr er zusammen mit seiner Frau zum Waldfriedhof nach Radolfzell, um das Grab zu pflegen. Schon nach wenigen Minuten unterbrach ein lautes Gekreische die ansonsten vorherrschende Friedhofsstille. Einige Grabreihen weiter prügelten sich zwei Frauen und zogen sich gegenseitig an den Haaren.
»Aber meine Damen«, mischte sich Eisele in den Streit ein. »Benimmt man sich so auf dem Friedhof?«
Unvermittelt ließen die beiden Kontrahentinnen von ein-

ander ab und entfernten sich in unterschiedliche Richtungen.

Als der Kommissar mit seiner Frau etwas später zum Parkplatz kam, stand eine der beiden Frauen weinend bei ihrem Auto.

»Schauen Sie! Diese Hexe hat mir die Luft aus den beiden Hinterreifen meines Autos gelassen.«

Wie Eisele ohne große Untersuchung feststellen konnte, steckten zwei Asthölzchen in den Ventilen. Eisele rief den Pannendienst an, damit dieser das Auto der Frau wieder fahrbereit machte. Dieser versicherte, sobald er die Panne eines anderen Autofahrers behoben hätte, der an der Autobahnraststätte Hegau stand, käme er sofort. Gut eine halbe Stunde könnte dies wohl noch dauern. Christine Denkinger wollte die Wartezeit nutzen, um nochmals in aller Ruhe am Grab stille Zwiesprache mit ihrem Mann zu halten. Welch eine Überraschung! Schon von weitem sah sie die Hexe, wie diese auf der Einfassung des Grabes kniete, um die von der Ehefrau hingelegten Blumen zu entfernen und die eigene, im Kampf verlorene Rose, zu platzieren. Wutentbrannt stürzte sie sich auf die Frau, gab ihr einen kräftigen Tritt in den Allerwertesten. Überrascht durch den unvermuteten Tritt stürzte Maria Siegler bäuchlings auf das Grab. Wie ein Käfer, der auf dem Rücken liegt, so ruderte Maria Siegler, allerdings auf dem Bauch liegend, mit ihren Händen und Füßen.

»Nun ist aber Schluss mit Ihren Grabbesuchen bei meinem Mann, sonst drehe ich Ihnen den Hals um!«

Mühselig krabbelte Maria Siegler vom Grab herunter. Ihre Vorderseite war voller Graberde, die rote Rose hing wie eine Verzierung am Wollkleid und ihre Hände waren mit Dornen gespickt. Wie ein geprügelter Hund entfernte

sie sich vom Grab ihrer heimlichen Liebe, doch nach kurzer Distanz drehte sie sich um und rief:
»Das wird noch ein schlimmes Nachspiel geben.«
Christine Denkinger brachte das beschädigte Grab in Ordnung. Auf die Frage an ihren Mann, was ihn mit dieser Frau verband, gab der Tote erwartungsgemäß keine Antwort. Inzwischen hatte der Pannenhelfer wieder Luft in die Reifen gepumpt und nach Begleichung der Rechnung konnte sie nach Hause fahren.

Hauptkommissar Eisele und sein Assistent Inspektor Hodapp arbeiteten wegen der vielen Kriminalfälle auch am Samstag in ihrem Büro in der Überlinger Innenstadt. Draußen regnete es schon seit Stunden. Ein Raubüberfall in einem Supermarkt stand kurz vor der Aufklärung. Eisele arbeitete gern samstags, denn hier war man meist ungestört. Keine Besucher, keine Telefonanrufe. Aber es gab Tage, und dazu zählte er diesen Samstag, da galt dies nicht. Schon mehrere Anrufe störten ihre Recherchen. Nun noch dieser Anruf, der vom Polizeirevier Radolfzell aufgrund der Wochenendbereitschaft an sie weitergeleitet wurde. Ein Anrufer rief aufgeregt die Nummer 110 an und meldete einen Kampf von zwei Frauen auf dem Radolfzeller Friedhof. Er konnte von weitem beobachten, wie eine Frau umfiel und die andere flüchtete. Die Polizeistreife fand bei der Überprüfung des Falles eine Tote. Eisele und Hodapp fuhren so schnell es der Verkehr erlaubte zum Waldfriedhof nach Radolfzell. Vom Parkplatz weg führte sie ein Polizist zum Grab von Peter Denkinger. Unterwegs informierte sie der Beamte über den Fund einer zweiten Toten nur drei Grabreihen weiter. Am Grab angekommen sahen die Beamten eine Frau mittleren Alters, die offensichtlich, soweit es die beiden Beamten auf den ersten Blick feststellen konnten, mit dem Kopf auf eine Grabeinfassung gestürzt war und sich vermutlich dabei das Genick gebrochen hat. Bei der anderen, etwas älteren Frau, erkannten die Beamten außer einer ramponierten Kleidung keine Fremdeinwirkung. Im Polizeiwagen auf dem Parkplatz erwartete sie der Augenzeuge.

»Das hätten Sie sehen sollen. Wie zwei Furien standen sich die beiden Frauen gegenüber. Mit ihren Stockschirmen fochten sie wie richtige Degenfechter. Sie stachen sich gegenseitig mit den Schirmspitzen in den Oberkörper, begleitet oft von lauten Schmerzensschreien. Plötzlich rutschte eine Frau aus und stürzte. Ab sofort herrschte Ruhe. Die andere, etwas korpulente Frau, bückte sich kurz und rannte davon. Man sollte als Zeuge bei derartigen Vorfällen nicht wegschauen, deshalb rannte ich zum Parkplatz. Mein Mobiltelefon lag im Auto und ich sah es als meine Bürgerpflicht an, diesen Vorfall der Polizei zu melden, die dann auch gleich eintraf.«

»Das war richtig!« Inspektor Hodapp nahm die Personalien des Zeugen auf, und Eisele informierte die Kollegen von der Spurensicherung.

Für die Gerichtsmedizin bestand keine Zweifel. Die inzwischen identifizierte Christine Denkinger starb an einem Genickbruch. Maria Siegler erlitt in Folge einer Stresssituation einen Herzschlag, der unmittelbar zum Tode führte. Beide Frauen wiesen einige Verletzungen am Oberkörper auf, deren Ursache von den Einstichen und den Schlägen mit den Stockschirmen herrührte.

»Chef, hier liegt weder Mord noch Totschlag vor. Als Schiedsrichter würde ich den Kampf mit Unentschieden bewerten. Als Staatsanwalt plädiere ich auf Unfall mit Todesfolge.«

»Hodapp, versuchen Sie sich nicht als Richter. Bleiben sie lieber bei der Kriminalpolizei, die sich nur an die Fakten zu halten hat. Im übrigen ging der Streit der Frauen wohl schon länger. Ich selbst wurde vor Wochen Zeuge einer heftigen Auseinandersetzung. Wie weit bei einer der Streiterinnen eine Mordlust oder Mordabsicht bestand, können wir heute nicht mehr rekonstruieren. Durch den Tod beider Frauen erübrigt sich eine genauere Untersuchung des Vorfalles.«

Die Beerdigungen fanden am selben Tag um eine Stunde zeitversetzt statt. Als Schlusswort der Grabreden wählte der Geistliche jeweils die Worte: »Ruhe in Frieden«. Für Eisele stand fest, dass der Geistliche bei diesen Worten auch die Grabesruhe des verstorbenen Peter Denkinger meinte.

Mord am Untersee

Seit nunmehr zwölf Jahren verbringt Oliver Stratmann aus Essen seinen Jahresurlaub am Bodensee. Davor wechselten seine Urlaubsziele von Mallorca zu den Kanarischen Inseln und von der Dominikanischen Republik bis nach Kanada. Vor über einem Jahrzehnt plante er seinen Urlaub zu spät, alle Fluggesellschaften meldeten ausgebucht, und er entschied sich kurzfristig für einen Urlaub am Bodensee. In kurzer Zeit vom »See-Virus« infiziert, buchte er in den folgenden Jahren seine Urlaubsquartiere zuerst am Obersee in Kressbronn[60] und später in Hagnau[45], bevor er über Sipplingen[29] am Überlinger See zur Halbinsel Höri[98] an den Untersee wechselte. Dieser Teil des Bodensees gefiel ihm am besten und er verstand, warum in der Vergangenheit diese Gegend Heimat vieler Autoren und Künstler wurde. Auch heute wohnen am gegenüber liegenden Schweizer Ufer bekannte Schauspieler und Finanzmanager und erfreuen sich an dieser zauberhaften Landschaft. Hier, wo der Untersee sich immer mehr verengt und ab Stein am Rein[79] mit den sehenswerten freskengeschmückten Häusern als Fluss dem Rheinfall von Schaffhausen[70] zustrebt, ist der See beschaulicher. Neuerdings findet Oliver Stratmann seine Ruhe beim Angeln. Der Untersee gilt als der fischreichste Teil des Bodensees, vermutlich weil die nahe gelegene Fischbrutanstalt auf der Insel Reichenau massenhaft ihre Aufzucht aussetzt. Ob Kretzer, den die Schweizer Egli nennen, oder Saibling, Felchen, Hecht oder Seeforelle, ihm hing schon alles an der Angel. Brav löste er immer bei der Touristinformation seinen Angelschein[99], da wildes Angeln ein hohes Bußgeld nach sich zieht.

Heute saß er mitten in der Rheinströmung des Untersees auf der Insel Werd(CH)[100] nahe bei Stein am Rhein, und er war sich nicht sicher, ob sein Angelschein auch für die Schweiz gültig ist. Vermutlich eher nicht. Dennoch genoss er die Stille dieser Insel, die vom Touristenstrom meist verschont bleibt. Seine Angel hing im Fluss, der jetzt, bedingt durch die Schneeschmelze in den Alpen, seinen höchsten Wasserstand verzeichnete. Ab und zu winkten ihm Leute von den Fahrgastschiffen herüber, die diese Schifffahrtslinie von Konstanz nach Schaffhausen(CH) für einen Ausflug nutzten. Versunken in das Gurgeln des Flusses, zeitweise unterbrochen von Lachlauten, die ausgelöst von Schlauchbootfahrern über den Untersee hallten, welche sich hier auf dem Fluss abwärts treiben ließen, döste er vor sich hin. Plötzlich wurde er hellwach. Ein etwa knapp zwei Meter langes weißes Etwas trieb in der Strömung an ihm vorbei. Verschiedene Möglichkeiten schossen ihm durch den Kopf: Ein weißer Hai im Bodensee? Ein Unterseeboot im Untersee? Eine in ein weißes Leintuch geschnürte Leiche? Die letzte Idee schien ihm am wahrscheinlichsten. Schnell packte er sein Angelzeug zusammen, lief über den Fußgängersteg zum Ufer und fuhr mit dem Auto zur Polizei in das wenige Kilometer flussabwärts entfernte Städtchen Stein. Nur wenig später bargen die Polizisten unterhalb der Brücke in Stein an der Flussbiegung das Treibgut. Vorsichtig hoben sie das mit Stricken umwickelte Bündel aus dem Wasser. Jeder Griff bestätigte, unter dem Leintuch verborgen liegt ein Körper. Auf ein Öffnen des Paketes verzichteten sie, denn hinter ihnen hatte sich in der Zwischenzeit eine große Anzahl Schaulustiger eingefunden und für die Kinder, die sich auf der nebenan befindlichen Miniatur-Dampfbahn vergnügten, wäre das Auspacken einer Leiche sicher ein Schock gewesen.

»So e maximale Sauerei«, stieß einer der Schweizer Polizisten hervor. Erst vor Wochen hatten seine Kollegen an der Holzbrücke, die Diessenhofen(CH)[101] mit Gailingen[102] verbindet, eine angeschwemmte Leiche geborgen. Die Nachforschungen der Schaffhauser Kantonspolizei und der Kripo führten bisher ins Nichts. Auch dieses Paket enthielt eine Leiche. Leichengeruch stieg den Kriminalbeamten gleich nach dem Öffnen in die Nase, denn diese gefundene Leiche lag wohl schon längere Zeit im Wasser. Obwohl aufgedunsen, war deutlich zu erkennen, es handelte es sich hier um den Körper einer jungen Frau, die im Herzbereich eine klaffende Wunde aufwies. Eine Menge Arbeit für die Gerichtsmedizin und eine unangenehme dazu.

Das Auftauchen der zweiten Wasserleiche löste im Polizeirevier von Schaffhausen eine verstärkte Hektik aus. Arbeiteten bisher zwei Kriminalbeamte an dem Fall, so erhöhte sich nun die Zahl der Ermittler auf zwölf. Eine extra eingerichtete internationale Sonderkommission mit dem Namen SOKO »Grenzenlos«, der auch Hauptkommissar Karle Eisele aus Überlingen angehörte, traf sich im Kommissariat von Schaffhausen. Hauptkommissar Urs Rudishauser, ein Schweizer mit einem markanten quadratischen Schädel, kurz geschnittenem grauen Haar und einer Nase, spitz wie das Matterhorn, berichtete über die bisherigen Erkenntnisse aus den Obduktionen der beiden Leichen.
»Also, die beiden Fälle sind fast identisch.«
Obwohl der Kommissar wegen seiner deutschen Kollegen hochdeutsch sprach, hörten alle den harten Tonfall mit dem Kratzen im Hals, der Schweizern anhaftet.
»Es handelt sich beide Male um Frauen, vermutlich Mitte

zwanzig Jahre jung. Durch die fortgeschrittene Verwesung ist eine genaue Definition nicht möglich. Bei beiden Leichen fehlte das Herz, fachmännisch operiert. Eine gewesene Schwangerschaft ist wahrscheinlich. Das Fehlen des Herzens könnte auf Ritualmorde hindeuten, wie sie beispielsweise bei Schwarzen Messen vorkommen sollen. Aber das ist reine Spekulation. Das weiße Leintuch ist etwas leicht vergilbt, sehr grob, und die Herstellung dürfte mindestens ein halbes Jahrhundert zurückliegen. Vermutlich bekam das Leintuch nach Tagen oder Wochen im Wasser Risse und gab die miteingewickelten Steine frei. So stieg die Leiche mit der Strömung nach oben. Die Stricke zur Bündelung des Paketes verwenden Bauern oft als Kuhstricke. Weder die Leichen noch das Linnen wiesen Schleif- oder Grasspuren auf. Vermutlich warfen der oder die Täter die Leichen von einem Schiff oder Bootssteg aus ins Wasser. Aufgrund des Gewichtes der miteingewickelten Steine handelte es sich um mindestens zwei am Transport Beteiligte. Ob der Einwurf der Leichen ins Wasser am deutschen oder schweizerischen Ufer stattfand, müssen die Ermittlungen ergeben, die sich wohl als sehr schwierig erweisen werden, denn die Wasserung der Leichen könnte überall am Untersee erfolgt sein. Der Tatort ist wahrscheinlich sogar woanders. Den besten Anhaltspunkt für den Beginn Ihrer Recherchen haben Sie mit den fachmännischen Operationen, die auf eine ärztliche Ausbildung schließen lassen. Und nun rasch an die Arbeit, liebe Kollegen.«

»Bravo! Exzellent!« Dr. Gerd Simus verbeugte sich im Vortragssaal des Parkhotels »St. Leonhard« in Überlingen. Als Referent der Fachtagung für Herzchirurgen hielt er einen Vortrag über »Neue Methoden in der Mikro-

Chirurgie und bei Myokardinfarkte«. Während der anschließenden Kaffeepause auf der Terrasse des Hotels sprach ihn Dr. Henning Mager an.
»Hallo, Gerd! Gratuliere, ein brillanter Vortrag. Und Gratulation für Dein Aussehen. Du hast Dich für Deine Mitte vierzig gut gehalten.«
In der Tat, Dr. Simus wog trotz seiner Größe von 1,80 Meter nur knapp über fünfzig Kilo. Den schlanken aber gut proportionierten Körper krönte ein intelligent wirkendes Gesicht, oval, regelmäßig, spitzes Kinn, mit blauen Augen, die hinter einem modernen hellroten Brillengestell hervor schauten. Seine hellblond getönten Haare trug er kurz und lockig. Henning und er hatten nicht nur gemeinsam an der Universität in Freiburg Medizin studiert, sie kannten sich schon vorher von der Schlossschule Salem.
»Gerd, in Kollegenkreisen geht das Gerücht um, Du übernimmst ab 1. Januar die Leitung des Herzzentrums Bodensee in Kreuzlingen[84]. Stimmt das?«
»Ja, ich bin als Nachfolger von Professor Schniedmöller vorgesehen.«
»Inzwischen seid Ihr international renommiert, vor allem durch die von Euch entwickelten bahnbrechenden Methoden in der Mikro-Chirurgie bei Herzoperationen, sowie die in vielen Publikationen veröffentlichten spektakulären Herztransplantationen. Woher bekommt Ihr eigentlich die Spenderherzen?«
»Du weißt doch, das unterliegt der ärztlichen Schweigepflicht. Und wenn Du auf die Leichen am Untersee anspielst, die heute morgen beim Frühstück das Hauptthema waren, so kann ich Dich beruhigen. Erst vorgestern prüfte die Schweizer Kripo alle unsere Unterlagen ohne Befund.«

»Na, ja. Zu diesem Thema dürften die Fachkenntnisse der Kriminalbeamten auch etwas dürftig sein. Aber etwas anderes, warum ist Hans-Peter nicht bei der Fachtagung? Ihr beide seid doch so etwas wie ein Dreamteam, nicht nur als OP-Team. Wenn ich mich richtig erinnere, ward Ihr während des Studiums auch privat ein Paar, obwohl dies nur wenige wussten.«
»Ich bin mit Hans-Peter nicht mehr liiert. Er ließ sich in unser neues Klinikum nach Konstanz versetzen. Dort hielt er es nur wenige Monate aus. Nach all den heimlichen Jahren unserer Liebschaft entdeckte er seine Bi-Sexualität, verliebte sich in eine polnische Anästhesistin, mit der er, soviel ich weiß, auf seinem erst kürzlich geerbten Bauernhof auf der Höri als Selbstversorger zusammen lebt.«
»Übrigens, kommst Du in zwei Wochen zu unserem 25-jährigen Abiturtreffen der Schlossschule Salem nach Überlingen?«
»Ehrensache! Unsere vielfältigen Beziehungen aus der Eliteschule bedürfen einer regelmäßigen Pflege. Schließlich profitieren wir alle davon.«
Ein Klingeln beendete die Pause und der nächste Vortrag begann.

Hauptkommissar Eisele ließ sich seinen Unmut selten anmerken. Aber im Augenblick lag sein Blutdruck sicher nahe bei 180. Er rief seinen Assistenten Inspektor Dirk Hodapp zu sich.
»Wir wollten uns innerhalb der Sonderkommission bei unseren Schweizer Kollegen durch eine schnelle Aufklärung profilieren, doch nichts, nichts, nichts. Ich bin überzeugt, diese zwei Leichen stammen vom deutschen Ufer. Derart abartige Morde können doch nur aus Deutschland

kommen. Die Überprüfung aller in der Nähe tätigen Chirurgen ergab null. Bei den Standesämtern besorgten wir uns eine Liste aller Neugeborenen der letzten zwei Monate. Auch hier verliefen unsere Nachforschungen im Sande. Auch unsere Presseveröffentlichung über vermisste junge Frauen, Fehlanzeige. Alle uns bekannten Sekten checkten wir auf eventuelle Ritualmorde ab. Auch hier keine Verdachtsmomente. Ich weiß nicht mehr, wo wir ansetzen sollen.«

»Chef, ruhig Blut. Wir schaffen das schon!«

In seiner eigenen coolen Manier setzte sich der schlaksige Inspektor auf die Schreibtischkante und grübelte:

»Uns bleiben nur noch die Indizien wie Kuhstricke und alte Leintücher. Chef, ich hab eine Idee. Nutzen wir doch das schöne Wetter für eine Kanufahrt[103] von Iznang bei Radolfzell[76] bis nach Stein am Rhein[79]. Trifft die Vermutung der Kripo aus Schaffhausen zu, müssten innerhalb dieser Strecke die Leichen in den See geworfen worden sein. Auf der Höri[98] und am gegenüber liegenden Schweizer Ufer gibt es einige allein stehende Bauernhöfe, die nicht weit von einem Bootssteg liegen. Vielleicht entdecken wir etwas. Und wenn nicht, dann war es eben eine schöne Bootsfahrt, denn die Strecke zählt mit zu den schönsten Flusslandschaften Deutschlands. Und Ihrem hohen Blutdruck könnte eine Erholung auch nichts schaden.«

»Sie haben recht. Woher bekommen wir ein Boot?«

»Kein Problem. Am Bodensee gibt es einige Bootsverleihe. Ich rufe gleich an.«

Am nächsten Tag ließ der Bootsverleiher bei strahlendem Wetter ein Boot in Iznang zu Wasser. Nach einer kurzen Einweisung für den Gebrauch der Stechpaddel legten sie die zur Verfügung gestellten Schwimmwesten an und bestiegen das kleine Boot, das maximal drei Personen Platz bietet. Ihre diversen Sachen, einschließlich Geld, Ausweise und Dienstpistolen, verstauten sie in einem auf dem Boot befindlichen Plastikeimer, der verschraubt, bei einem eventuellen Kentern auf dem Wasser schwimmt. Zwar legten sie die ersten einhundert Meter im Zick-Zack-Kurs zurück, doch danach hielten sie das Boot gerade, und sie hatten richtig Spaß, wie das Boot durch das Wasser glitt, unterstützt durch die Strömung des Rheins. Vorne ruderte Hodapp und hinten Eisele, dessen Aufgabe es war, das Boot auf Kurs zu halten. Immer wieder machten sie sich Notizen von Bootsstegen und infrage kommenden Bauernhäusern. Eisele nutzte gleichzeitig die Gelegenheit, seinem jungen Kollegen die Orte zu erklären.

»Hier, auf der Anhöhe, steht Schloss Arenenberg[81], der ehemalige Wohnsitz von Hortense de Beauharnais, Königin von Holland, und ihrem Sohn Louis, der spätere Napoleon III. Rechts daneben Schloss Salenstein[80]. Ganz in der Nähe wohnte bis zu ihrem Tod die Kammersängerin Anneliese Rothenberger. Und schauen Sie weiter am Schweizer Ufer das malerische Schlösschen Turmhof von Steckborn[73] an. Ist dies nicht zauberhaft? Auch bei uns gibt es schöne Fachwerkhäuser, doch auch in der Schweiz sind es angefangen von Gottlieben[82] entlang des Untersees besonders schöne. Auf der deutschen Seite hat Wangen[98] malerische Fachwerkhäuser und beherbergt im alten Fischerhaus ein lokales Heimatmuseum. Vorher kommt noch Gaienhofen[75] in Sicht. Hier lebte von 1904 bis 1912 Hermann Hesse und ab 1905 bis zu seinem Tode der Arzt und Schriftsteller Ludwig Finckh. In der Kapellenstraße befindet sich das Hermann-Hesse-Höri-Museum. Und links nebenan liegt Hemmenhofen[98] mit dem ehemaligen Wohnhaus des bekannten Malers Otto Dix. Übrigens gibt es in Singen[104] ein Kunstmuseum, das Werke von Otto Dix und Erich Heckel ausstellt. Auf dem bewaldeten Seerücken des Schweizer Ufers stehen in diesem Seeabschnitt einige Schlösser, das wohl bekannteste davon ist das erwähnte Arenenberg[81] mit dem Napoleonmuseum. Im Schloss Glarisegg zwischen Steckborn und Mammern, das heute eine Internatsschule beherbergt, übernachtete bereits Goethe.«

Ohne Hektik genossen sie die schöne Landschaft und die Bootsfahrt. Die anfangs kräftigen Paddelschläge der beiden gingen in ein ruhiges und kontrolliertes Rudern über. Durch die kaum merkbare Strömung des Rheins kamen sie gut voran und nach einer mehrstündigen Bootsfahrt kam ihr Ziel Stein am Rhein in Sicht. Just an der gleichen Stelle legten sie an, wo vor einer Woche die Leiche geborgen wurde. Ihr Notizblock wies etwa zwei Dutzend möglicher Objekte auf, die sie ins Fahndungsvisier nehmen wollten.
»Und was machen wir nun mit dem Boot? Wie kommen wir zurück?« Eisele schaute Hodapp fragend an.
»Kein Problem! Per Handy rufe ich den Kanuverleih an. Wir fragen den Fahrer, der das Boot holt, ob er uns mitnimmt oder welche Möglichkeit es sonst gibt.«

Beim Klassentreffen herrschte ausgelassene Stimmung. Fünfundzwanzig Jahre nach dem Abitur trafen sich die ehemaligen Schüler der Schlossschule Salem im neuen Schulkontrakt Salem College in Überlingen. Überlingen war ihnen bekannt, denn die oberen Klassen der Schlossschule zogen schon vor Jahrzehnten von Salem ins Schloss Spetzgart[56] um, das in aussichtsreicher Lage oberhalb Überlingen nahe Hödingen steht. Inzwischen expandierte die Schule unter der Bezeichnung Salem College International mit Schulgebäude, Wohntrakt und Sportanlagen nahe dem Krankenhaus von Überlingen. Von überall her reisten die Ehemaligen an: ob Japan, Australien, USA, Südafrika, kein Weg schien zu weit. Galt es doch, die guten Beziehungen zu pflegen. Klassentreffen der Schlossschule brachten oft mehr Geschäftsverbindungen und Aufträge als viele Golfpartien. Großartige Karrieren zählten für viele dank der guten Ausbildung, den exzellenten Beziehungen und ihrer meist finanziell gesicherten Herkunft zur Normalität. Dr. Henning Mager, Dr. Gerd Simus, Dr. Hans-Peter Obreiter und die Amerikaner Dr. Sam J. Fisher sowie Carl Gomez saßen beim gemeinsamen Essen am Tisch. Schon während der Schulzeit bildeten sie eine Clique.

Henning Mager: »Hans-Peter ich habe Dich auf der Ärztetagung vermisst.«

Hans-Peter Obreiter: »Ich praktiziere nicht mehr. Mit meiner Lebensgefährtin Aleksandra Wolanski, eine ehemalige Anästhesistin, lebe ich zurückgezogen auf einem geerbten Bauernhof auf der Höri am Bodensee.«

Henning Mager: »Und von was lebt Ihr?«

Hans-Peter Obreiter: »Wir sind Selbstversorger und das restliche Geld, das wir brauchen, bekommen wir als Sozialhilfeempfänger.«

Henning Mager: »Nicht schlecht! Von Gerd weiß ich, er ist inzwischen Chirurg am Herzklinikum in Kreuzlingen und übernimmt dort voraussichtlich demnächst die Leitung. Welchen Beruf üben Sam und Carl aus?«

Sam Fisher: »Ich bin inzwischen im diplomatischen Dienst tätig und dank meiner guten Deutschkenntnisse Konsul an der amerikanischen Botschaft in Berlin.«

Carl Gomez: »Und ich habe die Reifenfabrik meines Vaters in Dallas übernommen.«
Henning Mager: »Habt Ihr auch Kinder?«
Als Einziger meldete sich Gomez.
»Leider hat Gott meiner Frau und mir kein Kind geschenkt, doch dank der Vermittlung von Sam zählt seit einem halben Jahr ein Junge aus Deutschland zu unserer Familie. Wir haben ihn Moses getauft. Meine Frau ist übrigens auch in Deutschland. Wir nutzen das Klassentreffen für einen dreiwöchigen Europatrip. Moses ist bei unserem spanischen Aupair-Mädchen gut aufgehoben. Victoria, meine Frau, möchte bei dieser Gelegenheit die leibliche Mutter und die genaue Herkunft unseres Adoptivsohnes ausfindig machen. Hans-Peter, Du kannst uns doch dabei sicher helfen. Sam hat mir angedeutet, dass Du das Baby vermittelt hast.«
Hans-Peter Obreiter: »Du weißt doch, Mütter, die ihre Babys verkaufen, wollen anonym bleiben.«
Carl Gomez: »Wir können noch darüber sprechen, denn meine Frau und ich wollen Dich auf der Höri besuchen.«
Hans-Peter Obreiter: »Das ist leider nicht möglich. Aleksandra und ich fahren übermorgen zu ihrer Mutter nach Polen und morgen müssen wir packen.«
Carl Gomez: »Schade, aber vielleicht klappt der Besuch noch, bevor wir in die Staaten zurückfliegen.«
Hans-Peter Obreiter: »Vermutlich können wir uns nicht treffen. Ich weiß nicht, wie lange wir in Polen bleiben.«

Während die anderen feierten, unternahmen Sam und Hans-Peter einen Spaziergang auf dem Schulgelände.
»Hans-Peter, ich brauche dringend wieder ein Neugeborenes. Ein Ehepaar aus Chicago ist bereit, unseren Preis von 100.000 Dollar zu zahlen. Ich besorge über unser

Konsulat wie immer die Papiere. Du bekommst wieder wie bisher 50.000 Dollar.«
»Sam, geht klar, ich liefere so bald ich kann.«

»Dokterchen, scheen dass Du wieder zu Besuch bist.«
Mama Wolanski drückte Hans-Peter an ihre üppige Brust und gab ihm rechts und links einen dicken Kuss auf die Wange. Dr. Obreiter genoss die Umarmung der korpulenten Frau. Ein Geborgenheitsgefühl stellte sich bei ihm ein. Seine Mutter, Gott hab sie selig, hatte ihn nie umarmt. Mutter Wolanski konnte einigermaßen gut die deutsche Sprache. Stammte sie doch von einer ostpreußischen Familie ab, was später die deutsche Staatsbürgerschaft ihrer Tochter sehr erleichterte.
»Du hast schon wieder etwas zugenommen.«
Sie strich dem Freund ihrer Tochter sanft über seinen Bauchansatz. Die üppige Lebensweise zeigte bei Dr. Obreiter erste Ansätze. Zwar standen ihm die Rundungen im Gesicht ganz gut, doch unverkennbar wuchs ein Doppelkinn heran. Seine immer stärker werdenden Geheimratsecken und die ersten grauen Haare lassen den Mittvierziger bereits älter erscheinen.
»Mama Wolanski, das ist kein Bauch. Das ist ein Gourmet-Tempel.«
»Ha, ha! Hoffentlich wird der Bauch nicht noch größer. Aleksandra, mein Kind, lass Dich umarmen. Ich sehe Dich so wenig.«
»Mama, das wird vielleicht besser, denn Hans-Peter will ein Haus an der Ostseeküste kaufen.«
»Maria und Josef, wäre das scheen.«
Aleksandra ging ins Bad, um sich nach der langen Autofahrt zu erfrischen. Mit ihrem Spiegelbild war sie zu-

frieden. Ihre langen hellblonden Haare umrahmten ein schmales ovales Gesicht, mit hohen Backenknochen und grün schimmernden Augen: Der schlanke Körper mit einer sehenswerten Oberweite unterstrich ihr attraktives Äußere, das die über dreißigjährige Polin regelmäßig pflegte. Es hatte sich für sie gelohnt, nach ihrer Arztausbildung in Gdansk, dem ehemaligen Danzig, als Anästhesistin nach Konstanz zu gehen. Als dann Dr. Obreiter seine Arbeit im Herzklinikum von Konstanz aufnahm, gelang es ihr bereits nach wenigen Wochen, den als schwul geltenden Hans-Peter ins Bett zu bekommen. Seither sind sie ein Liebespaar. Als er den Bauernhof auf der Höri erbte, gaben sie beide ihren Beruf auf. Für Hans-Peter hatte sich eine Einnahmequelle aufgetan, die sich als sehr lukrativ heraus stellte. Nun waren sie wieder »geschäftlich« unterwegs, und gleich am nächsten Tag setzte sie in polnischer Sprache eine Anzeige auf:

> **Werdende Mutter gesucht**
> Einer allein lebenden Frau, die demnächst
> ein Kind erwartet, bietet ein Arztpaar einen
> 3-monatigen Aufenthalt in Deutschland
> einschließlich Geburtshilfe und Versorgung
> des Babys an. Alle Kosten werden im Rahmen
> eines sozialen Engagements übernommen.
> Bitte melden Sie sich unter Wolanski,
> Tel. 01 23-45 45.

Nach Erscheinen der Anzeige nahm Aleksandra innerhalb eines Tages drei Anrufe von Interessentinnen entgegen. Dr. Hans-Peter Obreiter besichtigte inzwischen an der Ostsee einige zum Verkauf stehende Häuser. Freudestrahlend kam er nach drei Tagen zurück und zeigte Aleksandra das Foto eines mit Reet gedeckten Hauses, abgelegen, aber direkt am weißen Sandstrand gelegen, das er für deutsche Verhältnisse sehr preiswert erworben hatte. Schon als Junge träumte er von einem eigenen Haus am Meer. Wie immer, wenn er ein paar Tage weg war, brachte er Geschenke mit. Dieses Mal überraschte er seine Geliebte mit einer Bernsteinkette und einer Feldo-Uhr, die er auf einem Markt günstig erstanden hatte. Die Auswahl, welche der drei Damen mit an den Bodensee fahren durfte, ging schnell vonstatten. Olga war diejenige, die offensichtlich am wenigsten Kontakte pflegte und bereits innerhalb der nächsten zwei Wochen ihr Kind erwartete.

In Schaffhausen (CH)[70] traf sich die SOKO »Grenzenlos« zu ihrer wöchentlichen Besprechung. Erfolgreiche Jagdhunde sahen anders aus, als die Meute der anwesenden Polizisten. Hauptkommissar Urs Rudishauser fasste die bisherigen Anstrengungen zusammen, die praktisch in einem Nichts endeten.
»Unsere letzte Hoffnung, aufgrund der Kuhstricke und der alten Leintücher in einem Bauernhof nahe dem Untersee auf eine heiße Spur zu kommen, hat sich bisher nicht erfüllt. Vielleicht sollte jeder einzelne von seiner bisherigen Fahndung berichten.«
Als Eisele an die Reihe kam, berichtete er ähnlich wie seine SOKO-Kollegen von den Begehungen der einzelnen Bauernhäuser. Ein paar wenige konnten er und seine Kollegen nicht inspizieren. Die Bewirtschaftung der Höfe lohnte sich offensichtlich nicht mehr und so sind einige als reine Wohn- oder Ferienhäuser genutzt. Die Besitzer sind dank der Grundbucheintragungen bekannt,

doch einige bewohnen die Häuser derzeit nicht oder sind nicht erreichbar. Dadurch verzögern sich die Ermittlungen. Der Leiter der Sonderkommission Urs Rudishauser warf einen Blick an die Decke und murmelte:
»Heiland, wirf uns Geduld vom Himmel, aber rasch!«
Den Kriminalbeamten konnte dieser alte Witz kein Lächeln entlocken. Ihre Stimmung war auf einem Tiefpunkt angekommen.
»Und jetzt Jungs an die Arbeit. Checkt auch noch den Rest der Häuser. Das ist vorerst unsere letzte Chance, bevor im wahrsten Sinne des Wortes wieder eine weitere Leiche auftaucht.«
Dabei ignorierte Rudishauser die Tatsache, dass auch zwei Kriminalbeamtinnen dem Team angehörten.

Dr. Obreiter, seine Lebensgefährtin und die schwangere Olga kamen nach der anstrengenden Autofahrt von Polen nach Deutschland erst gegen Mitternacht am Bauernhof auf der Höri an. Eine unangenehme Überraschung erwartete die Polin. Statt eines Schlafzimmers breitete Dr. Obreiter im Stall mit der Gabel einen Ballen Stroh aus und kettete die junge Frau wie eine Kuh an. Der herunter gekommene Kuhstall schien schon länger leer zu stehen. Altes Heu lag aufgeschichtet in der Ecke, die Kuhboxen braun von altem Kuhmist, und von der Decke herab hing eine Lampe, die nur diffuses Licht verbreitete. Aleksandra brachte Olga das Futter, sorry das Essen, in Form von belegten Broten, die sie an der letzten Tankstelle gekauft hatten. Hilfeschreie der Frau schluckte das dicke Gemäuer, und die einsame Lage des Hofes sorgte zusätzlich dafür, dass die Schreie nicht an Außenstehende gelangen konnten.

Am nächsten Tag schaute Dr. Gerd Simus vorbei. Aleksandra zog sich sofort in die Küche zurück. Sie wusste, wenn Hans-Peter und Gerd zusammen trafen, gab es in letzter Zeit immer Streit. Sie vermutete, dass die ehemalige Liebe der beiden in Hass umgeschlagen hatte. Ihre verbrecherischen Machenschaften waren der Grund, warum sie ihre Beziehung nicht schon längst beendeten. Kaum hatte sie am Küchentisch Platz genommen, vernahm sie aus dem Wohnzimmer laute Stimmen.

»Nein, Hans-Peter, ich steige aus. Ich kann das Wimmern und die bittenden Blicke der Frauen in Deinem Stall nicht mehr ertragen.«

»Gerd, nur noch dieses eine Mal. Wie viele deutsche Unternehmer verlagere auch ich meinen Betrieb in ein Ostblockland, um die Kosten zu reduzieren. Ich habe mir ein Haus an der Ostsee gekauft und möchte auf Organhandel umsteigen. Mir sind diese Herzoperationen zu aufwändig und zuwider. Dir kann doch dieser Umzug egal sein. Die beiden Spenderherzen untermauerten Deinen Ruf als Kapazität von Herztransplantationen. Jetzt, da Du die Leitung der Klinik übernimmst, musst Du Dich ja nicht mehr profilieren.«

»Wenn Du nach Polen umziehst, bin ich Dich endlich los. Das Herz dieser Frau im Stall will ich nicht mehr.«

»Gerd, so kurz vor meinem Umzug will ich auf das Geld nicht verzichten. Auch habe ich unserem gemeinsamen Freund Sam Fisher in Berlin die Lieferung eines Babys bereits zugesagt. Wenn Du nicht mitmachst, informiere ich Deinen Chef Professor Schniedmöller über Deine homosexuellen Neigungen. Er als aktiver Kirchenrat bestimmt dann sicher einen anderen Arzt als Nachfolger, und Deine über Jahre hinweg dauernden Anstrengungen waren umsonst.«

»Du gemeines Aas! Nun gut, das allerletzte Mal. Ruf mich an, wenn Deine Polin das Kind bekommen hat. Die notwenigen Geräte und den Spezial-Transportbehälter für das Herz besorge ich wie immer. Auf der einen Seite kommt es mir nicht ungelegen, denn in einem Hotel nahe unserer Klinik in Kreuzlingen wartet die Frau eines russischen Oligarchen schon seit drei Wochen auf ein Spenderherz. Geld spielt keine Rolle. Und die Formalitäten für die Lieferung übernimmt wieder unser gemeinsamer Studienfreund Rüdiger, der bei uns im Klinikum als Verwalter tätig ist.«
Dr. Simus schmiss laut die Eingangstüre zu und verschwand.

Victoria und Carl Gomez genossen den Trip durch Old Europa. Berlin und Nürnberg besichtigte Victoria zusammen mit ihrer Reisegruppe noch alleine, da sich Carl für das Klassentreffen der Schlossschule Salem ausklinkte. In München stieß Carl wieder zur Gruppe und absolvierte das weitere Reiseprogramm mit Salzburg, Wien, Venedig, Rom und als krönender Abschluss das Jungfraujoch oberhalb Grindelwald. Das Programm für den letzten Tag sah die Besichtigung der Stadt Luzern mit einer Raddampferfahrt über den Vierwaldstätter See vorbei an der Tellskapelle bis nach Flüelen vor, bevor am späten Abend der Rückflug von Zürich nach New York erfolgen sollte.
»Carl, wenn wir auf den Ausflug an den Vierwaldstätter See verzichten, können wir uns einen Leihwagen mieten und sind in weniger als zwei Stunden am Bodensee bei Deinem ehemaligen Mitschüler Hans-Peter Obreiter. Ich will unbedingt mehr über die Herkunft unseres Sohnes Moses wissen.«

»Victoria, ich hatte das Gefühl, Hans-Peter wollte unseren Besuch nicht. Außerdem habe ich keine genaue Adresse.«
»Das ist kein Problem, ruf die Schulsekretärin an, die kann Dir die Adresse nennen, denn für die Einladung zum Klassentreffen musste sie vorliegen. Bitte, Carl!«
»O. K. Darling, Du gibst sonst keine Ruhe. Ich rufe an.«
Die freundliche Schulsekretärin suchte die Adresse von Dr. Obreiter heraus, konnte aber mit einer Telefonnummer nicht dienen. Auf das Drängen von Victoria hin fuhr das Ehepaar Gomez trotzdem ohne Voranmeldung zum Bauernhof auf die Höri.

Tomasz Kos, ein zwanzigjähriger kräftig gebauter Pole, kam nach einem halben Jahr illegaler Beschäftigung von einer Baustelle bei Hannover wieder zurück in die Heimat, um nach einem zweiwöchigen Urlaub mit einer Gruppe zur Apfelernte an den Bodensee zu fahren. Wie jedes Jahr, vermittelte das Arbeitsamt polnische Apfelpflücker als Erntehelfer für die Obstbauern. Sogar arbeitslose Ärzte und Rechtsanwälte ließen sich diesen Verdienst nicht entgehen. Er, der Bauarbeiter, wollte sich dieses Geld auch dieses Jahr verdienen. Vor etwa einem halben Jahr fiel der Abschied von Olga sehr kühl aus. Tomasz wusste nicht warum. Sie, arbeitslos, wohnte zur Untermiete ohne Telefon. Auf seine Briefe hin kam keine Antwort. Nachts, im primitiven Bauwagen, sehnte er sich nach ihr. Endlich konnte er sie besuchen, um den Grund der Verstimmung zu klären.
Die Zimmervermieterin öffnete ihm die Türe. Erwartungsvoll fragte er nach Olga.
»Olga wohnt nicht mehr bei mir. Sie ist in Deutschland.

Ein Paar, beides Ärzte, übernehmen die Geburt und die Ausstattung des Babys.«

»Baby?«

»Jessas, wissen Sie nicht, dass Olga ein Kind von Ihnen bekommt?«

Wie ein Blitz schoss es ihm durch den Kopf. Er hatte ihr am Abend des Abschieds mit Entschiedenheit erklärt, er wolle vorerst auf gar keinen Fall Kinder. Erst müsse er genügend Geld verdienen, um eine Familie gründen zu können. Von da ab gab sie sich sehr kühl.

»Ich habe das Inserat in der Zeitung entdeckt und sofort Olga gezeigt. Die Telefonnummer kann ich Ihnen geben, bei der sich Olga gemeldet hat, die Anzeige liegt bei mir noch im Wohnzimmerschrank.«

Tomasz Kos setzte sich telefonisch mit Mama Wolanski in Verbindung. Die Beschreibung der Frau, die mit in das Auto von Dr. Obreiter und ihrer Tochter stieg, passte genau auf Olga. Sie lud ihn zu sich in die Wohnung, und er erzählte seine Geschichte. Mama Wolanski, auf die der junge Kos sehr vertrauensselig wirkte, und die von den Machenschaften ihrer Tochter und dessen Lebensgefährten nichts wusste, sagte:

»Ja, wenn Sie der Vater sind. Die Adresse habe ich, doch keine Telefonnummer. Über diese Nummer macht Dr. Obreiter immer ein Geheimnis, er wolle nicht täglich mit einer Gewinnmitteilung belästigt werden. Doch meine Tochter meldet sich regelmäßig jede Woche am Telefon. Ich wünschte mir auch ein Enkelkind. Hoffentlich heiratet meine Aleksandra bald. Übrigens, das Haus liegt direkt am Bodensee. Schauen sie, hier ist ein Foto.«

»Bodensee«, rief Tomasz überglücklich aus:

»Ich fahre am Sonntag mit einer Gruppe zum Apfelpflücken nach Markdorf[105] nahe dem Bodensee. Das Haus ist sicher nicht weit entfernt.«

»Vielleicht ist Ihr Kind bereits geboren. Mir schien Ihre Freundin kurz vor der Niederkunft, dafür habe ich einen Blick.«

Kaum in Markdorf angekommen, vereinbarte Kos mit dem Obstbauern, dass er erst einen Tag später mit dem Pflücken beginne, da er noch etwas Dringendes zu erledigen hätte. Mit dem Zug fuhr er von Markdorf nach Radolfzell und weiter mit dem Bus auf die Höri. Dank seiner gebrochenen Deutschkenntnisse, die er sich auf der Baustelle angeeignet hatte, konnte er sich auch nach dem Rest des Weges bis zum Bauernhof von Dr. Obreiter durchfragen. Bald erkannte er das etwas abseits gelegene Fachwerkhaus, das mit seinen blau gestrichenen Balken dem Foto von Mama Wolanski glich. Er näherte sich dem Haus. In seinem Gedächtnis wiederholte er mehrmals die Szene, die er auf der Fahrt durchspielte. Er würde Olga umarmen und ihr auf Knien einen Heiratsantrag machen. Für sie und für das Kind möchte er ein Leben lang sorgen. War er schon Vater? Auf sein Klingeln hin öffnete ihm niemand die Haustüre. Er klingelte nochmals. Vom Stall herüber vernahm er ein paar Geräusche. Vorsichtig öffnete er die Stalltüre.

Die Geburt des Kindes verlief bei der jungen Olga ohne Komplikationen. Normalerweise behielten Dr. Obreiter und seine Freundin die Mutter und das Neugeborene etwa vier Wochen, bevor sie das Baby an Dr. Sam Fisher vom amerikanischen Konsulat in Berlin übergaben. Doch Sam drängte dieses Mal. Er müsse in fünf Tagen in diplomatischer Mission nach Washington fliegen und

seine Frau begleite ihn. Das wäre die beste Gelegenheit, das Baby in die USA zu überführen.
»Dann muss das Baby auf die Muttermilch verzichten und Flaschennahrung aufnehmen. Gut Aleksandra, bringen wir es hinter uns. Ich rufe Gerd in Kreuzlingen an. Wir starten schon morgen die Herztransplantation.«
Wie bereits die beiden anderen Male lieferte am Morgen des nächsten Tages Dr. Simus das Operationsbesteck, eine Überdosis Narkosemittel und den Spezialbehälter, mit dem das Herz transportiert werden konnte. Da der Tod der Patientin vorprogrammiert war, erübrigten sich die sonst notwendigen Geräte zur Überwachung der Operation.
Dr. Simus rief zur Vorsicht nochmals an.
»Wie immer, Aleksandra fährt mit dem Auto gegen 14 Uhr über die Grenze. Zu diesem Zeitpunkt ist bei den Zöllnern Wachwechsel. Außerdem kontrollieren sie die Autos mit Konstanzer Kennzeichen sehr selten und seit dem Schengener Abkommen nur noch sporadisch. Ich bereite in unserer Klinik in Kreuzlingen meine Patientin für eine Herztransplantation vor. Den Koffer nimmt wieder unser Verwalter in Empfang.«
»Geht klar, Gerd!«

Am Kreuzlinger Zoll stand der Schweizer Zöllner Beat Anderwert in Lauerstellung. Der Zeiger, der am Zoll angebrachten Normaluhr, stand eine Minute vor 14 Uhr und müsste jede Sekunde auf die volle Stunde springen, doch seine Ablösung ließ heute auf sich warten. Er freute sich schon auf seinen Feierabend. Heute Nachmittag käme er endlich dazu, seine umfangreiche Uhrensammlung weiter zu katalogisieren. Der Grenze näherte sich in einem Cabriolet eine attraktive Blondine. Die Sonnenbrille ins Haar geschoben lenkte sie lässig mit der rechten Hand das Steuer. Mit der linken Hand wedelte sie schon von weitem mit ihrem Pass. Er wollte sie schon durchwinken, da blitzte in der Sonne eine Uhr, die sein Interesse weckte.

»Stopp! Haben sie etwas zu verzollen?«

»Nein, nichts!«

»Welch eine teure Uhr. Ich schätze, es ist eine limitierte Feldo-Uhr«

»Keine Ahnung. Die schenkte mir mein Freund.«

Da die Ablösung noch immer auf sich warten ließ, kam Anderwert der Deutsch-Schweizer Polizeivertrag in den Sinn, der es den Zöllnern mittels eines Computerprogramms ermöglichte, ins Sachgüterregister des Nachbarstaates zu klicken, in dem gestohlene Wertsachen aufgeführt sind.

»Fahren Sie bitte rechts ran!«

Er bat die Dame, ihm die Uhr zu geben und gab die Seriennummer in den Computer ein. Siehe da, die Uhr stammte aus einem Einbruch in Deutschland.

Er ließ die Frau aussteigen und bugsierte sie ins Zollgebäude. Die anschließende genaue Untersuchung des Autos förderte den Transportbehäter zutage. Als sich die Kältewolke nach dem Öffnen des Koffers lichtete, lag ein Herz vor dem Zöllner und der Verdacht eines Mordes lag mehr als wahrscheinlich auf der Hand. Aleksandra Wolanski verweigerte alle Auskünfte und gab keine Angaben zur Person. Im inspizierten Pass gab es üblicherweise keine Adresse, doch über das Autokennzeichen konnte als Besitzer Dr. Hans-Peter Obreiter in Wangen am Untersee ermittelt werden. Der Zoll verständigte die Kriminalpolizei von Kreuzlingen und Konstanz, die diesen Fall sofort an die SOKO »Grenzenlos« weiterleitete.

Gleichzeitig nahm die Kripo Aleksandra Wolanski in Gewahrsam und stellte den Transportbehälter mit Inhalt sicher.

Zornig rief Dr. Simus bei Dr. Obreiter an. »Hans-Peter, wo bleibt den Aleksandra mit dem Herz? Meine Patientin liegt mit offenem Brustkorb auf dem OP-Tisch.«
»Die ist pünktlich weggefahren und müsste längst bei Dir sein.«
»Verdammt! Dann gibt es zwei Möglichkeiten, entweder ein Unfall oder der Zoll hat sie geschnappt. So oder so wird bald die Polizei bei Dir auftauchen. Du musst sofort alle Spuren verwischen. Ich komme und helfe Dir, die Leiche und das Kind verschwinden zu lassen.«

Bei der SOKO »Grenzenlos« herrschte höchste Alarmstufe. Hoffnungsvoll fuhren die Kriminalbeamten auf die Höri zu der angegebenen Adresse nach Wangen. War dies nun der Schlüssel zu den Wasserleichen? Hat Kommissar Zufall wieder einmal zugeschlagen? Vorsichtig parkten sie ihre Dienstfahrzeuge vor dem Haus und bemerkten die offene Stalltüre. Vor dem Eingang diskutierten vier Personen mit heftigen Gesten. Eine Überprüfung ergab, es handelte sich um das amerikanische Ehepaar Gomez, den Polen Tomasz Kos und Dr. Simus. Im Stall angekommen, bemerkten die Beamten zuerst ein schreiendes Baby, das im Stroh lag. Dann richteten sie ihren Blick auf zwei Leichen. Bei der weiblichen Leiche, die halb in ein Leintuch eingepackt war, klaffte eine riesige Öffnung im Bereich des Brustkorbes. Daneben lag eine männliche Leiche, der offensichtlich mit mehreren Hieben der Schädel eingeschlagen wurde. Eine blutige Axt, vermutlich die Tatwaffe, lag dabei.

Eisele ging nach draußen zu den Personen vor dem Stall und begann zu fragen:
»Wer sind die Toten?«
Dr. Simus redete als erster. »Der Mann ist, beziehungsweise war Dr. Obreiter.«
Tomasz Kos ergänzte: »Die Frau, meine Geliebte Olga Markinewski. Das Kind, mein Sohn.«
»Und wer tötete Dr. Obreiter und Frau Markinewski?«
Carl Gomez meldete sich: »Die Frau hat wohl Hans-Peter, sorry Dr. Obreiter auf dem Gewissen, und ich habe ihn für seine schändliche Tat erschlagen.«
»Nein ich!« Victoria Gomez deutete mit dem Zeigefinger auf sich selbst.
»Nein ich!« Auch Tomasz Kos deutete auf seine Person und hob dem Kommissar die Handgelenke hin, damit er ihm Handschellen anlegen konnte.
Auch Dr. Simus behauptete, er hätte seinen Freund Dr. Obreiter wegen der scheußlichen Tat umgebracht.
Vorsorglich nahmen die Beamten alle vier Personen in Untersuchungshaft.

Die Spurensicherung stellte bei der Untersuchung auf dem Stiel der Axt neben den Fingerabdrücken von Dr. Obreiter auch die Abdrücke von allen vier Personen fest, die sich beschuldigten, die Tat verübt zu haben. Offensichtlich legten sie absichtlich diese Spur, bevor die Polizei eintraf. Bei der Gerichtsverhandlung blieben alle Vier bei ihrer Behauptung, den Tod von Dr. Obreiter herbei geführt zu haben. Da die Schuldfrage nicht einwandfrei geklärt werden konnte, kam es zum Freispruch der Beschuldigten. Nur Dr. Simus und sein Klinikverwalter bekamen unterschiedliche Haftstrafen wegen Beihilfe zum Mord und unerlaubtem Organhandel. Aleksandra

Wolanski verurteilte das Gericht als Komplizin. Wegen Menschenhandel konnte Konsul Dr. Fisher aufgrund seiner Immunität nicht belangt werden. Aus Berlin war zu erfahren, er wurde zurück in die Staaten beordert. Das durch den Handel mit Babys und Herzen erzielte Geld sowie der Erlös aus dem Verkauf der Häuser auf der Höri und an der Ostsee sprach das Gericht zu einem Drittel dem Kind von Tomasz Kos zu. Für das Kind, das bis zur Verhandlung Aufnahme in der Kinderklinik von Konstanz fand, übernahm Mama Wolanski freiwillig den Pflegeplatz, bis Vater Tomasz Kos eine geregelte Arbeit in Polen nachweisen konnte. So kam Mama Wolanski zu ihrem gewünschten Enkelkind. Ihre Tochter Aleksandra, die nie ihr Schweigen brach und bei allen Befragungen die Aussage verweigerte, wanderte für viele Jahre in den Strafvollzug. Die Herkunft der anderen beiden Leichen, die aus dem Rhein geborgen wurden, blieb unaufgeklärt, deshalb sprach das Gericht den großen Rest des Geldes polnischen Waisenhäusern zu, da eine polnische Abstammung der Frauen vermutet wurde. Nach einer Abschlussbesprechung löste sich die SOKO »Grenzenlos« auf.

Hauptkommissar Eisele besprach den Fall noch mit seinem Assistenten.
»Wer, glauben Sie, war es?«
»Schwer zu sagen. Ich weiß nicht, wer zuerst am Tatort eintraf. Dr. Simus eher nein, denn der wäre an einer Vertuschung des Falles interessiert gewesen. Ich glaube, der kam später dazu. Er konnte sich ausrechnen, dass durch die zu erwartende Verurteilung wegen der Herztransplantationen und der damit verbundenen Morde seine Karriere zerstört war und er vermutlich weit mehr als ein Jahrzehnt hinter Gittern verbringen muss. Eventuell bat

ihn Gomez um einen letzten Freundschaftsbeweis und so hinterließ auch Dr.Simus seine Spuren auf der Axt. Frau Gomez traue ich diese harten Schläge mit der Axt ehrlich gesagt nicht zu. Bleiben noch Herr Gomez und der Pole Kos. Doch wer es von den beiden war, kann ich nicht beurteilen.«
»Dr. Obreiter hat diesen Tod mehr als verdient. Wenigstens schwimmen in Zukunft keine Leichen mehr durch den Untersee den Rhein hinunter. Hoffentlich! Ein Kriminaler sollte mit seiner Meinung über Täter neutral bleiben und sich nur an Fakten orientieren, doch Dr. Obreiter gönne ich die Axtschläge auf seinen Kopf.

Und nun, lieber Kollege Hodapp, ist für heute Feierabend.«

Wildwest am Bodensee

Welch ein Mann! Verstohlen, aus den Augenwinkeln, beobachtete Hella Bärenthaler den Mann, wie er breitbeinig, den Oberkörper leicht nach hinten geneigt und seitlich verdreht da stand. Er hatte die Pistole angelegt, ein Auge abgedeckt und zielte mit der Luftpistole auf eine zehn Meter entfernte Scheibe. Volltreffer! In schneller Reihenfolge gab er die vierzig Schuss am Schießstand des Schützenverein e. V. Überlingen ab. In Altbirnau, nahe den Tennisplätzen, den Fußballfeldern und dem Skatepark[106] trafen sich die Schützen wöchentlich zum Training. Patrick Gnädler konnte sich schon jetzt als Sieger fühlen, fehlte doch heute Abend sein schärfster Konkurrent, Jakob Bärenthaler. Er, der Ehemann von Hella Bärenthaler, ließ sich von allen Jack nennen und duellierte sich, falls es sein Beruf zuließ, Woche für Woche mit Patrick Gnädler. Mal gewann der eine und mal der andere. Die anderen Schützen hatten gegen diese beiden keine Chance. Als Versicherungsvertreter fehlte Jack leider öfters, sei es wegen seiner Hausbesuche, die er oft auf den Abend legen musste, oder wegen Weiterbildungsseminaren der Versicherungsgesellschaft, für die er als freier Handelsvertreter arbeitete.

Hella Bärenthaler, eine unauffällige Mittvierzigerin, schätzte es seit einem Jahr sehr, wenn ihr Mann verhindert war. Sie liebte ihren Ehemann nach fünfzehnjähriger Ehe noch immer, doch wenn sie sich heute entscheiden müsste, würde sie vermutlich ihrem Liebhaber Patrick Gnädler den Vorzug geben. Auch wenn er gelegentlich etwas nach Altöl roch, so war der unverheiratete gelernte Automechaniker, mit einer eigenen kleinen Werkstatt, der Schwarm aller weiblichen Vereinsmitglieder. Mit seinem schwarzen Lockenkopf, blaugrauen Augen, etwas dunklem Teint und der aufregenden etwa 1,85 Meter großen schlanken Figur avancierte er zur attraktivsten Trophäe im Verein. Und sie hatte sich diesen »Pokal« geschnappt und genoss jedes heimliche Zusammensein mit ihm. Heute würde es wieder im Auto passieren, da es ungewiss war, wann ihr Mann nach Hause kam. Schöner war es für sie, wenn ihr Mann ein paar Tage einen Fortbildungskurs besuchte. Dann machten sie es sich im Schlafzimmer ihres Einfamilienhauses bequem.

Kurz nach 23 Uhr klappte Jakob Bärenthaler hoch zufrieden sein Auftragsbuch zu. Er bedankte sich beim Ehepaar Koller, Besitzer eines mittelständischen Handwerksbetriebes, für den Abschluss mehrerer Versicherungen. Dies war sein bisher größter Auftrag seit seiner zehnjährigen Tätigkeit als Versicherungsagent. Der lange Abend, der erst mit einer Betriebsbesichtigung begann und nach den Erklärungen aller Einzelheiten der Policen in ein längeres privates Gespräch über die Unzulänglichkeiten der Politik endete, lohnte sich für ihn sehr. Für diese Provision müssen andere, wie er es auszudrücken pflegte, lange dafür stricken. Er verabschiedete sich überschwänglich und freute sich auf sein Zuhause. Seine Frau wird Augen machen, wenn er ihr von diesem Geschäft berichtete. Am Haus angekommen, sah er wie sein Schützenkamerad Patrick Gnädler seiner Frau aus dem Auto half. Er trat auf sie zu, küsste kurz seine Frau und rief in seiner Hochstimmung Patrick zu:
»Na, hast Du heute Abend wieder gewonnen? Sicher hat-

test Du wieder keinen Gegner. Komm mit ins Haus! Es gibt etwas zu feiern.«
Die Ehefrau hatte inzwischen die Haustüre aufgeschlossen und ohne Widerspruch zu dulden, schob der Ehemann Patrick ins Haus hinein.
»Du warst ja bisher noch nicht bei uns. Hier geht es zum Wohnzimmer.«
Wie in einem Saloon gingen sie durch die mit Holzlamellen bestückten Flügeltüren ins Wohnzimmer. Die mit Kuhhäuten überzogene Sitzgruppe, der Indianerschmuck, die Gewehre an den Wänden und ein Totempfahl in der Ecke vermittelten einen nicht ganz geglückten Eindruck von Wildem Westen. Jack schien dies nicht zu stören und Patrick tat so, als ob er dieses alles zum ersten Mal sah.
»Nimm irgendwo Platz. Ich hole inzwischen meinen besten Whiskey aus dem Keller.«
Kaum hatte Jack das Wohnzimmer verlassen, sah Patrick Hella fragend an. Doch die zuckte nur mit den Schultern und übernahm die Rolle der Gastgeberin, indem sie Gläser auf den Tisch stellte und etwas zum Knabbern holte.

»Cheers!« Immer und immer wieder prostete Jack seiner Frau und Patrick zu und erging sich ausführlich in der Schilderung seines heutigen Versicherungsgeschäftes. Als dieses Thema erschöpft war, erzählte er ausführlich von seiner Jugendzeit.
»Weißt Du, gleich nach dem Abitur spendete mir mein Vater einen Aufenthalt auf einer Ranch in Texas. Als Fan von Westernfilmen und Wildwestromanen gab es für mich keine größere Belohnung. Ich und vier andere Jungs lebten drei Wochen mit den Cowboys, trieben die Rinder von Weide zu Weide, konnten reiten und schießen, und

ein Rodeo zum Abschluss erfüllte meine kühnsten Träume. Ich kaufte mir noch zwei 45er Colts, wie die Sheriffs sie früher benutzten.«
»Damit kamst Du aber nicht durch die Sicherheitskontrolle am Flughafen.«
»Von wegen, damals, vor über zwanzig Jahren, wurde so gut wie nicht kontrolliert und Waffen in den USA kaufen konnte praktisch jeder.«
Jack zog eine Schublade auf und nahm einen der beiden Colts heraus.
»Schau mal, ein Trommelrevolver für sechs Schuss. Moment, ich lade ihn. Wie schwer der ist. Und nun nimm Du ihn in die Hand. Achtung! Nicht abdrücken!«
Vorsichtig legte Patrick die geladene Waffe auf dem Wohnzimmertisch ab.
»Komm, wir trinken noch einen Whiskey! Schau auf das Etikett – amerikanischer, denn schottischer Whisky schreibt sich hinten nur mit y.«

Hella gähnte heimlich. Wie oft hatte sie sich diese Geschichten schon anhören müssen. Als nun auch noch Patrick von seiner Militärzeit erzählte, fielen ihr fast die Augen zu, denn die Uhrzeiger standen inzwischen auf halb drei. Unvermittelt stand Patrick auf:
»Ich muss mal kurz für Königstiger.«
Jack hörte durch die geöffnete Wohnzimmertüre, wie Patrick den Flur entlang ging, nach links abbog und zielsicher die Toilettentüre öffnete. Er nippte an seinem Whiskey, doch dann traf es ihn wie der Blitz. Wie von der Tarantel gestochen sprang er auf und brüllte seine Frau an:
»Woher weiß Patrick so genau, wo unsere Toilette ist. Ich denke, er ist zum ersten Mal hier?«

Jack stürzte sich auf seine Frau und packte sie mit beiden Händen um den Hals, schüttelte sie kräftig und schrie:
»Wie oft war er schon hier?«
Hella bekam fast keine Luft mehr und stammelte:
»Lass mich los, ich ersticke!«
»Das ist mir egal, Du Schlampe!«
In diesem Moment stürzte Patrick ins Wohnzimmer und befreite Hella vor einem möglichen Erstickungstod.
»Jack, lass uns das wie erwachsene Männer regeln. Das kommt doch in den besten Familien vor.«
Nur langsam beruhigte sich Jack etwas und überlegte intensiv. Mit ruhiger Stimme sprach er zu Patrick:
»Ich habe es mir überlegt und weiß etwas, was ich mir seit meiner Jugend schon immer erträumt habe.«
Jack legte eine bedeutungsvolle Pause ein.
»Und was wäre das?«
»Ein richtiges Duell wie die Cowboys im Wilden Westen.«
»Du bist verrückt!«
Schnell ergriff Jack den geladenen Colt, der immer noch auf dem Wohnzimmertisch lag, entsicherte ihn und richtete ihn auf Patrick.
»Setz Dich!«
»Hör endlich auf mit diesem Mist!«
Unter dem Druck der Waffe setzte sich Patrick an den Wohnzimmertisch, während sich Hella kreidebleich noch immer ihren Hals rieb.
»Mach, was er sagt. Er kann sehr brutal sein und ist unberechenbar.«
Jack befahl Hella die Pokerkarten zu holen.
»Wir spielen nun eine Runde Poker. Wer gewinnt, bestimmt die Regeln für das Duell.«
Jack erklärte Patrick kurz die Pokerregeln. Immer wenn

Patrick nur einen Versuch wagte aufzuhören, griff Jack nach dem entsicherten Colt. Dass Patrick gegen den passionierten Pokerspieler Jack keine Chance hatte, war allen klar. Und so kam es wie es kommen musste, Jack legte die Einzelheiten für das Duell fest.

»Ich schlage vor, in jeden Colt kommen drei Patronen, dabei bleibt jede zweite Kammer des sechs Schuss fassenden Trommelrevolvers leer. Beide Waffen verbirgt Hella hinter ihrem Rücken und Du kannst als Erster wählen. Dann stellen wir uns Rücken an Rücken auf und jeder macht fünfzehn Schritte nach vorne. Danach drehen wir uns um und entsichern die Waffen. Wir zielen auf die Beine unseres Gegners und auf das Kommando SCHIESS, gibt jeder einen Schuss ab. Je nach dem Stand der Trommel im Colt kommt ein Schuss oder eben keiner. Damit ist das Duell beendet.«

»Und wo soll das Duell stattfinden?«

»In einer Stunde wird es hell. Wir trinken noch einen Whiskey und fahren gemeinsam zum Verkehrsübungsplatz Oberuhldingen[107]. In dieser ehemaligen Kiesgrube nahe der abgelegenen Straße zum Affenberg[38] ist zu dieser Zeit garantiert niemand.«

Jetzt erklärte sich auch Patrick mit dem Duell einverstanden, zumal die Chance bestand, unverletzt zu bleiben.

Hella schrie: »Seid Ihr verrückt! Euch ist wohl der Alkohol in den Kopf gestiegen?«

Jack: »Halt die Klappe! Das ganze Theater ist doch nur wegen Dir.«

Seit Inspektor Hodapp beim Open-Air-Konzert von Udo Jürgens im Park von Schloss Salem[108] das Lied »Ich war noch niemals in New York« gehört hatte, träumte er von dieser Reise. Morgen war es endlich soweit. Früh, mit der ersten Maschine, würde er vom Flughafen Friedrichshafen den Zubringer nach Frankfurt zum Weiterflug nach New York nutzen. Den kommenden Nachmittag und den Abend hatte er sich für seine Freundin Lisa reserviert. Vormittags packte er den Koffer, lud ihn in sein Auto. Dann holte er seine derzeitige Flamme in Frickingen[109] ab. Sie, zuständig für die Gäste, die im Ferienbahnhof in Eisenbahnwaggons übernachteten, hatte sich auch frei genommen. Unterwegs sahen sie, wie das Apfelzügle[110] durch die Obstgärten kurvte. Zum Abschied hatte er sich ein umfangreiches Programm ausgedacht. Zuerst fuhren sie zum Wasserskifahren in den Seepark Linzgau[111] von Pfullendorf mit einer anschließenden Runde auf der in Deutschland wohl einmaligen Abenteuer-Golfanlage. Gespielt wird mit echten Golfschlägern und Golfbällen auf 18 Bahnen mit pfiffigen Elementen. Nach diesem Spaß fuhren sie in Richtung Heiligenberg[112] weiter und bogen zum Illmensee[113] ab. Ein Bad in dem idyllisch gelegenen Naturweiher war eine willkommene Erfrischung an diesem heißen Tag. Noch war nicht die Zeit zum Abendessen, deshalb umrundeten sie auf einem abwechslungsreichen gut einstündigen Spaziergang den kleinen See. Nur wenige Autokilometer weiter, am höchsten Punkt angelangt, zeigte Lisa ihrem Freund den schwäbisch-alemannischen Mundartweg[114] mit vielen lustigen Dialekt-Sprüchen, die für die Auswärtigen ins Hochdeutsche übersetzt sind. Auf diesem etwa einen Kilometer langen Rundweg sind die Abdrücke von Händen und Füßen einiger Stars, Sternchen, königlicher Hoheiten, Sport- und Politik-Prominenz verewigt. Ein schwäbisch-alemannischer »Walk of Fame«, darunter auch der ehemalige Ministerpräsident von Baden-Württemberg Erwin Teufel. Den »Teufel« kann man manchmal auch in Überlingen treffen. Nach ihm ist die Teufelstreppe benannt, die mit 106 Stufen eine Verbindung am Ende des Stadtgartens[10] zur Steinstraße und damit einen Zugang zu der dort befindlichen Kneippanlage und zur Aussichtskanzel schafft.

Einen wunderschönen Ausblick auf den Bodensee und das Alpenpanorama genossen auch Lisa und Dirk auf dem Höchsten[115]. Lisa bekam einen Lachkrampf, weil er eines der fest montierten Eisenrohre, die jeweils genau einen Berggipfel im Visier haben, wie ein Fernrohr bewegen wollte. Gut gelaunt erreichten sie den etwas unterhalb der Bergkuppe gelegenen Gasthof. Bei dem schönen Wetter bevorzugten sie einen Tisch im Freien unter einem mächtigen Kastanienbaum mit einem nicht bezahlbaren Ausblick. Der Höhengasthof bietet im Sommerhalbjahr jeweils zur Vollmondnacht ein Programm mit Feuer und Fackeln und Vollmondbüfett an, dessen Höhepunkt des Spektakels an diesem Abend ein Gaukler bestritt. Sehr spät fuhren sie durch das Deggenhausertal, auch »Tal der Liebe« genannt, nach Frickingen zurück. Warum dieses verträumte Tal bei den Einheimischen so genannt wird, bleibt ein Geheimnis, da die Leute weniger wegen dem Sex, sondern eher wegen der bekannten Landgasthöfe in dieses Tal fahren. Aber Liebe geht ja bekanntlich durch den Magen.

Bereits um vier Uhr morgens musste sich der Inspektor von seiner Freundin verabschieden, um rechtzeitig das Flugzeug in Friedrichshafen zu erreichen. Auf der Fahrt dort hin nahm er sich die Zeit, am Affenberg[38] kurz anzuhalten, um einen Blick auf die imposante Storchenkolonie zu werfen. Er war wie immer rechtzeitig aufgebrochen. Als er mit offenem Verdeck in Richtung Oberuhldingen fuhr, hörte er auf der Höhe des Verkehrsübungsplatzes einen Schuss. Er hielt an, stieg aus und bewegte sich vorsichtig in die Richtung, aus der der Schuss kam.

Am Horizont graute bereits der Morgen, als Jack, Patrick und Hella mit dem Auto zum Verkehrsübungsplatz einbogen. Sie stiegen aus und Jack lud die beiden Colts mit jeweils drei Patronen. Hella holte vorsichtshalber den Verbandskasten aus dem Wagen. Wie vereinbart nahm sie die beiden zur Hälfte geladenen Revolver, drehte sich um und lies die Patronentrommeln nochmals rotieren. Patrick hatte die Wahl und entschied sich für die linke Hand. Dann marschierten die beiden Kontrahenten zur mittleren Straße, stellten sich Rücken an Rücken auf und entsicherten die Waffen. Jeder ging fünfzehn Schritte nach vorne, wobei Patrick besonders große Schritte machte. Langsam drehten sie sich um und nahmen breitbeinig, wie in Westernfilmen gesehen, ihre Position ein. Es herrschte absolute Stille. Die ersten Strahlen der Morgensonne zeichnete die Silhouetten auf den Asphalt. Jeder hatte den Colt in der rechten Hand und entsicherte ihn. Hella wies die beiden nochmals an, nur auf die Beine zu zielen, was für die Schützen bedeutete, sich wegen der breitbeinigen Stellung für einen Fuß zu entscheiden.
»Ich gebe jetzt wie vereinbart das Kommando.«
Innerlich kam sie inzwischen zur festen Überzeugung, der Whiskey würde die Zielsicherheit der beiden alkoholisierten Männer stark beeinflussen.
»Achtung! Ich zähle jetzt bis Drei und dann folgt der Befehl zum Schießen. Einnns, zwwwei, drrrei – SCHIESS!«

Ein Schuss knallte. Jack schrie auf. Schmerzverzerrt griff er sich an den Unterschenkel. Ein Streifschuss verletzte sein linkes Bein. Sein Schuss dagegen ging offensichtlich nicht los, denn Patrick stand immer noch bewegungslos an der gleichen Stelle, den Colt in der Hand und grinste. War es Wut oder war es Absicht? Jack schoss nochmals und traf Patrick mitten in die Stirn. Dieser fiel wie ein gefällter Baum um.
Hella rannte wie wild zu Patrick und schrie:
»Patrick, Patrick!«
Doch dieser gab kein Lebenszeichen mehr von sich.
»Lass den Kerl liegen und verbinde mich. Ich blute«, schrie Jack.
Hella nahm den Verbandskasten in die Hand und ging langsam auf Jack zu.
»Du wolltest Patrick töten! Gib es zu! Das hattest Du von Anfang an vor.«
»Einen richtigen Cowboy betrügt man nicht.«
Die Wut von Hella schwoll ins Unermessliche. Sie warf den Verbandskasten weg, riss Jack den Colt aus der Hand, hielt ihn gegen seine Schläfe und drückte ab. Sie hörte nur das leere Klicken und einen Ruf: »Halt! Polizei!«

Inspektor Hodapp blickte vom Rand des Verkehrsübungsplatzes auf die Szene hinab, sah eine leblose Gestalt am Boden liegen und eine Frau, die einen Revolver an die Schläfe des am Boden knieenden Mannes hielt und abdrückte. Zu seinem Erstaunen fiel dabei kein Schuss. Nochmals rief er: »Halt! Polizei!«. Die offensichtlich wütende Frau ignorierte seine Rufe und drückte nochmals ab. Jetzt hörte er deutlich den Schuss. Die Frau drückte ein weiteres Mal ab, wieder kein Schuss.

Beim nächsten Abzug knallte es nochmals. Nun sank der Kopf seitlich herunter und der Mann fiel flach auf den Boden.

Der Kriminalinspektor rannte auf die in Bewegungslosigkeit erstarrte Frau zu, die sich ohne Gegenwehr festnehmen ließ. Sie erzählte ihm die ganze Geschichte und Inspektor Hodapp rief übers Handy seinen Chef Hauptkommissar Eisele herbei, der nach etwa einer halben Stunde eintraf. In kurzen und markanten Sätzen schilderte er seinem Vorgesetzten den Vorfall und Eisele entließ ihn mit den Worten:
»Beeilen Sie sich, das Flugzeug in Friedrichshafen wartet nicht. Sonst waren Sie wieder nicht in New York.«

Hella bekam einen Weinkrampf.
»Ich bin ausgerastet. So kenne ich mich nicht! Gestern hatte ich noch zwei Männer und heute sind beide tot. Wann werden Männer erwachsen?«
Darauf Eisele: »Diese beiden sicher nicht mehr.«

Mord nach dem Tod

Wer glaubt, adelige Familien gibt es überwiegend in Frankreich oder England, der irrt. Auch in Deutschland besitzen Adelige nach wie vor große Ländereien und Wälder. Rund um den Bodensee sind einige Zeugen dieser prunkvollen Vergangenheit zu besichtigen wie: das Schloss auf der Insel Mainau[30], das Alte Schloss in Meersburg[44], Schloss Heiligenberg[112] und Schloss Salem[108], Schloss Montfort in Langenargen[59], Schloss Langenstein[116] bei Stockach oder die schweizerischen Schlösser Arenenberg[81] mit dem Napoleonmuseum, sowie das Wasserschloss Hagenwil[13] bei Amriswil. Inzwischen sind einige der Fürsten, Grafen und Barone verarmt, doch einigen gelang es, dank ihres angeborenen Geschäftssinnes und ihrer guten Ausbildung, die ererbten Besitztümer zu erhalten und durch entsprechende Umstellungen auf die modernen Zeiten den Reichtum zu vermehren. So auch Maximilian Graf von Sonnenberg, der einen feudalen Landsitz an der Grenze zwischen dem Hegau und Linzgau, im Hinterland des Bodensees, sein eigen nennt. Die Ländereien umfassen ein ausgedehntes Acker- und Weideland, sowie einen stattlichen Wald mit eigener Jagd. Zum Gelände zählt außerdem noch ein stillgelegter Steinbruch. Vor Jahren sprengte hier eine Tochterfirma des Grafen Steine heraus und verkaufte sie zur Verzierung von Steingärten. Steingärten sind inzwischen aus der Mode gekommen und so lohnte sich dieser Erwerbszweig nicht mehr. Auch die Viehzucht rechnet sich heute nur noch dank der lukrativen Subventionen der Europäischen Union. Zur großzügigen Anlage zählen ein Stall mit etwa sechzig schottischen Angusrindern, mehrere Nebengebäude als Maschinen- und Geräteschuppen, sowie eine kleine Privatbrauerei. Den Mittelpunkt des gräflichen Besitzes bildet ein rechteckiges dreistöckiges Herrschaftshaus, das überwiegend aus Buntsandstein erbaut ist und mit seinen hohen Fenstern sowie dem Säuleneingang und der kleinen Freitreppe einen schlossartigen Eindruck vermittelt.

Maximilian von Sonnenberg feierte erst vor kurzem seinen 70. Geburtstag. Meist schätzten ihn die Leute um ein Jahrzehnt jünger. Der über 1,90 cm große, breitschultrige, braungebrannte Mann hat noch volles schwarzes Haar mit grauen Schläfen, hellblaue Augen in einem aparten ovalen Gesicht, mit weißem Oberlippenbart, dessen Enden nach oben zeigen und die ihm einen optimistischen Gesichtsausdruck verleihen. Dank seiner Ehrenämter: 1. Vorsitzender vom Golfclub, Aufsichtsrat bei verschiedenen Firmen, 2. Vorsitzender vom Lions-Club, Schöffe beim Landgericht Konstanz und in einigen weiteren Ämtern, zählt er zu den bekanntesten Persönlichkeiten am Bodensee, im Hegau und im Linzgau. Seit nun fast dreißig Jahren ist er mit Lieselotte verheiratet. Schon kurz nach der Heirat kam Lieselotte von Sonnenberg, geborene Gerlach, der Verdacht, ihr Mann hätte sie nur wegen des Geldes geheiratet. Kaum zurück aus den Flitterwochen gestand ihr Mann dem neuen Schwiegervater seine Geldnöte. Für ihren vermögenden Vater war es kein Thema, sich mit einer erheblichen Summe an der damals defizitären Brauerei zu beteiligen. Erhebliche Differenzen gab es nach einem Seitensprung des Grafen, der nicht ohne Folgen blieb. Mit seinem Charme schaffte es der Graf, seine Frau zu versöhnen, und sie gebar ihm im etwa jährlichen Abstand vier Kinder: Bernhard, Hermann, Richard und Bettina. Weitere Seitensprünge ihres Mannes blieben nicht aus, und so sah sie nun mit ihren etwas über 62 Jahren alt und grau aus. Als Frustesserin hinterließen die Kalorien so manchen Fettansatz und im Gegensatz zu früher drehte sich heute kein Mann mehr um, wenn sie durch eine Stadt ging. Sie hoffte vergebens, dass die Manneskraft des Grafen im Lauf der Jahre nachließe, doch dieser Bock kam jeden Sonntagmorgen um 8 Uhr zu ihr ins Schlafzimmer und pochte auf die eheliche Pflicht. Widerwillig ließ sie es immer über sich ergehen und für den Ausspruch: »Ich komme immer sonntags, damit du verorgelt in die Kirche gehen kannst«, hasste sie ihn als gläubige Katholikin besonders. Überhaupt war von ihrer früheren Liebe zu ihm nichts mehr übrig. Im Gegenteil, der Hass nahm von Jahr zu Jahr zu. Seit sie bei seiner Abwesenheit in seinem Schreibtisch schnüffelte und dabei feststellte, ihr Mann benötigte neuerdings immer mehrere hundert Euro wöchentlich mehr, hatte sie ihn in Verdacht, dass er regelmäßig eine Geliebte besucht. Dafür sprach auch seine ungeklärte Abwesenheit an jedem Mittwochnachmittag.

Maximilian Graf von Sonnenberg genoss sein Leben. Gute Zeiten sollte man genießen, denn in schlechten Zeiten gibt es automatisch Abstriche an der Lebensqualität. Seine Kinder- beziehungsweise Jugendzeit erlebte er im zweiten Weltkrieg und in der Nachkriegszeit. Vater war im Krieg und kam nur zum Fronturlaub nach Hause. Da gegen Ende des Krieges fast alle Kräfte für die Rüstung gebündelt wurden, bewirtschaftete seine Mutter, zusammen mit einigen zugeteilten französischen Gefangenen, das Gut. Vater kam schon Ende 1945 aus amerikanischer Gefangenschaft nach Hause und übernahm ab dann wieder das Zepter. Er sprach kaum über seine Militärzeit, doch später erfuhr Maximilian doch einiges. Vater war als überzeugter Nazi freiwillig in die Wehrmacht eingetreten und schaffte es bis zum Dienstgrad Oberstleutnant. Zum Schluss diente Vater im Führerhauptquartier in Berlin. Welche Aufgabe er dort erfüllte, sagte ihm sein Vater erst kurz vor seinem Tod. Nach ein paar Jahren Gymnasium in Konstanz besuchte Maximilian die Schlossschule Salem, wo er bis zum Abitur blieb. Das Studium der Agrarwissenschaft absolvierte er anschließend an der Universität in Stuttgart-Hohenheim. Sein mittelmäßiger Abschluss ließ nicht auf mangelnde Intelligenz schließen, sondern auf die Tatsache, dass er sich neben dem Studium von Saat und Pflanzen mehr den jungen langbeinigen »Pflänzchen« widmete.

Mutter starb früh und sein Vater war froh, ihn nach dem Studium im elterlichen Betrieb zu haben. 1969 bekam sein Vater überraschend einen Schlaganfall. Auf dem Sterbebett verriet ihm Vater noch ein Geheimnis:
»In der Bibliothek gibt es hinter dem Bild vom Großvater einen verborgenen Wandsafe, in dem vier Zyankalikapseln aufbewahrt sind. Ich war im Führerhauptquartier von Berlin für ›Sonderaufgaben‹ zuständig. Lehnte sich ein hoher Offizier gegen die totalitäre Diktatur von Adolf Hitler auf, überbrachte ich mit entsicherter Pistole die Zyankalikapseln für ihn und seine Familie. Nach dem Attentat des Grafen von Stauffenberg am 20. Juli 1944 nahmen die Widerstände innerhalb des Offizierskorps immer mehr zu, und ich musste einige ›Sondereinsätze‹ fahren. Wenn ich kam, fügten sich die Offiziersfamilien

notgedrungen in ihr Schicksal, bis auf einmal. Wenige Wochen vor Kriegsende griff das vorgesehene Opfer nach seiner Pistole. Was blieb mir übrig, ich erschoss ihn, seine Frau und seine beiden Kinder. Niemand fragte damals nach dem Verbleib der vier Zyankalikapseln, und als ich zwei Tage später nach Hause fuhr, deponierte ich diese im Wandsafe. Bewahre sie auf, denn sollte Dir einmal ein längeres Siechtum bevorstehen, kannst Du dieses ganz einfach mit nur einer Kapsel beenden. Die vierstellige Kombination für das Zahlenschloss besteht aus dem Geburtsdatum Deiner Mutter ohne Jahreszahl. Außerdem befinden sich im Safe noch eine Packung Dynamit-Stangen, die aus unserer Steinbruch-Firma übrig waren. Du musst nur das Bild abhängen, ein loses Tapetenstück anheben und schon siehst Du das Zahlenschloss.«

Nur wenige Tage später starb sein Vater. Jetzt musste Sohn Maximilian die elterlichen Betriebe mit inzwischen über zwanzig Arbeitern und Angestellten alleine leiten. Nun bewährte sich seine Ausbildung. Das Geschäft florierte bis es dann Mitte der 1970er Jahre zur ersten Rezession in der Nachkriegszeit kam. Vor allem mit der Brauerei gab es Schwierigkeiten. Großbrauereien machten den Markt kaputt. Er hätte verkaufen können, doch wollte er eine vierhundertjährige Familientradition nicht unterbrechen. Neben anderen hatte er damals mit Lieselotte eine Liebschaft, die ihm nicht besonders wichtig erschien, aber sie war über beide Ohren in ihn verliebt. Da er bereits die Dreißig überschritten hatte, und er seine Dynastie sowieso mit einigen Nachkommen sichern wollte, war es auch an der Zeit, sich zu binden. Es war die richtige Verbindung, denn sein vermögender Schwiegervater half ihm mit einer erheblichen Summe aus seiner Geldnot, und er konnte die Brauerei wieder sanieren. Nach der Geburt der vier Kinder verkam seine Ehe immer mehr zu einer Zweckgemeinschaft. Öfters besuchte er nun Einladungen und geschäftliche Partys alleine. Die Damen waren mit wenigen Ausnahmen einem erotischen Abenteuer nicht abgeneigt. Vermutlich hatten sie nichts dagegen, ihre Liebhabersammlung um einen Grafen zu erweitern. So wie andere, wenn sie nachts nicht einschlafen konnten, Schäfchen zählten, so konnte er nun Frauen zählen. Auch wenn jetzt im vorgerückten Alter seine Manneskraft abnahm, stellte er doch noch, wenn auch mit etwas Unterstützung, wöchentlich zweimal seinen Mann.

Es war einer der schönen Spätherbsttage Ende Oktober am Bodensee. Während es fast überall in Deutschland regnete, sorgte der Föhn am Alpenrand für ein traumhaft schönes Wetter mit Temperaturen bis zu 20 Grad. Karle Eisele, Kriminalhauptkommissar in Überlingen, und seine Frau verließen ihr schmuckes Häuschen, um nach Konstanz-Staad zu fahren. Eisele hatte ein paar Tage Urlaub und wollte das schöne Wetter für eine Wanderung[117] nutzen, die schon zu ihrer jährlichen Tradition zählte. Er, von eher kleinen Statur, mit hoher Denkerstirn und leichtem Bauchansatz, wollte mit seinen 52 Jahren etwas für seine Gesundheit tun. Ab dem Fährehafen gingen sie zu Fuß und genossen ihren Ausflug durch den bunten Laubwald, sahen am gegenüberliegenden Bodenseeufer die Orte Meersburg[44] und Hagnau[45], gingen durch das weitläufige Freibad Hörnle[118] mit eingegliedertem FKK-Gelände und bogen, immer dem Seeufer folgend, in die Konstanzer Bucht ein. Der grandiose Blick auf das Konstanzer Münster und im Hintergrund die Schweizer Berge begeisterten die beiden Wanderer immer wieder aufs Neue. Entlang der Seestraße mit dem Spielcasino[119] und der wegen der schönen Jugendstilfresken auffallenden Villa Prym rückte die Altstadt von Konstanz und die Rheinbrücke mit dem daneben gelegenen Inselhotel[3], ein ehemaliges Dominikanerkloster, immer näher. Nach knapp zwei Stunden fanden sie gerade noch zwei Plätze auf der am Konstanzer Hafen[1] gelegenen Terrasse des Restaurants »Konzil«. Von hier hatten sie eine gute Sicht auf die an der Hafeneinfahrt sich drehende mächtige Statue der »Imperia[2]«. Die Kurtisane Imperia hält in einer Hand den Kaiser und in der anderen Hand den Papst. Der Bildhauer Peter Lenk spielt mit diesem Werk auf das Konzil an, das in den Jahren 1414 bis 1418 in Konstanz stattfand und bei dem es als Begleiterscheinung oft ganz und gar nicht kirchlich zuging. Der Künstler hat inzwischen in anderen Städten witzige Skulpturen aufgestellt. Eisele hatte es besonders der Brunnen in seiner Heimatstadt Überlingen angetan. Hier sitzt der Schriftsteller Martin Walser als Reiter über dem Bodensee mit Schlittschuhen auf einem Pferd, das auf einer von den Flossen zweier Nixen gehaltenen Eisscholle steht. Ein im Wasser sitzender Jüngling, der unter den Armen jeweils einen Fisch geklemmt hat, und ein Wallerfisch sind mit den Gesichtern der örtlichen Bankdirektoren ausgestattet, die dem Bildhauer eine namhafte Spende für den von ihm zum Teil finanzierten Brunnen verweigerten. Tatsächlich soll im Januar 1573 ein Reiter über den zugefrorenen See nach Überlingen gekommen sein. Dieser ist aber nicht, wie Gustav Schwab dichtete, tot vom Pferd gefallen, sondern stärkte sich im noch heute existierenden Gasthaus »Krone« mit einem kräftigen Mahl.

Hier, auf der Terrasse des Konstanzer Konzilgebäudes, dachte Hauptkommissar Eisele an seine Heimatstadt Überlingen, an die »Karle-Vereinigung«, die zur Erhaltung der alemannischen Mundart beiträgt und den »Club der kochenden Männer« mit den kulinarischen Sitzungen, die er nach Möglichkeit nie ausließ. Gerade als er und seine Frau sich an die üppige Bodenseefischplatte machten, klingelte sein Handy. Am Apparat war Maximilian Graf von Sonnenberg.

»Du kommst doch morgen zu meiner Jagdgesellschaft?«

Eisele wollte sich dieses jährliche gesellschaftliche Ereignis in diesem Jahr schenken, denn es war ihm zuwider, auf unbewaffnete Hasen, Wildschweine, Rehe oder Hirsche zu schießen. In seiner langen Zeit als Polizeibeamter hatte er nur einmal einem flüchtenden Gangster ins Bein geschossen. Aber seinem prominenten Schachpartner konnte er diesen Wunsch schlecht abschlagen. Vor Jahren lernte er den Grafen bei einer Verhandlung am Konstanzer Landgericht kennen. Sie waren sich auf Anhieb sympathisch, was amerikanische Gehirnforscher auf ähnliche Gehirnstrukturen zurückführen. Inzwischen spielten sie, falls es der Dienst von Eisele zuließ, alle zwei Wochen in der Bibliothek des Grafen Schach. Eisele ahnte natürlich nicht, dass hinter dem genau ihm gegenüber hängenden Bild in einem verborgenen Wandsafe eine Packung Dynamit-Stangen und vier Zyankalikapseln als tödliche Dosis lagern. Sie waren ungefähr gleich starke Schachgegner. Hinterher genossen sie immer eine gute Zigarre, tranken Himbeergeist, den prämiierten von einem Hagnauer Schnapsbrenner, die Flasche für einhundert Euro, und plauderten über Gott und die Welt.

»Natürlich komme ich morgen zur Jagd.«
Das Gespräch war nun beendet und Eisele sagte zu seiner Ehefrau:
»Ich bin mir nicht ganz sicher, aber ich glaube, der Graf hat neuerdings eine Liaison mit einer in Konstanz bekannten Edelnutte, denn zufällig habe ich mitbekommen, wie er letzte Woche bei ihr am Hauseingang der Wohnanlage stand. Sie beugte sich aus dem Fenster und rief ihm etwas zu, was ich nicht verstand.«

Wie inzwischen jeden Mittwochnachmittag besuchte Maximilian Graf von Sonnenberg die rothaarige Lydia, die in einer größeren Wohnanlage in Konstanz ein feudales Appartement bewohnte. Als kleine Aufmerksamkeit brachte er dieses Mal eine Schachtel belgische Pralinen mit, die Lydia besonders gerne aß. Vor Monaten lernte er diese attraktive Dame bei einem Zuhälterprozess am Landgericht kennen, bei dem sie als Zeugin auftrat. Diese Ausstrahlung, dieser Charme, diese Sinnlichkeit und dieses gewinnende Lächeln faszinierten ihn schon während der Verhandlung, bei der er als Schöffe fungierte. Zufällig trafen sie sich nach dem Prozess auf dem Parkplatz und er fragte sie, ob sie Lust auf einen Kaffee hätte. Sie willigte ein, und sie tranken im nahe gelegenen Café Latte Macchiato. Sie war ihm äußerst sympathisch, und er fühlte sich in ihrer Gegenwart sehr wohl. Sie sprachen über verschiedene Bilderausstellungen, die zur Zeit im Bodenseeraum zu besichtigen waren. So sagte er auch spontan zu, als sie ihm anbot, die Bilder in ihrer Wohnung zu zeigen. Umso größer war dann sein Erstaunen, als sich diese Bilder als wunderbar gemalte Liebesakte entpuppten. Bei einer Flasche Sekt zog sie, da es ihr angeblich zu heiß war, immer mehr Kleidungsstücke aus.

So konnte er bald auch ihre fast nicht mehr verhüllten wohlgeformten Brüste sehen. Seine gierigen Blicke blieben ihr nicht verborgen, und sie zog ihn unmissverständlich zu sich auf das Sofa. Weiteres Erstaunen stellte sich bei ihm ein, als sie ihm eine Auswahl an Kondomen anbot. Hier griff er gerne zu, denn seit seinem Malheur vor inzwischen über 28 Jahren tat er es mit Ausnahme bei seiner Frau nicht mehr ohne Schutz. Trotz seines Alters von 70 Jahren schaffte sie es nach einer gewissen Zeit, ihn derartig in Stimmung zu bringen, wie er es seit Jahrzehnten nicht mehr erlebt hatte. Sie lachte und meinte: »Rothaarige haben einfach ein paar PS mehr.« Immer mehr wurde ihm bewusst, er hatte es hier mit einer Professionellen zu tun.

Aus dem Liebesabenteuer war nun schon seit einigen Monaten eine regelmäßige Liebesbeziehung entstanden, wenn auch nur Mittwoch nachmittags. Mit Lydia konnte er Dinge tun, die bei anderen Frauen, geschweige denn bei seiner Ehefrau, unmöglich wären. Bei seiner Lieblingsnummer kam Lydia als Rote-Kreuz-Schwester, mit Häubchen, kurzer weißer Schwesterntracht und ohne Höschen ins Zimmer, untersuchte ihn und gab ihm in den blanken Hintern eine Spritze. Bei dieser Nummer war er immer beim anschließenden Geschlechtsverkehr besonders aktiv. Was der Graf nicht wissen konnte, Lydia war früher Krankenschwester und hatte auch heute noch gute Kontakte zum Krankenhaus, von dem ihr ein Arzt, der auch zu ihrem engeren Kundenkreis zählte, die Potenz anregenden Mittel besorgte. Da er mit Lydia alles bereden konnte, erzählte er eines Tages auch von dem Malheur, als er das einzige Mal mit einer fremden Frau Geschlechtsverkehr ohne Schutz hatte.

»Es war ein schöner Sommertag mit wenig Wind. Deshalb ankerte ich mit meinem Segelboot nahe dem Ufer in der ruhigen Bucht hinter der Insel Mainau. Hinter einem gerafften Segel lag ich nackt vor neugierigen Blicken geschützt, als ich Hilferufe hörte. Eine Biologiestudentin, bewaffnet mit einem Schmetterlings-Käscher, hatte offensichtlich am Schilfufer beim Fangen von Libellen, die sie für eine Studie benötigte, nicht aufgepasst und war dabei ins Wasser geplumpst. Allen Anschein nach konnte sie nicht schwimmen. Da sie den Kopf kurz nach ihren Hilfeschreien bereits unter Wasser hatte, sprang ich nackt wie ich war hinein und rettete sie. Mit Mühe brachte ich sie über die Badeleiter des Bootes in die Kajüte, wo ich versuchte, sie mit Mund-zu-Mund-Beatmung wieder zu beleben. Schon nach kurzer Zeit war sie mehr als lebendig und von meiner Nacktheit angeturnt, küsste sie mich und es kam zu Liebesakt. Ich hakte diese Begebenheit unter »überraschendes aber angenehmes Liebesabenteuer« ab, bis ich nach neun Monaten zum Vaterschaftstest beordert wurde. Die junge Frau konnte sich noch genau an die Bootsnummer erinnern. Eindeutig identifizierten sie mich als den Vater des neugeborenen Sohnes. Als meine damals schwangere Frau davon erfuhr, kam es fast zur Scheidung. Von nun ab waren Monat für Monat die Alimente fällig und dieser Bastard studierte, für meine Begriffe viel zu lange, auch noch an der Fachhochschule Furtwangen einige Semester Elektronik. Dieses Studium brach er ab, um anschließend an der Sporthochschule Köln zu studieren. So musste ich bis zu seinem 27. Lebensjahr zahlen. Damit nicht genug. Erst vor wenigen Monaten stand mein unehelicher Sohn vor mir und bat mich, da arbeitslos, um eine Stelle auf unserem Gut. Da meine Kinder von ihrem Halbbruder nichts wussten und auch nichts wissen sollten und ich in meinem Alter Hilfe gebrauchen konnte, nahm ich ihn als meinen Verwalter auf, mit dem Versprechen, Stillschweigen für alle Zeiten zu üben. Meinen Söhnen passte die Einstellung des neuen Verwalters natürlich nicht, denn die wollten schon seit Jahren die alleinige Verwaltung unserer Betriebe übernehmen. Über diese Leitung gibt es auch immer wieder Streit unter meinen Söhnen. Aber ich habe noch nicht entschieden, wer von meinen Söhnen der Chef werden soll. Die sollen erst mal heiraten und Kinder kriegen, damit ich weiß, wer unsere Familientradition fortführt. Größere Auseinandersetzungen gab es auch mit meiner Ehefrau, die meinem Fehltritt nicht täglich begegnen wollte. Doch sollte ich mein eigen Fleisch und Blut auf der Straße stehen lassen?«

Hauptkommissar Eisele stieß erst am Spätnachmittag zur Jagdgesellschaft, die bereits im extra aufgebauten Zelt auf dem Rasen vor dem Schloss ausgiebig feierte. Diese bereits traditionelle Treibjagd veranstaltete der Graf jährlich zusammen mit dem Staatlichen Forstamt, dessen Wälder an seinen Wald grenzten, für Persönlichkeiten aus Politik und Wirtschaft. Die erlegte Strecke mit fünfzehn Hasen, zwei Wildschweinen, acht Rehe, elf Füchse und einem Hirsch lag schön aufgereiht vor dem Zelt. Ein exzellenter Partyservice bot ein kalt-warmes Büfett mit feinen Speisen an. Eisele entschuldigte sich beim Grafen für das späte Kommen, denn obwohl er Urlaub hatte, rief ihn sein Assistent Dirk Hodapp zu einem Fall, bei dem er sich nicht sicher war, ob Mord oder Selbstmord vorlag. Im Lauf des Tages stellte es sich dann einwandfrei als Selbstmord heraus.

»Wusstest Du«, sagte Eisele zum Grafen, »dass es mehr Selbstmorde in der Bundesrepublik Deutschland gibt als Verkehrstote?«

»Das ist mir neu«, entgegnete der Graf, »aber schau mal meinen kapitalen Zwölfender-Hirsch an, den ich geschossen habe.«

Der Graf schien in Hochstimmung zu sein, wie auch die gesamte Jagdgesellschaft, die aus etwa fünfzig Personen bestand. Von den Kindern des Grafen fehlte nur Tochter Bettina.

»Sie trainiert wieder mit unserem Segelboot, das im Hafen vom Yachtclub Bodensee in Überlingen liegt. Bei der Sommerregatta ›Rund um den Bodensee‹, die jedes Jahr an einem Freitagabend mit etwa 3.000 Segelbooten in Lindau startet und längs des Bodensees bis zum Überlinger See und wieder zurück verläuft und je nach Wind bis weit in den Samstag hinein dauert, hatte sie in ihrer Bootsklasse in diesem Jahr nur den 26. Platz belegt. Verwöhnt durch die Erfolge der Vorjahre übt sie jetzt beinahe täglich für die ›Regatta der Eisernen‹, die Ende November die Segelsaison beschließt. Für dieses Training vernachlässigt sie sogar ihr Studium an der Universität in Konstanz.«

Seine Söhne Hermann und Richard, die Betriebswirtschaft studiert hatten und nun die Viehzucht und den Ackerbau des Gutes betrieben, schienen auch guter Stimmung zu sein. Sein ältester Sohn Bernhard kümmerte sich um den Ausschank des Bieres. Er hatte in Weihenstephan nahe Freising als Braumeister gearbeitet und vor einem halben Jahr die Leitung der eigenen Privatbrauerei übernommen. Die Spezialität des Hauses, ein dunkles Bockbier, mundete den Anwesenden vorzüglich, und auch Eisele gönnte sich einen halben Liter. Schade eigentlich, dachte Eisele, dass dunkles Bier etwas aus der Mode gekommen ist, verdrängt von Pils- und Weizenbier, denn es schmeckt einfach himmlisch.

»Und das ist mein neuer Verwalter, Lothar Schult«, mit diesen Worten stellte ihm der Graf einen jungen Mann vor, der im Aussehen und in der Gestik dem Grafen ähnlich schien. Seine gepflegte Erscheinung und die offensichtlich guten Umgangsformen unterstrichen die positive Erscheinung des neuen Angestellten.
»Er ist gelernter Elektroniker und Sportlehrer, doch wir werden ihm die betriebswirtschaftlichen Geheimnisse unserer Betriebe schon noch beibringen«, grölte der Graf, der augenscheinlich dem eigenen Bier schon stark zugesprochen hatte. Erstaunt war Eisele über die Anwesenheit der Konstanzer Lebedame Lydia. Ihm, als ausgezeichneten Beobachter, entgingen nicht die kurzen Blicke, die sie dem Grafen zuwarf, sowie die wie unabsichtlichen Berührungen, wenn der Graf beim Vorbeigehen ihr mit der Hand über ihren attraktiven Hintern strich. Alle waren offensichtlich bester Laune, bis auf die Gastgeberin, Lieselotte Gräfin von Sonnenberg. Sie, die sonst bei den Empfängen ihren Charme versprühte, war gegenüber ihren Gästen wortkarg, fast abweisend. Obwohl für sie als Organisatorin alles bestens lief, drückte ihr Gesicht alles andere als Freude aus. Gegen Mitternacht kam Eisele nach Hause, und als ihn seine Frau schon im Bett liegend schlaftrunken fragte, wie es denn gewesen sei, antwortete er:
»Schön, aber ich glaube, beim Grafenehepaar ist die Kacke am dampfen.«

Lieselotte Gräfin von Sonnenberg besuchte regelmäßig ihren Vater Oswald Gerlach, der nicht weit vom gräflichen Gut in Stockach[120] wohnte. Ihre Mutter starb bei ihrer Geburt an Kindbettfieber. In den Kriegsjahren gab es aufgrund fehlender ärztlicher Betreuung viele Sterbefälle, die so heute nicht mehr vorkommen. Diesen Tod verwand Vater nie mehr. Er mied Frauen, verwöhnte aber dafür sein Kind umso mehr. Er nannte sie seine »Prinzessin«, ohne zu ahnen, dass später aus ihr eine echte Gräfin würde. Vater war in den ersten Jahren an der Front. Ab Herbst 1944, nach dem Tod seiner Frau, beaufsichtigte er zusammen mit anderen die KZ-Häftlinge in einem Stollen bei Überlingen. Aufgeschreckt durch die vermehrten Luftangriffe der Alliierten wollte die Wehrmacht Teile der Friedrichshafener Rüstungsbetriebe in einen Stollen nach Überlingen verlagern, der in dem weichen Molassefels bei Überlingen gegraben wurde. Zu der Auslagerung kam es nicht mehr, doch ist der vier Kilometer lange Stollen noch heute zu besichtigen. Nach dem Krieg übernahm ihr Vater das väterliche Baugeschäft, das in den 1960er Jahren boomte. Hier steckte er seine gesamte Energie hinein. Lieselotte wuchs als verwöhntes Kind auf. Da sie Spielzeug ihr eigen nannte, wie eine kleine Dampfmaschine, Märklin-Baukasten, elektrische Eisenbahn, avancierte sie zur gefragten Freundin bei den Nachbarkindern. Sie spielte kaum mit Puppen, sondern bevorzugte technisches Spielzeug. Wie das Leben so spielt, teilte diese Vorliebe zur Technik heute mehr ihre Tochter Bettina, die Informatik studiert. Die Söhne hingegen bevorzugen mehr den kaufmännischen Zweig. Lieselotte besuchte eine Hauswirtschaftsschule ohne später eine Stelle anzunehmen. Vater brachte es dank seiner gut gehenden Baufirma und seinen

Immobiliengeschäften zu einem beträchtlichen Vermögen. Etwas über sechzig Jahre alt und ohne männliche Nachkommen, verkaufte er sein Geschäft. Als Ausgleich diente ihm eine gepachtete Berghütte in Vorarlberg, die er, da er als Rentner Zeit hatte, zu einem richtigen Schmuckstück ausbaute. Vater und Tochter verbrachten oft viele Tage auf der Berghütte. Über große Erfahrung an Männern verfügte die wohlbehütete Liselotte damals nicht, doch als sie den stattlichen Grafen bei einer Vernissage kennen lernte, war sie sofort Feuer und Flamme.

Wie immer freute sich Vater sehr über ihren Besuch, und er küsste sie herzhaft auf die Wange.
»Meine Prinzessin, Du gefällst mir heute gar nicht.«
»Kein Wunder, vor Wochen erzählte ich Dir, dass mein Mann seinen unehelichen Sohn als Verwalter eingestellt hat. Und nun betrügt er mich schon wieder. Damit nicht genug, nun lädt er seine Geliebte auch noch zu unserer traditionellen Treibjagd ein.«
»Ach ja, da war ich auch eingeladen. Wie Du weißt, hatte ich genau an diesem Tag einen wichtigen Arzttermin.«
»Hoffentlich haben sie nichts gefunden, denn für Dein Alter bist Du doch sehr fit?«
»Das dachte ich bisher auch. Es besteht, wie der Arzt es ausdrückte, akuter Verdacht auf Prostatakrebs.«
»Um Gottes Willen, nur so etwas nicht!«
»Ist nicht so schlimm, mit 90 Jahren hat man sein Leben gelebt. Mit Ausnahme des Todes Deiner Mutter meinte es das Leben gut mit mir. Lass uns aber lieber von Dir und Deinem Leben sprechen.«
»Wenn Du stirbst, sterbe ich auch, denn das Leben mit dem Grafen ist inzwischen die reinste Hölle.«

»Ich werde mit ihm reden. Wir sind für morgen zur Jagd verabredet, als Ausgleich, weil ich an der Treibjagd nicht teilnehmen konnte. Am liebsten würde ich ihn einfach abschießen, damit Dein Alptraum aufhört.«
»Sag so etwas nicht! Du kämst dann in Deinem hohen Alter noch ins Gefängnis.«
»Was würde das für mich bedeuten? Vielleicht ein paar Jahre noch im Gefängniskrankenhaus, wenn es so etwas überhaupt gibt oder wegen meinem Krebsleiden in ein städtisches Krankenhaus. Wo liegt da für mich der Unterschied? Am besten, ich erschieße ihn morgen. Ich war immer ein guter Schütze.«
»Aber jetzt bist Du nicht mehr jung und verzeih, auch schon etwas zittrig.«
»Für den Grafen würde es noch reichen.«
»Im Geiste wollte ich ihn auch schon oft töten. Doch nun Schluss mit dem makabren Thema. Trink eine Tasse Kaffee mit mir, denn ich habe dir eine Schwarzwälder Kirschtorte gekauft, die du so gerne isst und lass uns von schöneren Dingen sprechen.«

Kurz nach Sonnenaufgang traf sich der Graf mit seinem Schwiegervater am Jägerstand. Durch die dichten Nebelschwaden über der Wiese inmitten des bunten Laubwaldes brach sich die Sonne ihre Bahn. Gemeinsam beobachteten sie auf dem Hochsitz mit dem Fernglas ein Rudel Rehe, das auf der Wiese vor ihnen äste. Es war eine der letzten Möglichkeiten, ein Wild zu schießen. Bald begann die Schonzeit. Knapp vor dem Winter fraßen sich die Tiere immer noch eine Speckschicht an, obwohl sie keinen Hunger leiden mussten, denn der Graf sorgte mit seinen Angestellten für volle Futterkrippen. Den Sitzplatz auf dem Jägerstand konnte man für zwei

Personen nicht gerade als üppig bezeichnen, und so saß der Graf mit seinem Schwiegervater sehr eng zusammen. Um die Beweglichkeit von Vater Gerlach beneideten ihn viele gleichaltrige Neunzigjährige. Doch wie bei vielen älteren Menschen, wurden auch bei ihm nach längerem Sitzen die Gelenke immer steifer und unbeweglicher.

»Meine Tochter erzählte mir von Deiner neuen Liebschaft.«

»Der bleibt doch nichts verborgen. Ich fühle mich durch die neue Geliebte um Jahre jünger und nimm es nicht persönlich, aber Deine Tochter bringt es schon lange nicht mehr.«

»Aber Du hast sie doch geliebt?«

»Etwas, aber das ist lange her. Eigentlich habe ich sie damals nur wegen Deines Geldes genommen.«

»Sag, dass das nicht wahr ist!«

»Und ob es wahr ist!«

»Du verdammter Hurensohn! Jetzt mache ich endlich Schluss mit Dir!«

Der Schwiegervater riss sein Gewehr aus dem Futteral, hielt es hoch und löste die Sicherung. Jetzt merkte der Graf, wie ernst es sein Nebensitzer meinte. Er versuchte ihm das Gewehr zu entreißen, doch mit der eigensinnigen Kraft, die ältere Leute manchmal entwickeln, hielt der ehemalige Bauunternehmer sein Gewehr fest. Es entstand ein heftiges Handgemenge, bei dem sich ein Schuss löste. Die Kugel durchschlug das Kinn und drang direkt ins Gehirn ein, was zum unmittelbaren Tod führte. Der Graf war verzweifelt. Neben ihm lag sein Schwiegervater tot auf dem Jägerstand. Per Handy rief er Hauptkommissar Eisele an. Dieser kam zusammen mit seinem Assistenten Hodapp umgehend zum Unglücksort. Der Graf schilderte den beiden den Hergang des Unglücks, und diese fanden keine Gründe, dieser Schilderung nicht zu glauben. Zweifel dagegen hatte seine Frau, der er diese Nachricht überbrachte und die einen Schock erlitt.

Die Beerdigung von Oswald Gerlach begann am Mittwoch, 11 Uhr, in der Pfarrkirche von Stockach mit einer Totenmesse und endete mit der anschließenden Beisetzung auf dem Friedhof. Außer der kompletten Grafenfamilie nahmen etwa vierhundert Gäste an der Trauerfeier teil. Ein kleiner geladener Kreis fand sich anschließend zum Leichenschmaus im Hotel »Zum Goldenen Ochsen« ein, darunter die Honoratioren der Stadt sowie Gerlachs Stammtischbrüder. Mit den Gängen des Menüs stieg auch die Stimmung der Anwesenden. Lieselotte Gräfin von Sonnenberg beherrschte sich mit Mühe. Hatte sie doch ihren am meist geliebten Menschen auf der Welt für immer verloren. Die Fröhlichkeit, die oft nach Beerdigungen vorherrschte und auch hier im Restaurant immer mehr um sich griff, brachte sie auf den Gedanken: »Beerdigungen sind wohl die Partys der älteren Leute.« Als sich dann kurz vor 14 Uhr, die Bedienungen servierten gerade das Dessert, der Graf überraschend von ihr und den Gästen verabschiedete, mit dem Vorwand, er müsse noch etwas erledigen, wurde sie noch eine Spur unglücklicher. Auch in dieser schweren Stunde lässt sie ihr Mann allein. Sie ahnte, was der Graf an diesem Mittwochnachmittag noch zu erledigen hatte. Wenn Hass noch steigerbar ist, dann geschah dies in diesem Augenblick bei der Gräfin.

Lydia hatte vor wenigen Minuten in ihrem Konstanzer Appartement einen Freier verabschiedet, da schrillte nochmals die Türklingel. Im Glauben, ihr Kunde hätte etwas vergessen, öffnete sie die Türe und Lieselotte Gräfin von Sonnenberg stand vor ihr. Ohne auf eine Einladung zu warten, stürmte diese an ihr vorbei ins Schlafzimmer.

»So sieht also der Raum aus, in dem mich mein Mann regelmäßig betrügt«, keuchte sie.

»Aber das hört jetzt auf! Ein von mir beauftragter Privatdetektiv hat Sie in den letzten Wochen beobachtet und einige interessante Fakten gesammelt. Abgesehen von den Unregelmäßigkeiten, die Ihnen nachgewiesen wurden, als Sie noch als Krankenschwester tätig waren, und weshalb Sie entlassen wurden, können wir Ihnen nun auch noch einwandfrei einen Meineid nachweisen. Es ist Ihnen zwar gelungen, während des Zuhälterprozesses den Richter und die beiden Schöffen zu betören, doch wir haben eindeutige Beweise, dass Sie damals die Unwahrheit sagten. Wenn das bekannt wird, sperrt man Sie und den Zuhälter ein. Dann ist es vorbei mit Ihrem süßen Leben. Ich gebe Ihnen eine winzige Chance, wenn sie meinen, zugegeben teuflischen Plan, ausführen.«

»Und das wäre«, fragte Lydia sichtlich beeindruckt und verängstigt.

»Mein Mann hat mich während meiner fast dreißigjährigen Ehe ständig betrogen und soll nun einen Denkzettel bekommen, den er nie mehr vergisst und der das ganze Elend beendet. Sie haben als ehemalige Krankenschwester noch immer gute Kontakte zu Ärzten und ein paar sind auch Kunde von Ihnen. Mein Privatdetektiv hat herausbekommen, Ihre Spezialität bei Ihren Liebhabern sind ›Doktorspiele‹. Das hat mich auf den Gedanken gebracht. Sie besorgen sich von einem Arzt das Blut eines Aidskranken und spritzen dies bei diesem genannten Liebesspiel meinem Mann in seinen Allerwertesten.«

»Sie sind ja wahnsinnig! Dies könnte ja seinen Tod bedeuten.«
»Ja, genau das will ich! Wenn Sie es nicht tun, lasse ich Sie hochgehen. Haben Sie mich verstanden?«
Lydia nickte und bat die Gräfin um Nachsicht.
»Männer sind halt so und ich kann Ihnen versprechen, von Ihrem Mann abzulassen.«
»Damit er mich wieder mit einer anderen betrügt. Ich habe genug und halte es nicht mehr aus! Entweder Sie tun das oder ich lasse Sie hochgehen.«
Mit diesen Worten rauschte sie aus der Wohnung und ließ eine unglückliche Lydia zurück.

Lydia war der Verzweiflung nahe. Sie, wie sie meinte, die ihr Leben nahezu perfekt gestaltet hatte, kam nun in eine fast aussichtslose Zwickmühle. Nach der Mittleren Reife begann sie eine Ausbildung als Schwesternschülerin im Krankenhaus. Als apartes Mädchen, halblange Haare, die weiße Haut mit Sommersprossen, die Rothaarigen eigen sind, mit einer netten aber nicht aufregenden Figur ausgestattet, die auf die 1,70 cm Größe gut verteilt war, erregte sie immer die Aufmerksamkeit der Männer. Besonders ihre grünen Augen zogen die Männer an wie Motten das Licht. Ihrer sexuellen Ausstrahlung konnten nur wenige widerstehen. So ergaben sich schnell das eine oder andere Treffen mit den Ärzten und mit Krankenpflegern. Bald stand sie im Ruf einer Nymphomanin. Die Lust am Sex erbte sie wohl von ihrer inzwischen geschiedenen Mutter, die auch keine Kostverächterin war. Spaß bereitete Lydia besonders der Swingerclub, zu dem sie erst ein Arzt einlud, den sie aber später immer wieder alleine besuchte. Nachdem sie unehrenhaft aus dem Krankenhaus entlassen wurde, weil sie aus der Krankenhausapotheke immer wieder Opiate und potenzfördernde Mittel stahl, die sie für ihre von ihr organisierten Sexpartys benötigte, geriet sie in die Fänge eines Zuhälters. Bedingt durch ihren Geldmangel zwang er sie zu Treffen mit für sie unausstehlichen Typen. Sie, die sich bisher ihre Liebhaber selbst aussuchen konnte, wurde nun plötzlich zum Liebeswerkzeug. Durch Zufall entdeckte sie einen schwunghaften Menschenhandel ihres Zuhälters, der für Nachtclubs und Bordelle entlang der Schweizer Grenze osteuropäische Mädchen besorgte. Als der Zuhälter für den Prozess am Landgericht Konstanz ein wasserdichtes Alibi brauchte und sie bereit war, einen Meineid zu schwören, nahm sie die Chance beim Schopf. Als Gegenleistung verlangte sie vom Zuhälter die Freigabe und ein entsprechendes »Übergangsgeld«, damit sie sich eine eigene Existenz aufbauen konnte. Nach der Zusage des Zuhälters, der diese nur ungern gab, konnte sie sich ihre Freier wieder selbst aussuchen. Dabei kam ihr der Graf, der sie nach der Verhandlung ansprach, gerade recht. Sie konnte nicht ahnen, welche Entwicklung diese Liaison nehmen würde. Um ihre wieder gewonnene Freiheit weiter zu genießen, bräuchte sie jetzt dringend das Blut eines Aidskranken.

Ihre im Krankenhaus beschäftigten Kunden lehnten ihre Bitte um aidsverseuchtes Blut ausnahmslos ab mit dem Hinweis, sie wollen Leben retten und nicht vernichten. Als letzter Ausweg erschien ihr nur noch ihr ehemaliger Zuhälter Alfred, der sich Freddi nannte. Sie rief ihn an.
»Hallo Freddi, hier spricht Lydia. Ich habe eine sehr schlechte Nachricht für Dich. Ein Privatdetektiv fand heraus, dass meine Zeugenaussage bei Deinem Menschenhandel ein Meineid war. Nun erpresst mich seine Auf-

traggeberin Lieselotte von Sonnenberg damit, dies dem Staatsanwalt zu melden, was in der Konsequenz bedeutet, Du und ich landen in der Strafvollzugsanstalt.
»Verdammt, und was will sie von Dir?«
»Du wirst es nicht glauben, ich soll Ihrem Mann, einem Kunden von mir, aidsverseuchtes Blut spritzen.«
»Ist die wahnsinnig?«
»Das wohl nicht, aber ich habe noch nie eine so hasserfüllte Person erlebt.«
»Und was soll ich dabei?«
»Ich bin verzweifelt, und Du bist meine letzte Rettung. Kannst Du mir dieses Blut besorgen?«
Nach einer längeren Pause am Telefon antwortete Freddi: »Vielleicht habe ich eine Idee. Ich pokere dreimal die Woche unter anderem mit einem Drogendealer. Genau genommen spielen wir neuerdings das selten gewordene badische Kartenspiel Zego, aber das tut nichts zur Sache. Heute Abend treffe ich ihn wieder. Morgen rufe ich Dich an. Kopf hoch, Baby, es wird schon schief gehen. Wir finden eine Lösung.«

Wie versprochen meldete sich Freddi am nächsten Tag.
»Lydia, es könnte klappen! Der Dealer gab mir eine Adresse von einem Drogensüchtigen, der sich täglich einen Schuss gibt, um die Schmerzen, die ihm die Krankheit Aids verursacht, zu betäuben. Unser Opfer wohnt auch in Konstanz, im Stadtteil Paradies, direkt an der Schweizer Grenze in einem alten Mietshaus. Vergiss nicht, eine Spritze mitzunehmen. Wir treffen uns in einer Stunde auf dem Parkplatz Döbele.«

Als Lydia aus ihrem Auto stieg, wartete Freddi bereits auf sie. Ihr mulmiges Gefühl beruhigte Freddi mit dem

Hinweis, er habe schon als Jugendlicher kleinere Einbrüche verübt. Die Haustüre, nicht vergeschlossen sondern nur eingeschnappt, öffnete Freddi mit einer Scheckkarte. Leise schlichen beide im Halbdunkel auf einer knarrenden Holztreppe bis zur zweiten Etage. Das mehrstöckige Haus mit seinen alten Türen und den braungelben Wänden im Treppenaufgang war vermutlich eine Adresse für Sozialhilfeempfänger und Arbeitslose.
»Hier, links, die erste Türe, hier muss es sein«, flüsterte Freddi.
Auch hier funktionierte der Trick mit der Scheckkarte. Sie betraten vorsichtig die Wohnung des Drogensüchtigen. Alte Kartons, Zeitungsfetzen, Dreck und Müll und einen unangenehmen Geruch nahmen sie als erstes wahr. Der Dealer hatte ihnen offensichtlich eine gute Adresse gegeben, denn am Boden auf einer verschlissenen Matratze lag der Süchtige im Delirium. Die wohl seit Jahren ungeputzten Fensterscheiben ließen nur wenig Tageslicht herein. Lydia fand wegen der vielen Einstiche an den Unterarmen kaum eine Vene zur Blutentnahme. Erst beim dritten Versuch zog sie das für sie so wertvolle Blut in die mitgebrachte Spritze. Der Süchtige stöhnte beim Einstich kaum vernehmlich auf, doch ließ er sich in seinen Träumen nicht weiter stören. Schnell wickelte Lydia die nun volle Spritze in eine Plastiktüte und verstaute diese in ihrer Handtasche. Wieder auf dem Parkplatz angelangt, sprach Freddi:
»Das war leichter, als ich gedacht hatte. Jetzt steht der Rettung für uns beiden wohl nichts mehr im Wege, wenn Du deinen gräflichen Auftrag ausführst. Du wirst dann allerdings einen guten Kunden verlieren. Willst Du nicht wieder für mich arbeiten?«
»Nein, nein, ich komme schon zurecht.«

Wieder in ihrem Appartement angekommen, legte Lydia die Spritze in die Tiefkühltruhe. Ihr Entschluss stand fest, beim nächsten Treffen mit dem Grafen würde sie tun, was die Gräfin von ihr forderte.

Der neue Verwalter ließ sich gut an. Er lernte schnell und konnte mit dem Personal gut umgehen. Schwierigkeiten gab es nur mit den drei Söhnen und der Tochter des Grafen. Diese boykottierten die Arbeit des Verwalters, wo sie nur konnten. Der Graf selbst fühlte sich zu dem jungen Mann immer mehr hingezogen, und inzwischen durfte der sogar in das »Allerheiligste«, den Hobbyraum des Grafen. Schon als Kind träumte der Graf davon, er möchte einmal ein großer Erfinder werden. Immer wieder versuchte er neue Kreationen, doch zu einer echten Erfindung mit Patentanerkennung reichte es nie. Vielleicht konnte ihm sein unehelicher Sohn eine Hilfe sein, denn seine Kenntnisse im Bereich der Elektronik waren nicht zu verachten. Sie verwendeten alles, was greifbar war. Die neueste Idee: ein Rasensprenger mit Zeitschaltuhr, der sich aber bei Regen nicht einschaltet. Als Schaltkasten verwendeten sie eine leere Zigarrenkiste. Trotz großem Zeitaufwand für dieses Experiment fanden sie auch hier keine Lösung. Seit die Schäferstündchen mit Lydia aus unerfindlichen Gründen nicht mehr stattfanden und auch seine Frau sonntags es nur noch mit Kondom machen wollte, hatte der Graf die Lust am Sex verloren. Seine Frau warf ihm den Seitensprung vor und war aufgrund dessen nicht mehr bereit, schutzlos mit ihm zu verkehren. Als Ausgleich spielte er jetzt öfters Golf, und im Winter zog er sich oft in seinen Hobbykeller zurück. Zeitweise fand sich auch Bettina ein, um mit ihrem Vater zu werken.

Monate waren vergangen. Anfang Mai blühten die Obstbäume am Bodensee um die Wette, und der Blütentraum verzauberte die Landschaft. Wieder einmal spielte der Graf mit Hauptkommissar Eisele Schach. Eisele fiel auf, dass der Graf in letzter Zeit öfters seine Partien verlor und seinen Himbeergeist nur halb austrank. Auch die Zigarre, obwohl eine teure handgedrehte Sorte aus Kuba, schmeckte ihm nicht mehr.

»Ich fühle mich von Tag zu Tag immer schlechter.«

Eisele: »Lass Dich doch von Deinem Arzt durchchecken, dann weißt Du es genau.«

»Das habe ich getan. Der Arzt diagnostizierte erst einen Zeckenbiss, den ich mir wohl bei der Jagd im Unterholz geholt habe, und dann HIV-infiziert. Den Zeckenbiss kann ich noch nachvollziehen, aber Aids. Ich denke, es ist eine Fehldiagnose, denn ich verwendete immer Kondome und Aids kommt ja nicht aus der Luft angeflogen. Eine Blutentnahme ist auch schon Jahre her. Der Arzt meinte, auch mit Aids kann ich noch ein paar Jahre leben. Die Auswirkungen des Zeckenbisses in Verbindung mit der Immunschwäche Aids konnte der Doktor nicht abschätzen. Der größte Risikofaktor ist mein Alter, denn die Abwehrkräfte lassen mit den Jahren nach.«

Die Spritzen von Lydia, die der Graf als Aidsübertragung in Verdacht hatte, verschwieg er dem Hauptkommissar. Auch verschwieg er die heftige Auseinandersetzung mit seiner Frau am gestrigen Abend, bei der sich seine Frau verplapperte. Sie gönne ihm die Krankheit und es geschähe im recht, hätte er mit Lydia nicht die geilen Doktorspiele gespielt. Auf seine Frage, woher sie das wisse, antwortete sie schnippisch:

»Ich weiß noch mehr, auch dass Du aidskrank bist und wie es dazu kam.«

Bei einem Anruf am Vormittag bei Lydia, bei dem er pokerte und sagte, seine Frau habe ihm alles gebeichtet, bestätigte ihm Lydia, dass seine Frau sie dazu angestiftet hatte.

Nach der vorgestrigen Auseinandersetzung mit ihrem Mann war dicke Luft im Haus. Die Gräfin, die einen Streit mit ihrem Gatten schon öfters erlebt hatte, aber noch nie einen so heftigen, ging solchen Konflikten gerne aus dem Weg. Wie immer wollte sie für ein paar Tage auf die familieneigene Berghütte in Vorarlberg fahren. Sie packte ihre notwendigen Kleidungsstücke und Toilettenartikel ein, holte Nahrungsmittel aus der Küche und bat den Verwalter, ihr doch zwei Kisten von dem französischen Mineralwasser ins Auto zu stellen. Da sie sich angewöhnt hatte, täglich mindestens zwei Liter Wasser zu trinken, nahm sie immer dieses magnesiumhaltige Wasser mit. Natürlich könnte sie auch das Quellwasser trinken, das es bei der Hütte gibt, doch sie meinte, das abgefüllte Mineralwasser tue ihr besonders gut. Von ihrem Mann verabschiedete sie sich aufgrund der angespannten Lage nicht. Zügig fuhr sie dem Bodensee entlang, vorbei an Meersburg[44], durch Friedrichshafen[65] Richtung Lindau[19]. Sie genoss diese helle, weite Landschaft, die ihre Seele streichelte. Spontan bog sie in Eriskirch von der Bundesstraße ab, um im Naturschutzgebiet Eriskircher Ried[121] die Irisblüte zu erleben. Wieder auf der Landstraße entschloss sie sich zu einem weiteren Stopp in Langenargen[59]. Vom Turm des im maurischen Stil erbauten Schlosses Montfort gibt es eine Sicht über den Bodensee, den sie, wenn sich die Gelegenheit bot, nicht missen wollte. Ihre Fahrt führte sie am See entlang über Nonnenhorn[61] und Wasserburg[62] zur malerischen

Altstadt von Lindau. Auf der Insel gönnte sie sich einen Kaffee vor einem der Lokale in der Maximilianstraße. Hier konnte sie die wunderschönen Patrizierhäuser bewundern. Nach dem kurzen Abstecher zum Hafen warf sie einen Blick auf die Hafeneinfahrt mit dem alten Leuchtturm und dem bayerischen Löwen, bevor sie ihre Fahrt nach Vorarlberg fortsetzte. Gleich hinter der Grenze umfuhr sie den Pfändertunnel bei Bregenz[18], dem Ausgangspunkt zur Pfänderbahn, vorbei am Festspielhaus und der Seebühne, auf der im Sommer die spektakulären Bregenzer Festspiele über die Bühne gingen. So musste sie keine 10-Tages-Vignette für die Autobahn lösen oder eine Eintages-Maut für den Tunnel bezahlen. Immer wieder ärgerte sie sich über die österreichischen und schweizerischen Nachbarn, die ungeniert die Autofahrer für die Benutzung ihrer Autobahnen zur Kasse bitten, aber in Deutschland keine Maut bezahlen mussten. Auf Landstraßen ging es weiter in den Bregenzer Wald. Bald stieg die Straße an und kurz vor der Passhöhe des Hochtannbergpasses ging rechts ein Hohlweg direkt zur Hütte. Vor der kleinen Hütte endete der Weg. Sie musste an ihren verstorbenen Vater denken, der diese Berghütte so liebevoll einrichtete. Von außen strahlten die sonnenverbrannten braunen Holzbalken eine warme Gemütlichkeit aus. Innen unterstrichen ein Tiroler Kachelofen, ein bemalter Bauernschrank, rotweißkarierte Bettbezüge, Bauernteppiche und gehäkelte Vorhänge das gemütliche Ambiente der Hütte. Von hier aus machten sie immer gemeinsame Ausflüge. Zu Fuß ging es zum nahe gelegenen idyllischen Körbersee oder mit dem Auto nach Lech am Arlberg. Oft benutzten sie auf ihrer Rückfahrt die Route über den Hochtannbergpass sowie den Flexenpass und Arlbergpass[122], um dann über Bludenz und Dornbirn wieder an den Bodensee zurück zu kehren. Im Winter allerdings war die Strecke zwischen Warth und dem mondänen Lech meist wegen Lawinengefahr gesperrt. Aufenthalte im Winter waren nicht unbedingt ein Vergnügen, denn eine Stromversorgung fehlte. Man musste den Kachelofen ständig mit Holz beheizen und das Wasser mit Flaschengas erhitzen. Das installierte Gaslicht verbreitete eine besondere Stimmung. Jetzt, im späten Frühjahr, bei dem schönen Wetter, würden sicher wunderschöne Tage vor ihr liegen, die sie zur Entspannung und zu kleinen Wanderungen nutzen wollte. Den Ärger mit ihrem Mann, dessen Ende wohl absehbar war, wollte sie so schnell als möglich vergessen.

Für den Grafen war klar, dass sich seine Frau wieder in die Berghütte absetzen würde. Meist war sie nach drei Tagen wieder zurück, aber nun dauerte der Aufenthalt bereits über eine Woche. Er rief Hauptkommissar Eisele an, ob er nicht mit ihm zur Berghütte mitfahren möchte, denn seine Frau meldete sich auch nicht am Handy, das offensichtlich ausgeschaltet war.
»Gern fahre ich mit Dir. Ich muss nur noch meinen Assistenten Hodapp verständigen, damit er mir eine kleine Routinearbeit abnimmt, dann komme ich.«
In etwas mehr als zwei Stunden Fahrtzeit erreichten die beiden Männer die Berghütte. Das Auto der Gräfin stand vor dem Haus. Sie fanden die Türe unverschlossen. Kaum eingetreten, erschraken beide. Die Gräfin saß vorn übergeneigt am Tisch und war, wie Eisele feststellte, schon seit Tagen tot. Vor ihr stand eine Mineralwasserflasche und ein leeres Wasserglas. Sofort verständigte Eisele die österreichische Gendarmerie. Da die zuständigen Kriminalbeamten jetzt diesen Fall übernahmen,

machten sich die beiden Männer, nun in getrennten Autos, auf den Heimweg. Am nächsten Tag bekam Eisele aus Österreich die Mitteilung, die Gräfin starb an einer Dosis Zyankali, das sowohl in der Mineralwasserflasche als auch im Glas nachweisbar war. Eine Fremdeinwirkung schien ausgeschlossen, denn keine Spuren deuteten auf einen Einbruch oder auf eine Gewalttat hin. Schon wieder ein Selbstmord, dachte Eisele. Irgendwie konnte er die Gräfin verstehen, denn welche Ehefrau wäre nicht todunglücklich, wenn ihr Mann die Geliebte zu seinen Festen einlädt. Er verständigte den Grafen über das Ergebnis des Befundes.
»Weiß der Teufel, woher die Gräfin sich das Zyankali besorgt hat.«
Außer dem Teufel wusste selbstverständlich noch der Graf woher das Zyankali stammte – aus dem verborgenen Wandsafe in der Bibliothek des Schlosses. Dieses Versteck kannte auch die Gräfin.

Es war Herbst geworden. Die drei Söhne und die Tochter des Grafen saßen wieder einmal zusammen. Für Geschwister verstanden sie sich relativ gut, auch wenn unterschwellig doch eine gewisse Rivalität brodelte. Ging es doch um die alleinige Führung der Betriebe. Der Graf mit seinen siebzig Jahren wollte die Leitung immer noch nicht in jüngere Hände legen. Nun noch die Anstellung des neuen Verwalters, dessen bescheidene betriebswirtschaftliche Kenntnisse nicht seiner Position entsprachen. Besonders den Söhnen passte diese Neueinstellung nicht, die eigentlich nur Kosten verursachte.
Bernhard: »Es sieht nicht danach aus, dass uns Vater in nächster Zeit die Leitung unseres Gutes übertragen wird.«

Richard: »Ihr könnt sagen was Ihr wollt, aber mit dem Verwalter, der nun schon seit einem Jahr für uns tätig ist, stimmt irgend etwas nicht.«
Hermann: »Er darf inzwischen sogar in den Hobbykeller von Vater, und er spielt mit ihm Golf[123] auf dem Lugenhof bei Owingen. Alles Anzeichen für eine immer engere Verbindung der beiden.«
Bettina: »Hoffentlich setzt ihn Vater nicht noch als Erben ein. Jetzt, nach dem Tode unserer Mutter, machte er mir gegenüber eine Andeutung, er müsse das Testament ändern und auf den neuesten Stand bringen.«
Bernhard: »Das fehlte uns gerade noch, dass dieser Kerl Millionen kassiert oder auf unserem Land irgendwelche Investoren für Baumaßnahmen gewinnt. Stellt Euch vor, hier entstehen Ferienhäuser oder ein Reitstall oder sogar Eigentumswohnungen für Familien. Das kommt einer Katastrophe gleich.«
Hermann: »Wer weiß eigentlich woher dieser Möchtegern kommt?«
Bernhard, Richard und Bettina schauten sich an und zuckten nur mit den Schultern.
Hermann: »Komisch, in den Personalakten unserer Angestellten fand ich keine Unterlagen. Nur, er steht auf der Gehaltsliste an der Spitze aller unserer Leute.«
Bettina: »Ich habe ihn beobachtet. Er telefoniert öfters, doch sobald jemand kommt, beendet er das Gespräch. Neulich, als er telefonierte, rief ihn Vater aus dem Nebenzimmer. Er unterbrach das Gespräch, legte das Handy auf den Tisch und ging dann hinüber zu Vater. Neugierig wie ich bin, ging ich zum Handy und drückte die Wiederholungstaste. In dem Moment hörte ich, dass er wieder zurück kam und löschte schnell das Display. In der kurzen Zeit konnte ich mir nur die Vorwahlnummer merken.«

Bernhard: »Weißt Du sie noch?«
Bettina: »Ja, es war die 0 77 33.«
Richard: »Moment, das haben wir gleich. Das ist die Vorwahl von Engen[124]. Laut den Telefonbucheintragungen gibt es nur einmal den Namen Schult in Engen. Bettina, sei doch so gut und kümmere Dich darum. Vielleicht haben wir Glück und es besteht eine Verbindung zwischen unserem Verwalter und dieser Adresse.«
Bettina: »Okay, wird gemacht!«

Seit dem Tod der Gräfin verschlechterte sich der Zustand des Grafen zusehends. Seine Immunschwäche bedeutete ein ständiges auf und ab. Die Ehrenämter gab er alle aus Krankheitsgründen zurück. Die Mitgliedschaft im Golfclub, einschließlich der Anteile, überschrieb er seinem unehelichen Sohn, der mittlerweile ebenfalls gerne Golf spielte. Dieser fuhr ihn auf seine Bitte hin zum Notar nach Singen/Hohentwiel, denn neben der Übertragung der Golfanteile war es dem Grafen besonders wichtig, sein Testament auf den neuesten Stand zu bringen. Der Notar empfing den Grafen wie einen alten Bekannten und bat seine Begleitung, draußen zu warten.
»Was wollen Sie ändern, Maximilian Graf von Sonnenberg?«
Der Notar vermied geflissentlich die Anrede Herr Graf, denn die Anrede »Herr« bedeutet für einen Hochwohlgeborenen eine Beleidigung und deutet auf eine ungenügende gesellschaftliche Bildung hin.
»Die Erbaufteilung bleibt wie bisher, doch bekommt mein unehelicher Sohn neben den Golfanteilen nach meinem Tod noch 100.000 Euro Übergangsgeld. Ich gehe davon aus, dass ihn nach meinem Ableben meine Söhne nicht mehr als Verwalter auf unserem Gut beschäftigen.

Außerdem soll von meinen Kindern die Gesamtleitung unseres Besitzes übernehmen, wer als erster die Geburt eines Stammhalters vorweisen kann. Mir liegt besonders am Herzen, dass unsere vierhundertjährige Familientradition nicht unterbrochen wird.«

»Ich wusste bisher noch nichts von einem unehelichen Sohn, möchte Sie aber darauf hinweisen, dass dieser sich nicht unbedingt mit den 100.000 Euro zufrieden geben muss. Als Ihr legitimer Nachkomme steht ihm mindestens der Pflichtteil zu, und der dürfte bei dem vorhandenen Immobilien- und Landbesitz bedeutend höher liegen. Wenn er klagt, wird er sicher Recht bekommen. Ein Pflichtteil kann nur verweigert werden, wenn der Erbe einen nachweislich unsittlichen Lebenswandel führt oder dem Erblasser nach dem Leben trachtet.«

»Das ist sicher nicht der Fall. Ich denke, eher würden mich meine Kinder umbringen, die mir zumindest die moralische Schuld am Tod ihrer Mutter geben. Wobei sie nicht unrecht haben. Nein, nein, ich habe mit den Alimenten und dem Studium schon genügend für meinen Fehltritt bezahlt und ihn noch als Verwalter beschäftigt. Soll er klagen. Das interessiert mich dann nicht mehr. Ändern Sie das Testament nach meinen Wünschen, und senden Sie eine beglaubigte Kopie per Einschreiben an meine Adresse.«

Bereits wenige Tage nach dem Notartermin kam das Einschreiben. Der Graf deponierte die Abschrift des Testamentes im Wandsafe, neben den Dynamitstangen und den nun auf drei reduzierten Zyankalikapseln.

Die fortschreitende Krankheit fesselte den Grafen immer öfters ans Bett. Die Einladung zur jährlichen Jagdgesellschaft fiel dieses Jahr zum großen Bedauern seiner Jagdfreunde aus. Auch die Schachabende mit Hauptkommissar Eisele fanden nicht mehr statt. Der Graf konnte sich nicht mehr richtig konzentrieren. Hie und da bastelte er alleine in seinem Hobbykeller. Als die Krankheit eine kleine Pause machte, bat er seinen Verwalter, ihn zur Berghütte zu fahren, in der seine Frau umgekommen war. Als sie ankamen, war er so geschwächt, dass er sich erst aufs Bett legen musste. Der Verwalter nutzte die Gelegenheit, einen Spaziergang zum idyllischen Körbersee zu unternehmen, der nur eine halbe Stunde entfernt lag. Als er nach über einer Stunde wieder zur Hütte kam, lag der Graf wach im Bett und hatte sich inzwischen wieder etwas erholt.

»Bitte fahre mich wieder nach Hause, denn meine Krankheit und der Aufenthalt in dieser Hütte belasten mich doch mehr, als ich gedacht habe.«

Auf der Rückfahrt gab sich der Graf sehr schweigsam. Kurz vor Überlingen wollte er aber doch noch einen Abstecher zum Yachthafen machen, zu seinem Segelboot, das ihm in den vergangenen Jahren doch viel Freude bereitet hatte. Hier blieb der Graf auf seinen Wunsch hin etwa eine Viertelstunde alleine in der Kajüte und hing seinen Gedanken nach: »Was hatte das damalige Liebesabenteuer mit der Biologiestudentin alles ausgelöst.« Er rief seinen Verwalter, der ihm vom Boot half. Im Schloss angekommen, legte sich der Graf sofort schlafen.

Beim Frühstück tadelte er seinen ältesten Sohn, den Braumeister, der sich schon früh das erste Bier gönnte.

»Du wirst immer versoffener. Reiß Dich zusammen, suche Dir eine Frau und zeuge einen Stammhalter.«

Überraschend wollte er am späten Vormittag vom Verwalter an den Waldesrand zum Jägerstand gefahren wer-

den. Man konnte in der Nähe parken, doch die letzten Schritte schaffte der Graf nur mit großer Mühe und mit Hilfe des Verwalters. Die steile Leiter zum Hochsitz bewältigte er mit kräftigen Schüben des Verwalters, der ihn mehr hochschob, als er selbst stieg. Auch hier wollte der Graf, wie bereits auf dem Segelboot, ein Viertelstündchen für sich alleine haben. Dem Verwalter kam es vor wie ein Abschiednehmen von geliebten Plätzen.
Auf der Fahrt zurück machte Lothar seinem Vater ein Geständnis.
»Du wirst es nicht glauben, aber ungefähr zu Weihnachten werde ich Vater. Ich lernte an Fastnacht ein nettes Mädchen kennen und verliebte mich auf Anhieb total in sie. Die Beziehung vertiefte sich immer mehr, und nun erwartet sie ein Kind von mir.«
»Gratuliere, weißt Du schon, was es wird?«
»Ja, ein Junge.«
»Willst Du das Mädchen heiraten?«
»Im nächsten Monat. Wir suchen noch eine Wohnung.«
Der Graf schwieg und hing seinen Gedanken nach. Warum nun der Bastard und nicht einer von seinen drei ehelichen Söhne? Dann wäre sein sehnlichster Wunsch in Erfüllung gegangen.

Bettina bat ihre Brüder zu einem dringenden Gespräch. Sie tat am Telefon sehr geheimnisvoll. Sie trafen sich im Braustübchen und kaum hatten sie sich hingesetzt, platzte Bettina heraus:
»Haltet Euch fest, Lothar Schult ist unser Halbbruder!«
Entsetzen breitete sich aus.
»In der Scheffelstraße von Engen wohnt die Mutter unseres Verwalters. Eine Nachbarin erzählte mir, Frau Schult hat einen unehelichen Sohn namens Lothar, der nach

dem Studium jetzt bei einem Grafen tätig ist. Weder auf dem Standesamt noch beim Einwohnermeldeamt bekam ich eine Auskunft. Die Beamtinnen erklärten mir freundlich aber bestimmt, dass Eintragungen von Geburten auf Wunsch der Betreffenden nicht veröffentlicht werden und damit dem Datenschutz unterliegen. Auf der Heimfahrt überlegte ich mir, ich könnte die Kontoauszüge der vergangenen Jahre nachblättern, ob es Überweisungen an eine Brigitte Schult in Engen gibt. Da Vater bettlägerig ist, konnte ich ohne Probleme die Unterlagen sichten. Und siehe da, bis kurz vor der Anstellung des neuen Verwalters ging Monat für Monat, soweit ich das zurückverfolgen konnte, ein nicht unerheblicher Betrag an die Mutter unseres Verwalters. Für mich ist klar, es handelte sich um Alimente. Lothar Schult ist der Sohn von Brigitte Schult, und der Vater heißt mit Sicherheit Maximilian von Sonnenberg. Ich dachte, mich trifft der Schlag. Auf der vorhandenen Lohnsteuerkarte las ich das Geburtsdatum ab. Er ist nur zwei Monate älter als Bernhard. Offensichtlich ist Vater, als Mutter mit Bernhard schwanger war, fremdgegangen.«

Bernhard: »Das kommt einer Katastrophe gleich. Vater geht es augenscheinlich immer schlechter. Es ist nicht ausgeschlossen, dass Vater bald stirbt, dann erbt dieses Kuckucksei ein Fünftel unseres Besitzes.«

Richard: »Das müssen wir unter allen Umständen verhindern.«

Hermann: »Aber wie? Denkt einmal nach, welche Möglichkeiten wir haben.«

Bernhard: »Lass uns die Ideen sammeln.«

Die Gehirne der vier Geschwister arbeiteten auf Hochtouren.

Richard: »Vielleicht ein Jagdunfall, wie bei unserem Großvater.«
Bernhard: »Das glaubt uns doch jetzt während der Schonzeit keiner.«
Herrmann: »Vergiften mit Pflanzenschutzmittel.«
Bernhard: »Dann weiß der Hauptkommissar sofort, das kommt aus unserem Betrieb. Besser wäre irgendwie etwas, das wie ein Unfall aussieht.«
Bettina: »Ich habe eine Idee. Am Wochenende werden in den Hochlagen der Alpen die ersten Skilifte in Betrieb genommen. Wir laden Lothar Schult zu einem gemeinsamen Betriebsausflug ein, um neue Skier zu testen. Am Arlberg gibt es eine gefährliche Abfahrt, die, wenn man von der präparierten Piste abweicht, direkt auf einen Abgrund zuläuft. Man erkennt erst im letzten Moment die Kante, hinter der es über achtzig Meter in die Tiefe geht. Hoffentlich kann Lothar Schult Tiefschnee fahren, dann wäre dies eine Möglichkeit.«
Bernhard: »Moment, ich rufe ihn schnell an.«
»Guten Tag, hier spricht Lothar Schult.«
Bernhard machte ihm den Vorschlag, am Sonntag gemeinsam einen Betriebsausflug mit den drei Söhnen und der Tochter zu unternehmen, um neue Skier zu testen.
»Danke, danke, ich freue mich, dass wir endlich einmal etwas Gemeinsames unternehmen. Ich bin ein guter Skifahrer und habe schon zusammen mit meinen Studienkollegen von der Sporthochschule Köln einen Tiefschneekurs in den Alpen gemacht.«
Bernhard: »Also, bis Sonntag.«
Er beendete das Gespräch und wendete sich wieder den Geschwistern zu.
»Das scheint zu klappen, aber wenn er kurz vor der Kante anhält, was dann?«

Herrmann: »Dann muss einer von uns nachhelfen.«
Bettina: »Wer macht das?«
Jeder blickte von einem zum anderen. Bernhard holte ein Kartenspiel, sortierte die vier Asse aus, mischte und legte sie verdeckt auf den Tisch.
»Wer Kreuz-Ass zieht, der muss, falls notwendig, den Stoß ausführen.«
Herrmann zog die Todeskarte.
Bernhard: »Ich bin auf einer Brauertagung in Bayern, Hermann und Richard sind ein paar Tage in Schottland zum Rinderkauf. Bettina würdest Du in den nächsten Tagen das Gelände am Arlberg nochmals checken, nicht dass jetzt ein Absperrgitter oder ähnliches angebracht wurde. Wir dürfen kein Risiko eingehen und vor allem keine Zeit verlieren, denn Vater geht es immer schlechter und wer weiß, wie lange er noch lebt.«
Bettina: »Ich erledige das.«

Tatsächlich schien das Ende des Grafen nicht mehr weit. Innerhalb von wenigen Tagen verschlechterte sich sein Zustand enorm. Die Symptome der Krankheit verstärkten sich zusehends. Die Schluckbeschwerden und die Schmerzen hinter dem Brustbein, die durch die Nahrungsaufnahme ausgelöst wurden, waren so heftig, dass der Graf mehr und mehr sein Essen verweigerte. Die Folge davon war, der ehemalige Einhundertkilogramm-Mann magerte immer weiter ab. Der Hausarzt rechnete mit dem Ableben des Grafen innerhalb der nächsten vier Wochen. Wieder wurde der Verwalter an das Bett des Todkranken gerufen. Mit kaum verständlicher Stimme beauftragte ihn der Graf, vier Briefe an seine Kinder zu schreiben, da seine Sehfähigkeit schon sehr beeinträchtigt war.

»Verwende mein Briefpapier mit dem aufgedruckten Familienwappen. Bitte meine Kinder um Verzeihung wegen des Todes ihrer Mutter. Weise sie ausdrücklich auf die Testamentsklausel wegen des Stammhalters hin, das ist mir ein großes Anliegen. Wichtig, der Brief gilt auch als Mitteilung über die Existenz des verborgenen Wandsafes und dessen Inhalt sowie den Code. Du findest den Safe in der Bibliothek, hinter dem Bild des Großvaters, verborgen unter einem losen Tapetenstück. Der Code lautet: 1706.«
Der Graf tat sich sichtlich schwer, weiter zu fahren.
»Noch eine Bitte, hole mir aus dem Wandsafe eine Zyankalikapsel, denn ich weiß nicht, wie lange ich die Schmerzen noch ertrage. Rufe meine Familie für heute Abend um 20 Uhr an mein Bett und dazu noch meinen Schachpartner Hauptkommissar Eisele.«
»Aber Deine Söhne Hermann und Richard sind beide in Schottland wegen des Kaufes neuer Rinder und kommen erst in drei Tagen, voraussichtlich sehr spät am Freitag, wieder zurück. Deine Tochter Bettina verbringt ein paar Tage in der Berghütte am Hochtannbergpass. Bernhard ist in Bayern auf einer Brauertagung, kommt aber schon übermorgen wieder.«
»Ich möchte aber alle bei meinem Abschied um mich haben. Arrangiere das Treffen für Samstag, 20 Uhr. Vergiss den Hauptkommissar nicht!«

Hauptkommissar Eisele wunderte sich über den Anruf des Verwalters.
»Was soll ich da am Samstagabend?«
»Der Zustand des Grafen ist sehr kritisch, und ich glaube, der Graf hat noch etwas auf dem Herzen, was er kurz vor seinem Tod noch loswerden will. Kommen Sie bitte!

Es ist vermutlich das letzte Mal, dass Sie ihn lebend sehen.«

Es war gespenstisch, als Eisele das Schlafzimmer des Grafen betrat. Die Stimmung war dem Wetter draußen entsprechend. Seit Tagen regnete es, und eine Wetterbesserung war nicht in Sicht. Um das Bett herum saßen die drei Söhne und die Tochter des Grafen. Zur spärlichen Deckenbeleuchtung erhellten zusätzlich einige angezündete Kerzen das Zimmer. Auf dem Nachttischchen stand ein Glas Wasser. Der Verwalter half dem Grafen, sich im Bett etwas aufzurichten. Mit heiserer und stockender Stimme begann der Graf zu sprechen:

»Vielen Dank Euch allen, dass Ihr gekommen seid. Ich habe beschlossen, meinem Leben ein Ende zu bereiten. Doch bevor ich sterbe, möchte ich noch ein Geständnis ablegen. Der Tod Eurer Mutter war nicht, wie auch Hauptkommissar Eisele vermutete, ein Selbstmord, sondern ich habe ihr in die Mineralwasserflasche das Zyankali gegeben.«

Tief erschrocken blickten sich alle an.

»Lothar, mein Verwalter, wird euch anschließend jeweils ein Kuvert übergeben, dessen Inhalt sehr wichtig ist.«

Der Graf gab nun mit einem Blick dem Verwalter zu verstehen, dass er einen Schluck Wasser möchte. Was niemand wusste, er selbst hatte vor dem Eintreten der Geladenen die Zyankalikapsel ins Glas getan. Kaum hatte er einen Schluck genommen, ging ein Ruck durch seinen Körper. Ein kurzes Zucken, und der Graf lag tot im Bett. Keines der anwesenden Kinder konnte einen Schrei unterdrücken. Routinemäßig sicherte Hauptkommissar Eisele das Wasserglas. Der Verwalter verteilte indessen die Kuverts.

Nachdem sich die drei Söhne und die Tochter vom ersten Schock erholt hatten, kam so etwas wie Hass gegen ihren Vater auf, der ihre Mutter, wie er selbst zugegeben hatte, umbracht hatte. Dennoch neugierig öffneten sie ihre Kuverts. In dem Schreiben entschuldigte sich ihr Vater wegen des Mordes an ihrer Mutter und wies noch auf die Stammhalterregelung hin. Vor der Testamentseröffnung sollte jeder noch eine Überraschung haben. Dazu sollten sie sich am Sonntag um 12 Uhr mittags, an den jeweils bezeichneten Orten einfinden und das dort befindliche Zigarrenkistchen öffnen. Ausdrücklich bat Vater, es nicht vorher zu tun. Vom Wandsafe war nichts erwähnt. Während Eisele sich verabschiedete, das Wasserglas in seiner Tasche, verglichen die Kinder die im Brief genannten unterschiedlichen Stellen. Für Bettina ist das Zigarrenkistchen in der Kajüte des Segelbootes deponiert, Hermann findet sein Schatzkästchen in der Berghütte, Richard auf dem Jägerstand und Bernhard, der Älteste, soll seine Überraschung vom Mittelbalken der Decke über dem Kupferkessel aus in der Privatbrauerei herunter holen.
Bettina schien am meisten aufgeregt.
»Ich bekomme sicher das Segelboot und Du die Berghütte, Du die Jagd und Du die Brauerei.«
Sie gingen gemeinsam ins Brauhaus, um das Kästchen an der Decke zu besichtigen. Wie allerdings der alte Herr mit seiner Krankheit dieses Teil dort oben anbringen konnte, war allen schleierhaft. Aber vielleicht hatte ihm irgend jemand geholfen.
»Also«, schärfte ihnen Bettina nochmals ein, »nicht vor morgen um 12 Uhr öffnen.«
Sie verständigten sich noch kurz mit dem Verwalter, die Skiausfahrt um eine Woche zu verschieben.

Wie die anderen, konnte auch Sohn Hermann nach den Vorkommnissen schlecht schlafen. Schon zeitig, um acht Uhr morgens fuhr er mit seinem Auto in Richtung Berghütte. Noch immer regnete es in Strömen. Kurz vor dem Hochtannbergpass stoppte ihn die Polizei.
»Hier ist kein Durchkommen. Es schneit schon seit vierzehn Stunden ununterbrochen, und wir haben etwa 60 cm Neuschnee. Der Pass bleibt mindestens bis morgen früh gesperrt.«
»Aber ich muss unbedingt zur Hütte. Gibt es einen Hubschrauberflug der Bergwacht?«
»Aussichtslos, bei dem Wetter fliegt keiner und Hubschraubereinsätze erfolgen nur in Notfällen.«
»Das ist ein Notfall!«
Der österreichische Gendarm zuckte mit den Schultern und wandte sich ab. Hermann stieg wieder ins Auto und fuhr unverrichteter Dinge zurück. »Was das wohl für eine Überraschung ist«, fragte er sich. Wenn er sich beeilte, könnte er um 12 Uhr am Yachthafen von Überlingen sein, um zu sehen, was seine Schwester in dem Zigarrenkistchen vorfindet. Der dichte Verkehr wegen der Messe in Friedrichshafen verhinderte ein schnelles Durchkommen durch die Stadt. Sekunden vor 12 Uhr kam er am Yachthafen an. Er stieg aus dem Auto aus. In dem Moment, als er den Rand vom Hafenbecken erreichte, zerriss ein Knall die sonntägliche Stille, und er sah, wie das Segelboot der Familie von Sonnenberg in die Luft flog. Von seiner Schwester durfte nicht mehr viel übrig geblieben sein. Der Schreck fuhr ihm in alle Glieder. Um einer Befragung durch die Polizei aus dem Wege zu gehen, stieg er sofort wieder in sein Auto. Ein schrecklicher Verdacht keimte in ihm auf. Wollte Vater die gesamte Familie ausrotten? Mit rasantem Tempo fuhr er

zum Jägerstand. Seine Befürchtung bestätigte sich auch hier, denn vom Hochsitz waren nur noch einige verkohlte Balken übrig und Leichenteile lagen ringsum verstreut. Jetzt blieb nur noch Bernhard. Sollte ich der einzige Überlebende und damit Alleinerbe sein, so schoss es ihm durch den Kopf. Er erreichte das Schloss und lief sofort ins Brauereigebäude.

»Hilfe, Hilfe«, rief eine Stimme, die Hermann als die Stimme seines Bruders Bernhard erkannte. Bei dem Versuch, das über dem Brauereikessel an die Decke geklebte Zigarrenkistchen zu öffnen, stürzte der vermutlich wieder angetrunkene Bernhard von der Leiter auf den Rand des offenen Kessels. Dabei brach er sich den rechten Arm. Mit dem linken Arm hielt er sich seit knapp einer halben Stunde, im Bier liegend, am Rand des Kessels fest. Da die Mitarbeiter am Freitag mit der Abfüllung begonnen hatten, fehlte bereits ein knapper Meter zum Rand nach oben. Dadurch konnte sich Bernhard aufgrund des gebrochenen Armes nicht über die Oberkante ziehen. Endlich kam Hilfe.

Hermann ging zum Gutshaus und traf sogleich auf Lothar, den Verwalter.

»Stell Dir vor, Bettina ist tot, Richard ist tot und Bernhard im Bierkessel ertrunken. Jetzt bin ich noch der einzige Überlebende in der Familie.«

»Jetzt muss ich Dich noch bei der Skiausfahrt aus der Welt schaffen, dann bin ich Alleinerbe«, dachte Hermann.

»Auf den Schreck der drei Todesfälle meiner Geschwister muss ich jetzt dringend einen Schnaps trinken. Kannst Du mir einen holen? Am besten von dem guten Himbeergeist aus der Bibliothek, den Vater immer so gerne getrunken hat.«

Nach einigen Minuten servierte ihm der Verwalter das Getränk. Hermann leerte das Glas in einem Zug. Kaum hatte er ausgetrunken, fiel er tot um.
»Jetzt bin ich der Alleinerbe«, murmelte der Verwalter, rief die Nummer 110 der Polizei an und meldete, dass Hermann von Sonnenberg tot vom Stuhl gefallen sei.

Nach dem Regen der vergangenen Tage riss die Wolkendecke gegen Sonntagmittag endlich auf. Hauptkommissar Eisele und seine Frau kochten eines seiner Lieblingsgerichte: Linsen mit Spätzle und Saitenwürschtle, die ein Nichtschwabe unter der Bezeichnung Wiener oder Frankfurter kennt. Eisele liebte deftige Gerichte. Sein leichter Bauchansatz kam nicht von ungefähr. Nach dem Essen setzte er seine Lesebrille auf und begann in einem Buch des bekannten Singener Mundartdichters Walter Fröhlich zu lesen, dessen Humor er sehr schätzte. Seine Sonntagsruhe wurde durch einen Telefonanruf jäh unterbrochen. Ein Jogger hatte Leichenteile und einen verkohlten Jägerstand auf der Gemarkung der Familie von Sonnenberg entdeckt. Schnell verständigte Eisele seinen Assistenten Dirk Hodapp und holte diesen ab. Im Auto sitzend bekamen die beiden die nächsten Horrormeldungen. Der Verwalter der Familie von Sonnenberg meldete einen unerklärbaren Tod eines Sohnes des Grafen. Über den Polizeifunk hörten sie von einem explodierten Segelboot im Yachthafen von Überlingen. Der Yachthafen musste warten, denn jetzt ging es erst zum Jägerstand. Eisele wusste, wo der Jägerstand war, und er dachte auf der Fahrt noch an den gestrigen Abend auf dem Schloss mit dem überraschenden Geständnis des Grafen. Er hätte ihm diesen Mord an seiner Frau nie zugetraut, doch sein Beruf lehrte ihn immer wieder, es steckt wohl in allen Menschen

kriminelle Energie. Das Wasserglas, das er gestern sicherte, muss am Montag vom Labor untersucht werden. Dazu wollte er heute noch die Fingerabdrücke der Kinder des Grafen und allen Angestellten, die im Haus beschäftigt waren, abnehmen. Am Jägerstand angekommen, bot sich den beiden Polizeibeamten ein grausiger Anblick.
»Hier ist nichts mehr zu machen. Rufen Sie die zuständigen Kollegen an, damit sie ihre Arbeit hier aufnehmen«, sagte Eisele zu Hodapp. Anschließend fuhren sie zum Schloss. Nicht schon wieder so ein Selbstmord, wie ihn der Graf gestern zelebriert hatte, dachte Eisele. Der Verwalter empfing sie und führte sie zum Toten.
»Wie ist es denn passiert«, fragte Eisele den Verwalter.
»Das ist kurz erzählt, Hermann verlangte einen Schnaps, den holte ich, er trank ihn und fiel tot vom Stuhl.«
»Und wo ist das Schnapsglas?«
»Das habe ich gespült und wieder in den Schrank geräumt.«
»Das hätten sie nicht tun sollen. Wo befinden sich eigentlich seine Geschwister?«
Der Verwalter zuckte nur mit den Schultern und ließ sich dann ohne Widerrede von Hodapp die gewünschten Fingerabdrücke abnehmen.

Bei der Kripo Konstanz herrschte am Montag Hochbetrieb. Die Spurensicherung hatte festgestellt, die Leichenteile vom Jägerstand gehörten zu einem jungen Mann. Das explodierte Segelboot gehörte der Familie von Sonnenberg, und im Hafenbecken fanden die Kollegen von der Kripo auch Leichenteile einer jungen Frau. Das untersuchte Wasserglas des Grafen wies einwandfrei Spuren von Zyankali auf, von der Sorte, wie es auch beim Tode seiner Frau nachgewiesen wurde. Woher ist denn nur das Zyankali? Eisele konnte sich dies nicht erklären, aber wenn sein schrecklicher Verdacht zuträfe, sind außer dem Grafen einige seiner Kinder tot. Er entschied eine Durchsuchung des gräflichen Gutes plus der Berghütte in Vorarlberg.

Eisele rückte mit einem Hausdurchsuchungsbefehl und mehreren Kriminalbeamten an, die alles genau durchsuchten. Als er in die Bibliothek kam, stutzte er. Neben dem Bild des Großvaters, das ihm bei den Schachabenden direkt gegenüber hing, schaute rechts unten ein etwa ein Zentimeter heller Tapetenstreifen hervor. Offensichtlich hing das Bild etwas schief. Er nahm es von der Wand, hob das lose Tapetenstück etwas an und entdeckte den verborgenen Wandsafe. Für den Spezialisten der Kripo war das vierstellige Zahlenschloss kein Hindernis. Mit Gewalt öffnete dieser den Safe. Eisele untersuchte den Inhalt: eine Zyankali-Kapsel, eine angebrochene Packung Dynamitstangen und eine beglaubigte Abschrift eines Testamentes. Jetzt wusste er endlich, woher das Zyankali stammte. Im Bierkessel fanden seine Leute eine Leiche, die Eisele als Bernhard, den ältesten Sohn des Grafen identifizierte. Jetzt handelte der Hauptkommissar intuitiv. Er trat auf den Verwalter zu und sagte:
»Ich verhafte Sie wegen des dringenden Verdachtes, mindestens einen Mord geplant und eventuell einen weiteren verübt zu haben.«

Die österreichische Gendarmerie fand in der Berghütte einen hochbrisanten Sprengsatz in Form einer Zigarrenkiste. Gottlob hatten ihnen die deutschen Kollegen von den Sprengungen des Segelbootes und des Jägerstandes berichtet, sonst hätten sie wohl die Zigarrenkiste ohne

Zögern geöffnet und damit den mit einer Dynamitstange bestückten Sprengsatz ausgelöst. Ein Kurier brachte das Beweisstück nach Überlingen. Ein Vergleich mit den Fingerabdrücken ergab eine Übereinstimmung mit den Abdrücken des Verwalters. Sofort ließ Eisele den Verwalter aus der Untersuchungshaft vorführen.

»Ich kann Ihnen den Hergang ihres ruchlosen Verbrechens schildern, wie Sie eine ganze Nachkommenschaft mit einer vierhundertjährigen Tradition ausgelöscht haben. Der Graf konnte aufgrund seiner fortgeschrittenen Krankheit nicht mehr aufstehen, deshalb beauftragte er Sie, aus dem Wandsafe das Zyankali zu holen. Bei dieser Gelegenheit bekamen sie auch Kenntnis von den Dynamitstangen und vom Testament, in dem sie nach dem Tode des Grafen ihre Position als Verwalter verlieren und mit nur 100.000 Euro abgespeist werden sollten. Da Sie wussten, der Graf wird sich am Samstag vor meinen Augen das Leben nehmen, ergänzten Sie seinen diktierten Text mit eigenen Zusätzen, in dem Sie die Kinder aufforderten, gleichzeitig am Sonntag um 12 Uhr an den verschiedenen Orten die von Ihnen präparierten Zigarrenkisten zu öffnen. Den Safe und den dazu gehörenden Code verschwiegen sie wohlweislich, was der Graf durch seine eingetrübte Sehfähigkeit, falls er wirklich die Briefe sehen wollte, nicht bemerkt hätte. Durch die Abwesenheit der Kinder Tage vor dem Tod des Grafen blieb Ihnen genügend Zeit, aufgrund ihrer elektronischen Ausbildung, die Sprengsätze zu basteln. Am Samstag verteilten sie die Kistchen. Sie fuhren zur Berghütte, zum Segelboot und zum Jägerstand. Das Kistchen in der Brauerei befestigten Sie kurz vor dem 20-Uhr-Termin am Deckenbalken. Unsere Spurensicherung konnte einwandfrei

Klebstoff am Balken über dem Brauereikessel feststellen. Wo der Sprengsatz geblieben ist, wissen wir nicht. Auf der Frontscheibe Ihres Autos klebt ein österreichisches Pickerl. Das Datum ist genau einen Tag vor den Morden und die Vignette berechtigt zur Benutzung des Pfändertunnels bei Bregenz und gilt als Autobahnmaut bis Dornbirn. Mit was Sie nicht rechnen konnten war, dass der starke Schneefall die Zufahrt zur Hütte verhinderte. Unsere österreichischen Kollegen konnten gestern einen unversehrten Sprengsatz, auf dem, wie wir inzwischen feststellen konnten, nur Ihre Fingerabdrücke sind, sicher stellen. Ihre größte Überraschung war wohl, als der tot geglaubte Hermann vor Ihnen auftauchte. Geistesgegenwärtig nutzten Sie die Chance, in der Bibliothek den gewünschten Himbeergeist mit Zyankali zu mischen. Was mir noch nicht ganz klar ist, wie ist Bernhard umgekommen? Falls er von der Leiter fiel, bevor er das Kästchen öffnete, was ich vermute, und dann im Brauereikessel ertrunken ist, können wir dies als Mordanschlag mit Todesfolge im Protokoll vermerken. Als legitimer Sohn des Grafen wären sie nach dem Tod der vier ehelichen Kinder Alleinerbe gewesen. Dieses Erbe können Sie als Mörder der Nachkommen vergessen und lebenslänglich ist wohl die angemessene Strafe für Ihr mörderisches Tun.«

»Ich korrigiere Sie, Herr Hauptkommissar. Es sind drei Morde, denn Hermann wollte Alleinerbe sein und ersäufte seinen Bruder Bernhard im Bierkessel. Nachdem ich um Punkt 12 Uhr keine Explosion aus dem Brauhaus hörte, wartete ich noch über eine Viertelstunde. Vielleicht hatte sich Bernhard verspätet. Ich ging zum Brauhaus und hörte Bernhard um Hilfe rufen. Allem Anschein nach war Bernhard von der Leiter gefallen, ohne vorher das an der Decke befestigte Kistchen zu öffnen. Als er mich sah, schrie er noch lauter. Ich war unschlüssig, was ich tun sollte. Nach einer Weile griff ich zu einem Holzschlegel, der im Regal lag und mit dem die Bürgermeister bei ihren Volksfesten immer den Bieranstich ausführen. Bevor ich dazu kam, den Holzschlegel auf den Kopf von Bernhard niedersausen zu lassen, hörte ich ein Auto kommen. Ich versteckte mich hinter den Bierkisten und zu meinem großen Erstaunen lebte auch noch Hermann. Der lief zu seinem um Hilfe schreienden Bruder, aber anstatt ihm zu helfen, drückte er ihn in das Bier und ersäufte ihn. Durch eine Seitentür schlich ich hinaus und lief zum Gutshaus. Gerade noch rechtzeitig, um auf Hermann zu treffen. Dieser bestätigte mir dann den Tod von Bettina und Richard, und so musste ich jetzt noch Hermann aus dem Weg räumen, um Alleinerbe zu sein. Der Wunsch nach dem Schnaps aus der Bibliothek kam mir dabei sehr gelegen. Schnell konnte ich die Zyankalikapsel aus dem Safe nehmen und den Inhalt in das Glas gießen. Nachdem Hermann tot vom Stuhl gekippt war, rief ich die Polizei und holte das Zigarrenkistchen vom Deckenbalken. Bis Sie kamen, blieb mir genügend Zeit, um den Sprengsatz in unserem Steinbruch mittels einer langen Schnur zu zünden. Nachdem nun die vier Halbgeschwister tot waren, wäre für meine zukünftige Frau sowie für unseren Sohn, der voraussichtlich an Weihnachten zur Welt kommt, und für mich der Weg frei gewesen, die vierhundertjährige Tradition der Familie von Sonnenberg fortzuführen. Mein Sohn sollte es besser haben als ich in meiner Kinderzeit. Eigentlich bin ich der Erstgeborene.«

»Herr Schult, für Sie wird es wohl mit der Fortführung einer vierhundertjährigen Tradition nichts werden, denn auch drei Morde reichen für lebenslänglich. Ihr Erbe haben Sie verwirkt, aber es ist absurd, vielleicht profitiert Ihr ungeborener Sohn von diesen Morden. Abführen!«

Zum Autor gewandt sagte Eisele:
»Jetzt ist aber genug gemordet. Ich möchte nun in Ruhe diese herrliche Landschaft rund um den Bodensee genießen, ohne immer wieder von Dir zu einem neuen Fall beordert zu werden. Es gibt noch so viele Kultur-, Sport- und Freizeiteinrichtungen am See, die ich noch nicht besucht habe.«
Autor. »Einverstanden! Lass uns Überlingen und den Bodensee mit allen Sinnen genießen.«

125 Freizeittipps

Mord im Hochhaus - Seite 7

1) Universitätsstadt Konstanz. Konstanzer Hafen. Ab Ostern bis zum Spätherbst Ausgangspunkt für die Kursschiffe zu allen deutschen Anlegestellen bis hin zum österreichischen Bregenz und dem schweizerischen Schaffhausen. Ganzjährig stündliche Verbindung mit dem Katamaran nach Friedrichshafen.

2) Imperia. Darstellung einer Kurtisane des Bildhauers Peter Lenk vor dem Konzilgebäude, die das lockere Leben während des Konstanzer Konzils 1414–1418 karikiert. Weitere Werke des Künstlers sind im Bodenseegebiet in Singen, Überlingen, Meersburg, Ludwigshafen und in seinem Skulpturengarten in Bodman zu sehen.

3) Inselhotel. Ehemaliges Dominikanerkloster mit einem sehenswerten Kreuzgang und mittelalterlichen Fresken.

4) Konstanzer Münster Unserer Lieben Frau. Weithin sichtbares Wahrzeichen der Stadt mit einem 76 Meter hohen spätgotischen Turm.

5) Wessenberghaus gegenüber dem Münster mit Gemäldesammlungen und Wechselausstellungen. Im Erdgeschoß Verkaufsraum der Konstanzer Spitalkellerei.

6) Konstanzer Rathaus. Florentinischer Renaissancestil und sehenswerter Innenhof.

7) Kaiserbrunnen. 1898 von einem reichen Kaufmann gestiftet.

8) Ganzjährig stündliche Schiffsverbindung von Wallhausen nach Überlingen; auch mit Fahrradbeförderung beispielsweise für eine Radtour von ca. 30 Kilometern: Wallhausen - Mainau - Fährehafen Konstanz-Staad - Meersburg - Unteruhldingen - Überlingen oder mit der Fähre Romanshorn(CH) - Friedrichshafen ca. 70 Kilometer.

9) International anerkannte Heilfastenkuren nach Buchinger und Lützner.

10) Überlinger Stadtgarten. Zentral gelegen mit Pflanzen, exotischen Bäumen, Kakteengruppe, Rehgehege und einer Aussichtskanzel, 4 km langer Gartenkulturpfad.

11) Überlinger Stadtgraben. Ruhe pur im Zentrum der Stadt in den begehbaren alten Gräben der Stadtbefestigung. Ab Parkhaus West bis zum Bahnhof Stadtmitte und von hier bis zur Evangelischen Kirche.

12) Kulturkutsche. Während der Hochsaison erfahren die Passagiere bei einer einstündigen Fahrt Amüsantes und Wissenswertes über die historische Stadt Überlingen.

13) Oberschwäbische Barockstraße. Ferienstraße mit zahlreichen Kirchen in Oberschwaben und am Bodensee - Straßenmarkierung ist ein gelber Puttenkopf auf grünem Grund.
2 Tourenvorschläge:
Überlingen - Birnau - Meersburg - Baitenhausen - Salem - Weißenau - Ravensburg - Weingarten - Altshausen - Bad Saulgau - Sießen - Ostrach - Heiligenberg - Überlingen.
Konstanz - Kreuzlingen(CH) - Münsterlingen(CH) - (Wasserschloss in Hagenwil(CH) bei Amriswil - St. Gallen(CH) - Trogen(CH) - Hohenems(A) - Bildstein(A) - Bregenz(A) - zurück am Schweizer Ufer mit Markthalle Altenrhein[17].

14) St. Gallen(CH). Schöne Altstadt mit erkerverzierten Bürgerhäusern. Spätbarocke Kathedrale und die berühmte Stiftsbibliothek (Weltkulturerbe). Botanischer Garten. Astronomischer Lehrpfad (2 Std.).

15) Arbon (CH). 3 Kilometer lange Seepromenade. Schloss.

16) Rorschach(CH). Ausgangspunkt der Zahnradbahn nach dem 7 km entfernten Heiden.

17) Markthalle Altenrhein in Staad(CH). Direkt am Autokreisverkehr zum Flughafen Altenrhein.

18) Bregenz(A). Bregenzer Festspiele auf der Seebühne und im Festspielhaus. Seilbahn auf den 1.064 m hohen Pfänder mit Alpenwildpark und Greifvogel-Flugschau.

19) Lindau. Inselstadt mit dem Leuchtturm und dem bayrischen Löwen an der Hafenmole.

20) Thermentrio Konstanz, Meersburg und Überlingen, jeweils mit Seezugang.

21) Hegau Vulkane. Wanderung (ca. 6 Stunden) von Engen über den Hohenhewen - Hohenstoffeln - Mägdeberg - Hohenkrähen - Hohentwiel nach Singen. Rückkehr mit dem Zug.

Närrischer Alefanz - Seite 33

22) Überlinger Rathaussaal. Historisches Rathaus aus der Renaissancezeit. Im Sitzungssaal stellen 41 holzgeschnitzte Statuetten das damalige Ständesystem des Deutschen Reiches dar.

23) Überlinger Münster St. Nikolaus (siehe Umschlag). Spätgotische Kirche zwischen 1350 und 1586 erbaut mit einem viergeschossigen Lindenholzaltar, den Jörg Zürn und seine Brüder von 1613 bis 1616 geschaffen haben.

24) Städtisches Museum. Das 1462 im Stil einer toskanischen Villa erbaute älteste Renaissancegebäude Deutschlands beherbergt frühgeschichtliche, römische und stadthistorische Sammlungen, sowie eine sehenswerte Puppenstubensammlung. Vom eintrittsfreien Garten aus gibt es einen herrlichen Blick auf das Münster und über die Altstadt.

25) Überlinger Promenade. Mit etwa 5 km eine der längsten Promenaden am Bodensee.

26) Marienschlucht. Wildromantische etwa 100 m lange Felsspalte mit einem gut ausgebauten Treppenweg, die auch vom Parkplatz bei Langenrain auf dem Bodanrück zugänglich ist.

27) Bodman. Das ruhige Örtchen am Ende des Überlinger Sees ist auch auf einem Wanderweg von der Anlegestelle Marienschlucht aus erreichbar (für Fahrräder gesperrt). Von Bodman aus führt ein auch fahrradtauglicher Weg weiter ins etwa 3 km entfernte Ludwigshafen. Im Mai Irisblüte. Noch mehr Irisblüte gibt es um diese Zeit im Eriskircher Ried Richtung Langenargen.

28) Ludwigshafen. Teil der Doppelgemeinde Bodman-Ludwigshafen. Relief »Ludwigs Erbe« von Peter Lenk.

29) Sipplingen. Fachwerkhäuser. Ca. 4 km langer Blütenweg nach Ludwigshafen. Dieser Weg ist besonders während der

Apfelblüte empfehlenswert. Auf der anderen Seite von Sipplingen bietet ein Spaziergang zur Kirschblütenzeit bis hin zu den skurrilen Sandsteinformationen Churfirsten (nach den schweizerischen Alpengipfeln benannt, die bei guter Sicht von hier aus rechts neben dem Säntismassiv erkennbar sind) ein besonderes Naturerlebnis. Vom Seepumpwerk Süßenmühle wird das Bodenseewasser zur Aufbereitungsanlage auf den Sipplinger Berg gepumpt. Von hier aus werden Millionen Haushalte in Baden-Württemberg und darüber hinaus mit Trinkwasser versorgt. Bei Anmeldung ist eine Besichtigung möglich.

30) Blumeninsel Mainau. Prachtvolle Park- und Gartenanlagen, Palmen- und Schmetterlingshaus. Ab ca. 16 Uhr, wenn die Tagestouristen weg sind, kann man die Mainau auch in aller Ruhe genießen. Wer für das Abendessen einen Tisch im Restaurant »Schwedenschenke« reserviert, fährt mit dem Auto über die Brücke direkt auf die Insel.

31) Hänsele-Juck. Närrischer Umzug der Hänselezunft bei Bengalbeleuchtung jeweils am Fastnachts-Samstagabend ab dem Hänselebrunnen bei den Fachwerkhäusern.

32) Schwerttanz-Kompanie. Seit 1634 finden in Überlingen zweimal jährlich Schwedenprozessionen statt. Nach der zweiten Prozession am zweiten Sonntag im Juli führen die Schwertletänzer auf der Hofstatt den traditionellen Schwertletanz auf.

Tod durch Ertrinken - Seite 46

33) Minigolfplatz und Boccia an der Überlinger Promenade neben dem Mantelhafen.

34) Gasthaus Haldenhof. Ausflugsgaststätte oberhalb Sipplingen mit schönem Ausblick auf den See.

35) Wild- und Freizeitpark Allensbach. Parkanlage mit etwa 300 Wildtieren: Wisente, Bären, Rehe und Hirsche, Wildschweine, Steinböcke, Mufflons. Raubvogelschau. Aktivspielplatz für Kinder. Wildpark-Eisenbahn.

36) Schlosssee Salem. Naturerlebnispark mit Rundweg um den Badesee, der auch über Radwege gut erreichbar ist.

37) Haustierhof und Streichelzoo Reutemühle. Artenreicher Bauernhof, nur 2 km hinter Überlingen in Richtung Bad Saulgau am 233 km langen Schwäbischen Bäderradweg gelegen, der die beiden Kneippheilbäder Überlingen und Bad Wörishofen verbindet - 71 km bis zum Thermalbad Bad Saulgau mit insgesamt 555 Meter Höhendifferenz.

38) Affenberg Salem. Freilebende Berberaffen, die der Besucher mit Popcorn füttern kann.
Eine der größten Storchenkolonien Deutschlands.

39) Ostbad Überlingen. Überlingen hat drei unbeheizte Bodensee-Freibäder: das Westbad - auch zugänglich von der Bodenseetherme -, das größere Ostbad und das Strandbad Nußdorf.

40) Pfahlbauten Unteruhldingen. Museum mit sechs Pfahlbaudörfern der Jungsteinzeit und Bronzezeit.
9 Pfahlbaureste im Bodensee nahm 2011 die UNESCO in die Welterbeliste auf.

41) Reptilienhaus Unteruhldingen. Schlangen, Echsen, Schildkröten und Vogelspinnen aus aller Welt.

42) Lochmühle bei Eigeltingen. Kutsch- und Traktorfahrten, Moto-Cross auf Vierradmotorrädern, Abenteuer im Steinbruch. In der Nähe befindet sich die Aachquelle.

43) Owingen-Hohenbodman. Aussichtsturm mit 138 Stufen. Älteste Linde Deutschlands. Möglicher Ausgangspunkt für den 7,3 km langen Rundwanderweg (keine Einkehrmöglichkeit) zum Naturschutzgebiet Aachtobel entlang der Seefelder Aach mit einem empfehlenswerten kurzen Abstecher zur Wallfahrtskapelle Maria im Stein.

44) Meersburg Oberstadt. Viele Touristen kennen nur die sehenswerte Unterstadt mit dem Fährhafen Meersburg - Konstanz-Staad. Die Steigstraße mit den malerischen Fachwerkhäusern führt hoch zur mittelalterlichen Burg. Rundgang durch das Burgmuseum. Vom neuen Schloss gelangt man vorbei am Seminar auf den aussichtsreichen Höhenweg entlang der Weinberge nach Hagnau.

45) Hagnau. Von diesem Winzerdorf führt der Wanderweg vorbei an der ältesten Winzergenossenschaft von Baden und

dem Strandbad entlang dem Seeufer nach Immenstaad. Rückfahrt mit dem Schiff oder Linienbus.

46) Historische Weinstube »Haltnau«. Der Höhenweg nach Hagnau kann am Wetterkreuz mit Kriegergedenkstätte (von hier schauen sich viele Leute das jährliche Seenachts-Feuerwerk von Konstanz und Kreuzlingen an) abgekürzt werden.

47) Freizeitpark Ravensburger Spieleland in Meckenbeuren-Liebenau. Spiel und Action für die ganze Familie. Alpin Rafting, Labyrinth, Käpt'n Blaubärs Abenteuerfahrt, Rutschenspaß, Genius-Wissenspavillon.

48) Mini Mundus in Meckenbeuren-Liebenau. Die schönsten Bauwerke der Erde im Miniformat.

49) Conny-Land. Delphin-Show in Lipperswil (CH) zwischen Kreuzlingen und Frauenfeld. Achtung! Für die Benutzung der Schweizer Autobahn ist eine Jahresvignette erforderlich.

50) Immenstaad am Bodensee. AbenteuerPark mit Kletterwald und Hochseilgarten. Rundfahrten mit der Lädine, einem restaurierten historischen Lastensegler.

51) Dreikönigstauchen in Überlingen. Bundesweit das größte Tauchvergnügen im Winter um den 6. Januar.

Mord im Senioren-Knast - Seite 56

52) Bauernmarkt. Ganzjährig jeden Samstag vor dem Überlinger Münster. Mittwochs und samstags Wochenmarkt auf der Hofstatt.

53) Wallfahrtskirche Birnau. Deckenfresken und Altäre im Rokokostil sowie eine Vielzahl von Putten und Heiligenstatuen.

54) KZ-Friedhof Birnau. Gedenkstätte an die Zwangsarbeiter aus dem KZ Dachau, die in Überlingen ein 4 km langes Stollensystem anlegen mussten.
Stollenführungen auf Anmeldung.

55) Fürstenhäusle in Meersburg. In dem ehemaligen bischöflichen Gartenhaus verbrachte die Dichterin Annette von Droste-Hülshoff ihre letzten Jahre.

Tod eines Schülers - Seite 71

56) Spetzgarter Tobel. Naturschutzgebiet. Wildromantischer Wanderweg zwischen dem Überlinger Ortsteil Goldbach und dem Schloss Spetzgart (Teil der Schlossschule Salem).

57) Zeppelin-Flug ab Flughafen Friedrichshafen. Flugdauer: 30 Minuten bis 2 Stunden. Buchbar über Deutsche Zeppelin-Reederei GmbH.

58) Dornier-Museum am Flughafen Friedrichshafen. Mehr als vierhundert Exponate über 100 Jahre Luft- und Raumfahrtsgeschichte der Dornier Werke. Legendäre Klassiker wie die Do 27 oder den Senkrechtstarter D0 31 und Original Raumfahrtsonden.

59) Langenargen. Im maurischen Stil erbautes Schloss Montfort mit begehbarem Schlossturm.

60) Kressbronn. Schlösslepark. Älteste erhaltene Hängebrücke Deutschlands über die Argen. Bauernpfad.

61) Nonnenhorn. Bayrischer Luftkurort mit dem ältesten Torkel (Weinpresse) von 1591 am Bodensee.

62) Wasserburg. Schloss mit Fuggersäule, Barocke Pfarrkirche mit Zwiebelturm. Schöne Aussichten auf die Halbinsel und auf das Alpenpanorama.
Beispiel: Von der Antonius-Kapelle über dem Ortsteil Selmau.

63) Bad Schachen. Vorortgemeinde von Lindau. Spätklassizistische Villen in prachtvollen Parkanlagen, die leider nicht mehr alle zugänglich sind. Eisen- und Schwefelquellen.

64) Romanshorn(CH). Großer Hafen. Seepark. Erlebniswelt »autobau« mit hochkarätigen Sport- und Rennwagen. Fähreverbindung nach Friedrichshafen.

65) Friedrichshafen. Flughafen. Messeplatz. Zeppelin-Museum. Schulmuseum.

66) Ravensburg. Metropole Oberschwabens. Fußgängerzone in der Altstadt. Turmbesteigung auf den Mehlsack, dem Ravensburger Wahrzeichen. Museum Ravensburger Spiele.

67) Archäologisches Landesmuseum Konstanz. Von der Steinzeit bis zum Mittelalter.

68) Schaufelraddampfer Hohentwiel. Liebevoll restauriert ist es das einzige noch betriebene Dampfschiff auf dem Bodensee. Charter- und Rundfahrten.

69) Aussichtsturm Friedrichshafen. Direkt an der Promenade.

70) Schaffhausen(CH). Mittelalterliches Stadtbild. Festungsanlage Munot über dem Rheinufer. Rheinfall 23 m hoch. Zugang von Neuhausen aus mit der besten Gesamtansicht und der Möglichkeit einer Bootsfahrt zur Aussichtsplattform auf dem mittleren Felsen.
Wer nur wenige Meter bis an den Wasserfall heran gehen will, nutzt den Treppenweg von Schloss Laufen auf der gegenüberliegenden Seite.

71) Ermatingen(CH). Malerische Fachwerkhäuser. Bodensee-Fischereimuseum.

72) Inline-Skate-Routen. Rund um den Untersee auf asphaltierter Strecke direkt am See entlang durch malerische Fachwerkdörfer bis Steckborn(CH). Übersetzen mit der Solarfähre nach Gaienhofen und am See entlang nach Radolfzell. Von hier aus entweder auf dem Radweg oder mit dem Zug zurück nach Konstanz. Der Bodensee ist aufgrund seiner asphaltierten Uferwege ein Eldorado für Inline-Skater. Routenvorschläge: Kreuzlingen(CH) nach Romanshorn(CH) 22 km - bis Rorschach(CH) 42 km.
Überlingen - Nußdorf - Unteruhldingen - Meersburg 11 km.

73) Steckborn (CH). Malerische Fachwerkhäuser. Schlösschen Turmhof mit Ecktürmchen und Kuppelhaube. Auf dem Seerücken vom Ortsteil Mammern mittelalterliche Schlösser. Schön gelegen ist auch der Ortsteil Berlingen.

74) Solarfähre. Saisonale Fährverbindungen: Gaienhofen - Steckborn(CH), Insel Reichenau - Mannenbach(CH), Konstanz - Bottighofen(CH).

75) Gaienhofen. Hermann-Hesse-Höri-Museum.

76) Radolfzell. Historische Altstadt und gotisches Münster. Kurzentrum Mettnau.

Mord im Arbeitsamt - Seite 90

77) Bodensee-Radwanderweg. Über zweihundert Kilometer rund um den See. Markierung: Radfahrer dessen blaues Hinterrad mit einem Rundpfeil eingekreist ist.

78) Kletterwerk Radolfzell. Eine der größten Kletteranlagen im süddeutschen Raum.

79) Stein am Rhein(CH). Ein sehenswertes Stadtbild mit prächtig bemalten Erkern und Hausfassaden. Miniatur-Dampfbahn. Über dem Ort thront die Burg Hohenklingen.

80) Mannenbach(CH). Über dem Ort die Burg Salenstein.

81) Schloss und Park Arenenberg(CH). Napoleonmuseum. Schöner Blick auf die Insel Reichenau.

82) Gottlieben(CH). Riegelhäuser wie die Drachenburg und das Waaghaus aus dem 17. Jahrhundert. Schöner Spazierweg zwischen Konstanz und Gottlieben.

83) Sea Life Center Konstanz. Haie, Rochen, Kraken, Eselspinguine und viele Meerestiere.

84) Kreuzlingen(CH). Zusammengebaut mit Konstanz mit mehreren Grenzübergängen. Basilika St. Ulrich, Seepark. Schifffahrts- und Fischereimuseum. Planetarium. Eishalle.

85) Fußach(A). 2000 Hektar großes Naturschutzgebiet zwischen dem Rheinspitz (Mündung des alten Rheins) und dem Rohrspitz (seit 1900 neue Rheinmündung) mit dem Badestrand und FKK-Gelände. Daneben liegt Hard mit einem gut ausgebauten Hafen, dem Liegeplatz des Dampfschiffes Hohentwiel.

86) Cineplex-Kino im Bodenseecenter Friedrichshafen. 5 Kinos in Überlingen.

87) Segelschein. Am Bodensee gibt es einige Segelschulen für den Segelgrundkurs, Kinder- und Jugendsegelkurs, Bodenseeschifferpatent für Segel und Motor bis hin zum amtlichen Sporthochseeschifferschein.

Mord auf der Insel Reichenau - Seite 108

88) Halbinsel Mettnau. Bekanntes Kurzentrum für Herz- und Kreislauftherapien und Naturschutzgebiet. Station der

Vogelwarte Radolfzell. Informationspfad mit interaktiven Tafeln zwischen Markelfingen und dem Mettnau-Aussichtsturm, von wo aus die vielen hier lebenden Vogelarten zu beobachten sind. Im Sommer gibt es Vorträge und Führungen durch den NABU (Naturschutzbund) und den BUND (Bund für Umwelt und Naturschutz).

89) Klosterinsel Reichenau. UNESCO Welterbeliste. Sehenswerte romanische Kirchen.
Bekannte Gemüse- und Salatinsel. Fischbrutanstalt.

90) Inselumrundung. Der Fahrradweg verläuft nicht immer direkt am See. Wandervorschlag: Vom Parkplatz in Mittelzell den Schildern Schiffslände folgen = ca. 2 km. Von hier aus gibt es einen abwechslungsreichen Fußpfad, immer dem Seeufer entlang über den Ortsteil Niederzell rund um den oberen Teil der Insel. Nach knapp zwei Stunden ist wieder Mittelzell mit dem Münster erreicht.

91) Oberzell - Insel Reichenau. Ehemalige Stiftskirche St. Georg mit ottonischen Wandmalereien aus dem 10. Jahrhundert.

92) Mittelzell - Insel Reichenau. Münster St. Maria und St. Markus. Mit dem Schiff erreichbar über die Anlegestation Reichenau Schiffslände der Kursschiffe Konstanz - Stein am Rhein - Schaffhausen oder mit der Solarfähre ab Mannenbach(CH). Während der Saison gibt es auch direkte Ausflugsfahrten ab Überlingen und Konstanz. Diese Schiffe legen im Yachthafen an, von wo aus das Münster nur wenige hundert Meter entfernt ist.

93) Niederzell - Insel Reichenau. Romanische Säulenbasilika St. Peter und Paul mit sehenswerten Wandmalereien.

Kampf auf dem Friedhof - Seite 127

94) Kleinkunstbühnen. Rund um den See gibt es eine Vielzahl von Kleinkunstbühnen mit erstklassigen Programmen. Größere Veranstaltungen finden im Milchwerk Radolfzell, der Stadthalle Singen, im Konzilgebäude Konstanz und im Zeppelinhaus beziehungsweise in der Messehalle von Friedrichshafen statt.

Viele Städte und Gemeinden veranstalten Konzerte und Theateraufführungen, wie beispielsweise in der ehmaligen Kapuzinerkirche von Überlingen. Hier bietet das Stadttheater Konstanz im Juli/August ein abwechslungsreiches Programm als Sommertheater an. Weiter gibt es Open-Air-Veranstaltungen, wie Rock am See in Konstanz, Jazz-Festival auf dem Hohentwiel/Singen oder im Schlosspark Salem.

95) Aussichtsplattform. Am Ende des Sees zwischen Bodman und Ludwigshafen zur Seevogel-Beobachtung.

96) Mindelsee. Eiszeitlicher Moränensee im Naturschutzgebiet bei Markelfingen (Baden verboten).Vogelwarte mit Info-Pavillon des Max-Planck-Institutes im Schloss Möggingen.

97) Kloster Hegne. Renaissanceschloss, das den Konstanzer Bischöfen als Sommersitz diente. Heute ein Kloster mit Hauswirtschaftsschule und Exerzitien. Religiöse Einkehren bietet auch das Kloster Hersberg bei Immenstaad an.

Mord am Untersee - Seite 141

98) Halbinsel Höri am Untersee mit den Gemeinden und Ortsteilen: Gaienhofen, Hemmenhofen, Horn, Iznang, Moos, Öhningen, Schienen und Wangen.
Gaienhofen: Hermann-Hesse-Höri-Museum. Hemmenhofen: Otto-Dix-Haus. Wanderwegenetz Schiener Berg.

99) Die Berechtigung zum Hobbyfischen im Bodensee ist gegen Vorlage eines gültigen Fischereischeines bei den Touristinformationen vor Ort erhältlich.

100) Insel Werd(CH). Über einen Steg erreichbare Insel im Seerhein mit Wallfahrtskirche St. Otmar.

101) Diessenhofen(CH). Gotische Bürgerhäuser und alte Befestigungen.

102) Gailingen. Gedeckte Holzbrücke nach Diessenhofen(CH). Jüdischer Friedhof.

103) Bodensee-Kanu-Tour.
Beispiel: Die Tour von Iznang bei Radolfzell bis Stein am Rhein(CH) zählt mit zu den schönsten Kanu-/Kajaktouren in Deutschland. Mehrere Bootsverleihe mit verschiedenen Touren und Bootstypen gibt es rund um den See.

104) Singen am Hohentwiel. Wirtschaftszentrum des Hegaus. Archäologie im Hegau-Museum, Kunstmuseum. Stadthalle. Größte Festungruine Deutschlands auf dem Hohentwiel Nordic-Walking-Park mit 4 Strecken zwischen 3 und 6 km. Empfehlenswert die Tour durch die Bohlinger Schlucht.

105) Markdorf. Bischofsschloss. Aussichtsturm Gehrenberg. In der Nähe das Fachwerk- und Weindorf Bermatingen.

Wildwest am Bodensee - Seite 167

106) Skatepark Überlingen. Moderne Premium-Skateanlage für Skateboard und BMX bei den Sport- und Tennisplätzen an der Verbindungsstraße Überlingen-Nußdorf nach Rengoldshausen.

107) Verkehrsübungsplatz Oberuhldingen Rebstock.

108) Schloss Salem. Ehemaliges Zisterzienserkloster. Schlossanlage mit Hofgarten und Labyrinthen, gotisches Münster, barocke Schlossräume. Schlossführungen. Feuerwehrmuseum. Im Sommer Open-Air-Konzerte und klassische Konzerte mit internationalen Künstlern.

109) Frickingen. Bodensee-Obst-Museum. Apfelrundweg mit 19 Stationen. Ferienbahnhof.

110) Apfelzügle. Idyllische Fahrt durch die Obstanlagen, Mindestteilnehmerzahl 20 Personen, ab Hof Neuhaus zwischen den Überlinger Ortsteilen Bambergen und Lippertsreute.

111) Seepark Linzgau in Pfullendorf. Wasserski auf einer 860m langen Umlaufbahn. Abenteuer-Golfanlage, Wassererlebniswelt für Kinder, Erlebnistierpark Jägerhof.

112) Heiligenberg. Höhenluftkurort (800m) über dem Bodensee. Schlossführungen. Besonders sehenswert der Rittersaal mit der geschnitzten Renaissancedecke. Langlaufloipen.

113) Illmensee. Baden und Angeln. Rundweg.

114) Schwäbisch-alemannischer Mundartweg. Rundweg mit Mundartsprüchen mit schriftdeutscher Übersetzung. Hand- und Fußabdrücke von Prominenten. Aussichtskanzel.

115) Berggasthof Höchsten. Schöne Sicht auf den Bodensee und die Alpen. Vollmond-Abende mit Märchen für Erwachsene, Sternenkunde, Gaukler.

Mord nach dem Tod - Seite 178

116) Schloss Langenstein bei Orsingen-Nenzingen. Fastnachtsmuseum. Golfplatz.

117) Etwa zweistündige Wanderung immer dem Seeufer entlang vom Konstanzer Fährehafen bis in die Innenstadt von Konstanz.

118) Konstanzer Freibad Hörnle. Großes und eintrittsfreies Strandbad.

119) Spielcasinos am Bodensee in Konstanz, Lindau und Bregenz(A).

120) Stockach. Malerische Altstadt.
Historisches Narrengericht am Schmotzigen Donnerstag.

121) Eriskirch. Naturschutzgebiet. Naturkundemuseum.

122) 3-Pässe-Fahrt(A): Hochtannbergpass, Flexenpass und Arlbergpass. Achtung! 10-Tages-Autobahnvignette erforderlich.

123) Golfplätze am Bodensee:
Allensbach-Langenrain, Wiechs in Steisslingen, Schloss Langenstein in Orsingen-Nenzingen, Owingen-Überlingen, Deggenhausertal, Lindau-Bad Schachen, Weißenberg bei Lindau, Niederbürren(CH) bei St Gallen, Lipperswil(CH) bei Kreuzlingen.

124) Engen. Malerische Altstadt. Hegau-Vulkane. Rundweg durch den Eiszeitpark »Petersfels«.

125) 1 See - 3 Länder - 1000 Möglichkeiten.

Entdecken Sie selbst noch mehr ungenannte Freizeittipps, beispielsweise mit der Bodensee Erlebniskarte.

Mehr Informationen und Tipps gibt es bei der
Internationale Bodensee Tourismus GmbH
oder bei den jeweiligen Touristinformationen
der Städte und Gemeinden rund um den Bodensee.